삶의 무기가 되는
심리학

● **일러두기**

본문에 들어간 주는 모두 옮긴이 주이다.

DAS GEHEIMNIS DER PSYCHE:
Wie man bei Günther Jauch eine Million gewinnt und andere Wege,
die Nerven zu behalten
by Leon Windscheid

삶을 획기적으로 변화시킬 50가지 심리 기술

삶의 무기가 되는 심리학

레온 빈트샤이트 지음 | 장혜경 옮김

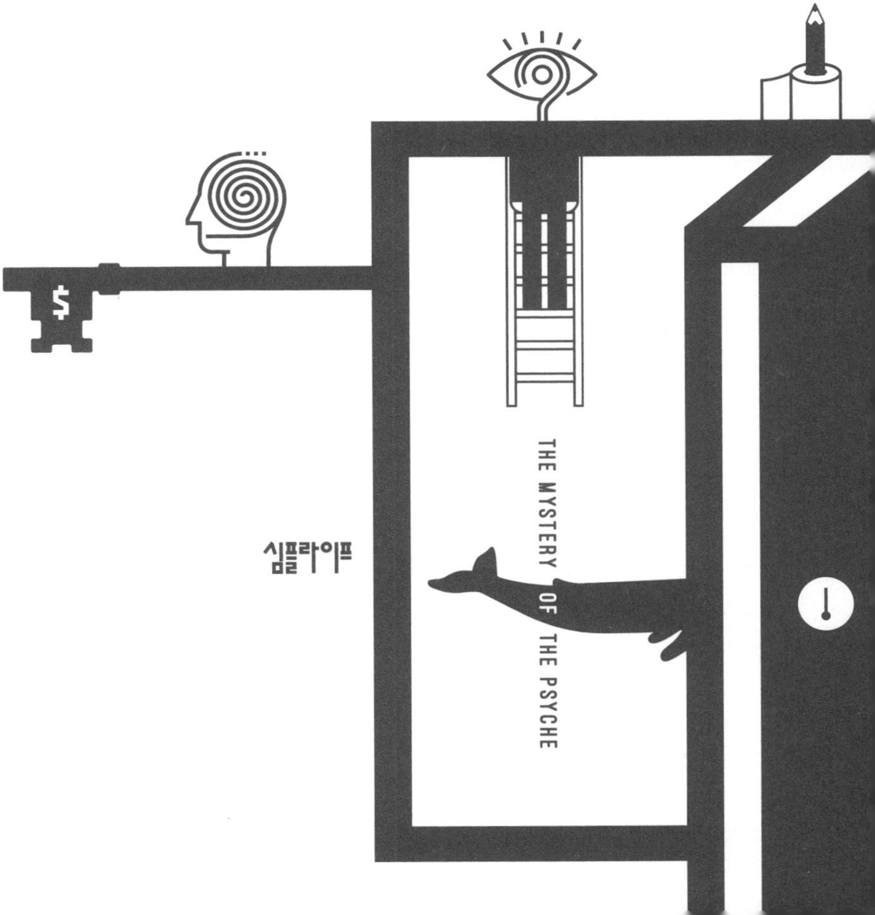

심플라이프

프롤로그

누구나 인생을 바꿀 무기 하나쯤은 갖고 있다

나는 심리학을 공부한다. 근본적으로 이 말은 별문제를 일으키지 않는다. 지금부터 약 7년 전 대학에 막 입학한 나는 적어도 그렇게 생각했다. 하지만 이 생각은 난생처음 셰어하우스 환영식이란 것에 참석한 날 산산이 부서지고 말았다. 당시 환영식에서 내가 그랬듯 어떤 집단에서 생전 처음 보는 인간 하나가 조심성 없이 "제 이름은 레온이고 심리학을 공부해요"라고 선언한다고 하자. 그 순간 다음 세 가지 반응 중 하나가 나올 확률은 거의 100퍼센트다.

좀 드물지만 첫 번째 반응은 이런 감탄사다. "와우! 심리학과, 진짜 재미있겠다. 나도 거기 가고 싶었는데." 이 경우엔 얼른 행간을 읽어야 한다. '와우'가 시니컬할수록, '진짜'의 '진'을 길게 뺄수록 다음 문장이 뒤따를 확률이 높아진다. "나는 노력파가 아니었거든." 실제로 노력파의 비율을 따져보면 심리학과가 의예과보다 쥐꼬리만큼 더 많기는 하다. 심리학과는 반장들을 모아놓은 집합소이다. 대입 시험 성적이 상위권에 드는 모범생들이 심리학과에 모여 있다. 그렇게 본다면 노력파라는 낙인이 꼭 기분 좋은 것은 아니지만 (대부분) 맞는 말이고 그러니까 과히 기분 나쁘지 않게 받아들일 수 있다.

심리학과라는 고해성사가 만나는 전형적인 두 번째 반응은, 그 공부를 해서 어떤 뇌 손상을 치료하고 싶은지 꼬치꼬치 캐묻는 것이다. 실제로 대학생들이 의욕에 불타서 우르르 몰려다니는 학기 초에 열심히 공부하려고 심리학과 강의실에 들어가 보면, 거기엔 경증에서 중증까지 뇌 손상이 심한 인간들이 떼거지로 앉아 있다. 뭐, 그것도 나름대로 의미는 있다. 미술을 좋아하는 사람은 미술을 전공하고, 체육학과 연습실에선 운동하는 애들이 땀을 흘리고, 심리학과 강의실에는 정신질환자들이 앉아 있다. 자발적으로 최소 10학기 동안 노이로제, 장애, 콤플렉스와 씨름하다 보면 그 당사자도 제정신일 수가 없다. 기왕지사 이럴 거, 대입 성적이 된다면 치료를 받느니보다 공부를 하는 편이 나을 것이다. 나도 인정한다. 많은 심리학과 학생이 문제를 안고 있다. 하지만 법학과와 국문과에도 지극히 정상적인 뇌 손상을 안고 사는 똑같은 머릿수의 1등급 사이코들이 있다는 사실을 잊지 말아야 할 것이다.

심리학에 관심을 보이면 여지없이 머리가 살짝 이상한 게 아니냐는 의심이 돌아온다. 여러 해를 겪은 지금 나는 그런 의심에 대처하는 가장 좋은 방법은 '기분이 안 좋으냐'는 말을 들었을 때와 같다는 사실을 잘 안다. 즉 그저 아무 반응을 보이지 않거나 농담으로 넘기는 것이 최고다. 기분이 안 좋지 않은데 상대가 "너 오늘 기분이 안 좋구나"라고 말할 때 힘주어 아니라고, 기분 안 좋지 않다고 반박하면 어떻게 될까? 지체 없이 이런 대답이 돌아온다. "아이고, 진짜 화났네." 미치지 않았는데 미쳤다는 의심을 받는 심리학과 학생의 경우도, 반박이나 부인만큼 비효율적인 대응 방법이 없다. 어차피 사람들은 그의 말을 믿지 않는다. 격하게 부인할수록 사태는 더 나빠진다. 일단 가만히 듣고 있다가 눈동자를 굴리며 팔을 마구 흔들고 킥킥킥 웃으면서 아무래도 그런 것 같다고 대답하는 게 최고다. 정치적으로는 옳지 않을지 몰라도 내 입장에선 엄지를 척 세워주고 싶다. 그것이 그 난감한 상황에서 빠져나올 수 있는 가장 빠르고 안전한 길이니까.

앞의 두 반응보다 훨씬 더 나쁘고, 내 경우 지금까지도 해결하지 못한 세 번째 반응이 남아 있다. 압도적으로 빈번하게 만나는 반응으로, 속삭임에 가까운 나지막한 탄식이다. "아!" 그리고 이어지는 긴 침묵. 이때 상대는 마치, 동트는 새벽 숲속 빈터에서 사냥꾼의 소리를 감지하고 걸음을 멈춘 아기 사슴 밤비처럼 뻣뻣해진다. 그는 심리학과 학생을 만난 충격에서 깨어나자마자 약간 더듬거리며 이런 말을 내뱉는다. "심리학. 아, 음, 그렇군." 상대의 눈에서 공포가 뿜어져 나온다. '아무 생각도 하지 마. 저 녀석이 내 생각을 읽을 수 있어!' 대부분은 엄마도 없이 혼자서 사냥꾼을 피해 달아나는 밤비처럼 짧은 변명을 억지로 짜내며 뒷걸음질 치지만, 그중에는 솔직하게 우려를 표현하는 용감한 이들도 있다. "그래. 심리학이라고. 그럼

정신과 의사처럼 나를 분석하겠네." 불안한 짧은 웃음이 뒤를 따르다 금방 뚝 그친다. 공포가 어마어마하기 때문이다.

드물지만 "심리학을 공부해요"라는 말에 도망치지 않는 사람이 있다면, 심리학은 상대의 생각을 읽거나 텔레파시를 나누는 학문이 아니며 운명을 맞히거나 점을 보는 학문도 아니라는 설명이 도움이 될 것이다. 하지만 비열한 심리학과 학생이 교묘한 술책으로 쳐놓은 덫에 걸렸다는 찜찜한 기분은 누구도 쉽게 털어버리지 못한다.

내 생각엔 대다수 뇌에는 미미하나마 심리학에 대한 공포가 숨어 있는 것 같다. 평소 녀석은 뇌의 한 귀퉁이에서 게으르게 뒹굴지만 저 지평선에서 심리학처럼 보이거나 그런 냄새를 풍기는 것이 나타나기만 하면 벌떡 일어나 경보를 울린다. 심리학 공포는 위험한 가짜 뉴스를 먹고 산다. 심리학이 무엇인지 나름의 막연한 생각은 있지만 진짜로 그것이 무엇인지는 전혀 감이 없다.

'터부' 게임을 아는가? 자기 차례가 된 사람이 나머지 사람들에게 어떤 개념을 설명한다. 하지만 금기어 다섯 개는 사용하면 안 된다. 그런데 희한하게도 설명을 하려고 하면 제일 먼저 그 금지된 단어들이 떠오른다. 예를 들어 '선인장'을 설명할 경우, 금기어 다섯 가지는 '식물', '물', '가시', '사막', '뾰족하다'이다.

그럼 '심리학'을 설명할 경우 금기어 다섯 개로 무엇을 꼽겠는가? 100명에게 물어보면 분명 '지크문트 프로이트', '잉크 얼룩'*, '카우

● 좌우 대칭의 잉크 얼룩을 보여주고 심리 반응을 살피는 '로르샤흐 테스트'에서 연상한 것

치couch', '최면', '결박'을 제일 많이 꼽을 것이다. 이 단어들을 들으면 모두가 심리학을 떠올린다. 이것이 문제다. 심리학에 대한 이런 식의 생각은 의학을 '사이렌 소리', '지혈', '바흐플라워 요법'으로 요약 정리하는 것만큼이나 문제가 있다.

지금도 나는 심리학자에 대한 의심과 경직 반응을 몸으로 느끼지만, 그런 반응은 어리석다. 심리학은 오랜 세월 나의 동반자였다. 처음엔 나도 대부분의 사람들처럼 의심의 눈초리를 보냈다. 하지만 가까이 다가가면 갈수록 더욱더 심리학에 매료되었다. 5년 동안 대학에서 공부하고 3년 이상 박사 과정에서 연구하고 다양한 심리 연구와 실험을 실시한 지금의 나는 심리학보다 더 매력적인 것이 있다고 상상할 수 없다. 어쩌면 살짝 사랑에 빠졌다고도 말할 수 있을 것 같다. 자신의 사랑을 금기어 다섯 개로 설명하라면 무척 힘들겠지만 꼭 그래야 한다면 나의 금기어는 이럴 것이다. '과학', '두뇌', '인간', '이해', '공구함'.

맨 먼저 내가 만난 심리학은 과학이었다. 그것도 정신과학이 아니라 자연과학이었다. 자연과학자가 되는 일은 고달프기 짝이 없다. 무엇보다 수업 시간표에 수학이 엄청나게 많다는 뜻이니까. 이상하게 들릴지 몰라도 심리학 연구는 대부분 숫자로 끝을 맺는다. 상당히 복잡한 자료에 상당히 많은 숫자가 적혀 있다. 그것을 평가하고 이해하려면 계산을 해야 한다. 수학 다음으로 생물학, 화학, 물리학이 필요하다. 우리의 생각도 처음에는 세포, 산酸, 전기만으로 이루어진다. 그것들이 우리 머리통의 작은 회색 덩어리 안에 모여 기적을 일으킨다.

그 기적, 즉 우리의 심리가 바로 지금의 우리를 만들었다. 인간으로 말이다. 인간의 존재는 순수 심리학이다. 심리학은 인간 존재를 작동하는 원칙과 규칙에 관심이 많다. 왜 인간은 지금처럼 행동할까? 모두에게 통하는 규칙은 어떤 것이며 특정한 집단에게만 통하는 규칙은 어떤 것인가? 모든 인간은 유일하다. 하지만 우리는 서로가 얼마나 비슷한지 모른다. 웃음이 무엇인지, 특정 가치가 어떤 의미인지, 무엇이 두려운지는 모든 인간에게 통하는 보편 규칙이다. 물론 아시아 사람들은 유럽 사람들과 다른 이유로 웃음을 터트리고, 프랑스 사람은 독일 사람과 다른 것에 공포를 느끼지만 그것 역시 심리학이 풀어서 설명하려 노력하는 인간 존재의 패턴이다.

이렇게 하여 네 번째 금기어 '이해'로 넘어왔다. 심리학은 이해의 문을 여는 열쇠이다. 왜 우리가 지금의 우리가 되었고 왜 다른 사람은 지금의 그 사람이 되었는지 이해하려 한다. 인간은 오래전부터 이런 충동을 느꼈다. 예를 들어 나는 심리학 수업을 통해 왜 남 앞에 나서서 발표하는 것이 두려웠는지 이유를 깨달았고 그 두려움을 털어버리는 법을 배웠다. 어떤 세미나에선 한 인간을 마약중독자로 만들 수 있는 운명을 배웠고, 다른 세미나에선 협상을 잘하는 법을 배웠다. 어떤 아이가 총을 들고 학교에 가서 선생님과 친구들에게 총을 갈겼다면 우리는 그 이해할 수 없는 일을 이해하고 싶을 것이다. 심리학이 모든 총격의 비밀을 풀지는 못할 테지만 그래도 우리가 가진 최고의 열쇠는 심리학이다.

그러니까 심리 연구란 잉크 얼룩 도판을 들고 카우치 앞에 쪼그리고 앉아 생각을 읽는 일이 아니다. 심리학자는 흰 가운을 입고 실험실에 들어가 자기공명영상기 앞에 서서 사랑이 어디서 오는지를 밝혀낸다. 행복하려면 무엇이 필요한지 수천 명을 대상으로 설문 조사를 해서 몇 달 동안 컴퓨터 모니터를 들여다보며 그 자료를 분석한다. 우울증, 번아웃, 거식증 환자의 치료법을 개발하고, 효율적인 팀 운영 방식을 모색하며, 스트레스와 몰입을 이해하고, 공포증을 떨쳐내기 위해 각종 실험을 한다. 지식을 쌓기란 쉬운 일이 아니다. 나 스스로가 미국, 스위스, 벨기에의 학자들과 힘을 합쳐 다양한 실험을 하고 수많은 관련 서적을 읽으며 몇 해를 보내고서야 박사 학위를 땄기에, 박사가 되고 학자가 되는 것이 얼마나 힘든 일인지 잘 안다. 하지만 쌓은 지식은 나누어야 맛이다. 그것도 활용될 수 있도록 나누어야 한다. 그러자면 복잡한 것을 영양가 있는 것으로 만들어야 한다. 이로써 우리는 심리학의 마지막 금기어에 도달했다.

내가 생각하는 심리학은 공구함이다. 경영자 세미나에서나 나올 법한 말이지만 공구함 이미지는 내가 느끼는 심리학의 매력을 가장 잘 표현하는 비유이다. 나는 내 머릿속에 든 공구함을 활용할 수 있다. 그리고 그 공구함은 날이 갈수록 풍성해진다. 물론 절로 그렇게 되는 것은 아니다. 내가 읽고 연구하고 무엇보다 쉬지 않고 훈련하기에 그렇다. 심리 현상은 도구와 같다. 더 잘 작동하도록, 깨달음을 얻도록, 덜 좌충우돌하도록, 더 효율적이 되도록, 자신과 남을 이해하도록 우리를 도와준다. 우리 모두에겐 이런 공구함이 있다. 원하건 원치 않건, 쉬지 않고 심리학을 운용하기 때문이다. 심리학자는 특별한 사람이라는 생각은 틀렸다. 대학을 졸업하지 못했거나 박사 학위를 따지 못했을 수는 있지만 심리학은 어디서나 등장한다. 동료들과 일하는 사무실에서, 연인과 누운 침대에서, 중고차 거래소에서, 퀴즈 대회 스튜디오에서. 그러니 우리 모두는 어찌 되었건 심리학자들이다. 차이는 각자의 공구함이 얼마나 가득 찼느냐에 있다.

이 책은 심리학에 바치는 헌사이다. 이 책에서 나는 뮌스터에서 보낸 대학 시절과 파티 플래너 경험담 그리고 백만장자가 된 사연을 들려줄 것이다. 이런 내 개인의 경험이 틀을 짜줄 것이고 그 틀을 채울 내용은 수많은 심리 현상들이다. 그것을 알고 이해하고 활용하도록 돕는 것이 이 책의 목표이다.

때로는 괴상망측한 방법과 속임수를 알려줄 것이고, 때로는 우리 두뇌 메커니즘의 순수한 존재를 이야기할 것이다. 그것을 통해 여러분이 중요한 인식을 얻고 활용할 수 있도록 말이다. 나는 수많은 상황에서 심리학의 도움을 받았고, 정말로 심리학이 없었다면 많은 것을 이루지 못했을 것이다. 여러분도 나와 다르지 않으리라 생각한다.

이 책이 심리 연구를 대신할 수는 없다. 또 당연히 박사 학위 수준의 지식을 전달할 것도 아니다. 그러니 눈을 찡긋하며 대충 넘어가 줘야 할 곳도 많을 것이다. 그래도 장담컨대, 심리학 초보 코스 정도는 끝낼 수 있으리라 본다. 수영 초보 코스를 끝마쳤다고 바로 바다로 나갈 수는 없겠지만, 그래도 평생 심리학이라면 무서워 벌벌 떨면서 맥주병 신세를 면치 못하는 것보다야 훨씬 낫지 않겠는가.

CONTENTS

PART 2 "관계 맺기는 왜 이렇게 어려울까요?"

관계를 술술 풀어가는 사람들이 사용하는 심리 기술

PART 3 "의지력을 높이려면 어떻게 해야 할까요?"

강철 멘탈을 가진 사람들이 사용하는 심리 기술

PART 1

“내 마음인데 왜 내 마음대로 안 될까요?”

문제와 갈등을 합리적으로 해결하는 사람들이 사용하는 심리 기술

1

폭파된 자아

당신의 머리에 들어오신 것을 환영합니다

첫 수업에서 나는 사랑에 빠져버렸다. 콧수염을 기르고 체크무늬 셔츠를 입은 쉰 살 정도의 울리히 무스호프Ulrich Musshoff 교수가 그 대상이었다. 물론 그는 내 여자 동기들에 비하면 단연 외모가 떨어졌다. 하지만 그 점만 빼면 정말로 매력적이었다. 그가 처음 생물학 연구소 강당으로 들어와 우리 앞에 섰을 때는 학기 초의 분위기가 으레 그렇듯 난장판이었다. 고등학교 수업 시간과 별다를 것이 없었다. 그러나 불과 2분도 안 되어, 강당 안은 바늘 떨어지는 소리까지 들릴 만큼 고요해졌다. 모두가 잔뜩 긴장해 교수의 입만 쳐다보았다.

200명에 가까운 학생들이 초집중하는 이런 예외적인 현상은 다

무스호프 교수의 능력 덕분이었다. 그는 복잡한 사안을 극적인 이야기로 포장해 그 안에 숨은 심리 현상을 생동감 있게 설명했다. 그렇게 우리는 무스호프 교수와 함께 환상적인 두뇌의 세계로 모험을 떠났다.

"자, 상상해봅시다. 화창한 아침입니다. 이른 시간이지만 햇살이 여러분의 얼굴을 따스하게 비춥니다. 여러분은 말에 올라 길을 떠납니다. 해야 할 일이 있으니까요."

내가 기억하는 강의의 시작은 대충 이랬고, 그것이 바로 피니어스 게이지Phineas Gage의 특이한 사연으로 들어가는 입구였다. 때는 1848년 9월 뉴잉글랜드. 피니어스는 젊고 건강한, 전형적인 미국 청년이었다. 스물다섯 살밖에 안 되었지만 벌써 미국 최대 철도 회사에서 작업반장으로 일했다.

상사들은 그를 회사에서 제일 유능하고 쓸모 있는 직원으로 평가했다. 당시 그의 작업반은 몇 주 전부터 블랙강 캐번디시 쪽으로 철로를 닦아나가는 중이었다. 그런데 그 지역이 온통 암석층이어서 폭파 작업을 할 수밖에 없었다. 폭파는 작업반장이 맡아서 했고 절차는 항상 똑같았다. 구멍을 뚫고 화약을 채우고 모래로 화약을 덮은 후 긴 쇠막대로 모래를 꾹꾹 다졌다. 폭파 압력이 저 아래쪽까지 닿게 하기 위해서였다. 그런 다음 도화선을 삽입하고 불을 붙인 다음 귀를 막고 얼른 도망쳤다. 그날 오후도 여느 때와 다르지 않았다. 피니어스는 자신에게 닥칠 운명의 장난을 조금도 예상하지 못했다.

그가 평소처럼 화약을 구멍에 쏟아붓고 막 모래 양동이를 집어 들려는 찰나, 뒤에서 누가 그를 불렀다. 별일 아니었다. 그냥 작업반 일꾼이 인사를 건넨 것이었다. 그는 다시 돌아서 쇠막대를 구멍에 집어넣었다. 막대를 한 번 찌르고 뽑으려는 순간이었다. 불꽃이 튀면서 화약으로 불이 옮겨 붙었고 엄청난 폭발이 일어났다. 피니어스가 모래를 깜빡 잊어버린 것이다.

귀를 찢는 폭발음과 함께 쇠막대가 로켓처럼 구멍에서 튀어 올랐다. 쇠막대는 피니어스의 왼쪽 뺨을 뚫고 뇌의 앞쪽 부분을 통과한 후 전속력으로 두개골을 부수고 튀어 나갔다. 사람들이 얼어붙었다. 저기 자기들의 작업반장이 서 있었다. 피범벅이었지만 살아 있었다. 고동치는 그의 뇌가 보였다. 그런데도 정신은 말짱했다. 사람들은 소달구지에 그를 싣고 가까운 목장으로 달려갔다. 그리고 존 할로 박사를 불렀다. 의사를 본 피니어스는 이렇게 인사했다. "박사님, 손 좀 봐주셔야겠습니다."

믿을 수 없었다. 불과 몇 주 후 피니어스는 완전히 회복해 퇴원했다. 물론 눈 한쪽은 잃었다. 하지만 그것만 빼면 폭파 전과 똑같이 말도 잘했고 기억력도 좋았다. 생각도 멀쩡했으며 듣기도 잘 들었다. 그러나 얼마 지나지 않아 피니어스가 정상이 아니라는 사실이 밝혀졌다.

성격이 변해버린 것이다. 야망 넘치고 싹싹하고 투지에 불타던 사람이 갑자기 변덕스럽고 유치하며 충동적인 사람이 되었다. 할로 박사의 기록을 보면, 피니어스가 내뱉는 욕설이 얼마나 듣기 민망했던지 박사가 여성들에게 그를 조심하라고 이르고 그와 같은 공간에 있지 말라고 당부할 정도였다. 피니어스는 작업반의 일꾼들을 가혹하게 대했고 비도덕적인 결정을 내렸으며 말도 안 되는 계획을 세웠다. 결국 회사는 그를 해고할 수밖에 없었다. 그 후로도 그의 상태는 전혀 개선되지 않았다. 예전 동료는 말했다. "게이지가 게이지가 아니었다"라고.

왜 무스호프 교수는 150년도 더 지난 이 사건을 첫 수업에서 끄집어냈을까?

피니어스 게이지의 사례는 심리학이 무엇인지 명확하게 보여준다. 그 사건에는 심리학을 구성하는 거의 모든 것이 등장하기 때문이다. 일단 피니어스는 인간이다. 그 사실은 심리학의 조건에 부합한다. 앞서도 말했다시피 심리학자들은 인간에게 관심을 쏟는다. 그 다음으로 주변 세상이 있다. 피니어스에게 욕설을 들은 여성들, 피니어스가 잃어버린 일자리, 피니어스가 달라졌다고 말하는 동료들. 그것 역시 조건에 맞다. 심리학자들은 인간과 그의 행동이 주변 세상과 나누는 상호작용에 관심을 보인다. 하지만 뭐니 뭐니 해도 이 이야기의 주인공은 피니어스의 두뇌이다. 이 두뇌를 통해 우리는 심리학의 출발점이 될 질문에 도달한다. 뇌는 우리의 본성, 우리의 심리와 무슨 관련이 있을까?

인류는 오래전부터 뇌와 심리 사이에 관련이 있다는 사실을 알았다. 머릿속의 내용물과 우리의 본성, 우리의 감정과 행동에 서로 연관성이 있다고 말이다. 하지만 이 연관성이 엄청나게 중요하며 사실상 전부라는 깨달음에 이른 지는 얼마 되지 않았다.

쇠막대 하나가 젊은 남자의 머리를 통과하면서 뇌의 일부를 앗아 간다. 순식간에 뇌의 한구석이 사라진 것이다. 그 후 그는 예전의 그가 아니다. 겉으로는 거의 달라진 것이 없고 신체도 매우 건강하지만 정신은 완전히 딴사람이다. 이 사례는 우리가 누군가를 사랑할 때 온 마음으로 사랑하는 것이 아님을 입증한다. 우리는 온 마음이 아니라 온 뇌로 사랑한다. '간땡이가 부었다'는 말도 사실이 아니다. 간이 아니라 뇌가 부은 것이다. 심지어 속이 불편할 때도 마찬가지이다. 물론 그 안에 들어가지 말아야 할 것이 들어가서 불편하겠지만 구역감은 뇌에서 생겨난다.

피니어스 게이지의 이야기는 심리학의 세계로 들어가는 완벽한 관문이다. 머리에서 모든 것이 시작된다는 사실을 입증하기 때문이다. 하지만 그의 사례에는 결정적인 지점이 하나 빠져 있다. 두뇌가 있는 인간 그리고 그 인간이 활동하는 세상과 더불어 심리학자들이 가장 많은 관심을 쏟는 것은 바로 의지이다. 인간이 잘 살도록, 만사가 문제없이 돌아가도록, 인간이 자신과 타인을 이해하도록, 한마디로 우리가 아무 문제 없이 잘 지내도록 돕는 의지!

그것이 피니어스의 이야기에는 빠져 있다. 분명 의사는 사고 후 찢어진 살을 잘 기워 붙였고 환자를 열심히 관찰했다. 하지만 환자를 도울 수는 없었다. 그렇다면 심리학은 바로 그곳에서 시작될 것이다.

첫 학기에 무스호프 교수의 강의실에 앉아 피니어스의 운명에 귀를 기울일 때만 해도 나는 심리학에 대해 전혀 들은 것이 없는 기분이었다. 공부는 이제 막 시작했고 나는 그 여행이 어디로 향할 것인지, 심리학이 무엇인지, 무엇이 될 수 있을지 깜깜했다. 하지만 불쌍한 피니어스를 알고 난 후엔 많은 것이 명확해졌다. 전전두피질, 그러니까 이마 바로 뒤쪽의 뇌엽을 다치면 몸은 멀쩡해도 성격이 순식간에 달라질 수 있다는 깨달음. 이는 심리학이라는 큰 집 앞에 놓인 발판과도 같았다. 그 발판에 이렇게 적혀 있었다.

"당신의 머리에 들어오신 것을 환영합니다."

2

'사랑'과 '행동'을 결정하는 힘

심리학이 가져오는 놀라운 기적

우리의 뇌가 곧 우리다. 무스호프 교수가 피니어스의 특별한 사례를 통해 우리에게 전해주려 했던 사실이다. 우리 몸의 모든 기관을 이식했다고 상상해보자. 심장, 신장, 간, 눈 등 모든 기관을 다른 사람의 몸에서 당신의 몸으로 옮겨 왔다. 각 기관들이 할 일을 제대로 척척 해낸다면 당신은 수술 전과 같은 사람이다. 하지만 타인의 뇌를 이식한 당신이 여전히 당신이라는 생각은 뭔가 부조리하다.

이런 정황 탓에 문제가 발생한다. 우리의 뇌는 약 1000억 개의 신경세포로 이루어져 있다. 이 수많은 신경세포가 시냅스를 통해 서로 연결되어 거대한 네트워크를 형성한다. 그리고 그 네트워크는 포도당을 태워 얻는 에너지를 갈망한다. 우리 뇌는 비율로 따지면 신체의 극히 작은 일부분이지만 엄청난 에너지를 잡아먹어서 몸이 사용하는 에너지의 5분의 1을 가져간다.

신경세포는 화학작용과 전기로 움직인다. 양전자가 네 개인 산酸이 있는가 하면, 어떤 산은 전자가 세 개밖에 없다가 갑자기 다섯 개가 되기도 하며, 불쑥 신호가 생겨나서 이 세포에서 저 세포로 튀어가기도 한다. 그리고 이것이 모든 생각과 행동의 기초가 된다.

뇌가 세포와 산과 약간의 전기로만 일을 한다면 어떻게 뇌는 자기 자신에 대해 생각할 수 있으며, 어떻게 의식을 깨울 수 있을까? 즉 간단히 말해, 뇌를 포함하는 우리의 신체가 사물로만 이루어진다면 어떻게 그 사물이 모여 생각을 할 수 있을까?

결국 우리는 두 다리로 움직이는 생물 기계에 불과하다. 이 시스템에서는 화학이 끼어들고 물리학이 작동한다. 뭔가 기계의 냄새가 진동하지 않는가? 우리 같은 인간 기계에게도 심리가 있다면, 몇백 년 후 엄청난 작업 용량을 자랑하는 똑똑한 토스터가 태어나서 왕성한 의식 활동을 펼치지 말라는 법이 어디 있겠는가?

인간이 컴퓨터를 발명하고 감정이 있는 토스터를 상상하기 훨씬 전부터 철학자들은 몸과 영혼의 문제를 고민했다. 근대 초에 철학자 르네 데카르트는 몸과 영혼을 따로 떼어 생각하자고 제안했다. 이를 이원론이라고 부른다. 몸은 기계이자 껍데기이고 영혼은 몸과는 다른 초자연적인 것이다. 전혀 다른 두 개의 물질이다. 데카르트는 영혼을 비물질적인 것으로, 몸은 물질적인 나머지로 상상했다. 그 둘이 함께 인간을 만드는 것이다. 그리고 감정 · 의식 · 생각 · 의지의 행동은 영혼의 작품이며, 신을 경외하는 철학자답게 몸이라는 껍데기가 없어도 영혼은 죽지 않고 계속 존재한다고 생각했다. 우리 몸의 일부가 아닌 무언가, 물질이 아니라 더 숭고한 무언가가 존재한다는 생각은 사실 멋진 것이다.

'영혼'이라는 개념은 다양하게 정의되고 매우 다층적이다. 그렇지만 모두 어느 정도는 초월적인 것을 담고 있다. 종교에서 발견되는 초자연적인 것 말이다. 고대 사람들은 영혼을 심리와 같은 개념으로 생각했다. 종교가 없는 나로서는 지금의 심리 개념이 정신적 내면을 과학적이고 사실적으로 관찰한 결과를 의미해서 매우 다행이라고 생각한다. 하지만 '영혼'과 '심리', 이 두 개념이 우리의 본성, 존재, '정신'을 지칭한다고 해도 몸과 심리의 문제는 여전히 남는다.

수영장에 놓인 10미터 높이의 다이빙대에서 물속으로 뛰어들면 내 몸은 젖은 자루처럼 차가운 물에 잠긴다. 누가 내 다리에게 스프링 판을 딛고 물로 뛰어들라고 명령을 내렸을까? 내 심리이다. 그럼 몸은 뇌와 함께 아래로 떨어지지만 명령은 전혀 다른 곳에서 온다는 얘기다. 정말 그럴까? 한 걸음 더 나아가보자. 기분은 왜 좋아지는가? 기분이 좋은 것은 뇌 속에서 신경세포가 연쇄적으로 점화하기 때문이다. 그렇다면 나는 내 기분에 대한 생각을 어떻게 스스로에게 설명할 수 있을까? 더 깊이 들어가, 나의 생각 그 자체가 나의 뇌에서 나온다면 나의 뇌로 나의 생각에 대해 고민하는 것이 어떻게 가능할까? 상당히 혼란스럽다. 케임브리지대학교의 물리학 교수 존 배로John Barrow가 우주에 대해 한 말을, 심리학 교수 데이비드 마이어스David Myers가 다시 우리 심리에 적용했다. "우리가 이해할 수 있을 정도로 뇌의 구조가 단순하다면, 뇌는 그 뇌를 이해할 수 있는 심리를 만들어내지 못할 것이다."

하지만 이쯤에서 그만 멈추려 한다. 우리의 본질을 이루는 불멸의 것이 존재한다고 믿고 싶다면 믿어도 좋다. 과학으로서의 심리학이 제공할 수 있는 것들은 매우 흥미진진하지만 아직 완성된 것은 아니고 또 앞으로도 결코 완성되지 못할 것이다. 그러므로 이 글을 계속 읽으면서 데카르트의 주옥같은 사상을 찾아낼 것인지, 아니면 다음 장으로 건너뛸 것인지는 순전히 당신의 결정에 달렸다. 마음을 정하지 못했다면 계속 읽어나가기를 바란다. 내가 써먹어 보니 제법 괜찮았던 타협안을 끝부분에서 알려줄 예정이니까 말이다.

르네 데카르트는 1596년에 태어났다. 그 암흑의 시대에는 머리를 잘라 그 속을 들여다보겠다고 주장하면 장작더미로 끌려가 화형을 당할 수도 있었다. 할로 박사는 피니어스 게이지의 특이한 경우를 기록으로 남겼지만 지금 우리가 사용하는 심리 추적 기술은 감히 상상도 할 수 없었을 것이다.

과거의 그들에게는 없었던 것이 현대의 신경학자들에겐 있다. 지금 우리는 뇌를 스캔해 어둠 속으로 빛을 보낼 수 있다. 양전자 단층촬영PET, 자기공명영상MRI, 뇌파검사EGG 같은 방법들을 통해서 말이다. 예를 들어 PET는 검사 대상 환자의 몸에 약한 방사능 액체를 뿌린 후 환자를 기계에 집어넣는다. 그러면 그 액체가 온몸의 세포로 분산되고, 기계는 그 액체를 모니터에서 볼 수 있게 만든다. 에너지를 특히 많이 소모하는 세포는 방사능 액체를 많이 흡수하므로 컴퓨터 화면에서 밝게 빛을 낸다. 그것을 보면 신체의 어떤 부위가 활동 중이며 뇌세포에서 무슨 일이 일어나는지 알 수 있다. 다른 방법들도 목표는 동일하다. 우리의 내면생활, 즉 심리의 복사이다.

이렇듯 뇌의 비밀을 푸는 방법이 날로 개선되면서 신체와 심리(데카르트의 표현대로 하면 몸과 영혼)가 별개의 것이 아니라는 사실이 분명해졌다. 예를 들어 유명한 유니버시티 칼리지 런던의 안드레아스 바르텔스Andreas Bartels와 세미르 제키Semir Zeki 교수는 사랑이 어디서 어떻게 작동하는지 알기 위해 실험 참가자들을 기계에 집어넣었다. 그런 다음 참가자들에게 사랑하는 사람의 사진을 보여주었더니 마약 소비와 밀접한 관련이 있다고 믿었던 뇌 부위가 활동하기 시작했다. 이 연구 결과가 발표된 후, 재치 있는 한 기자가 법으로 정한 마약 남용 기준에 따르면 이제는 사랑도 불법 행위이므로 엄격히 금지해야 한다고 농담을 했다.

이들의 연구 결과를 보면 뇌에는 정해진 사랑의 주인공이 존재한다는 걸 알 수 있다. 대표적인 것이 감정 인식을 담당하는 전전두피질, 즉 앞서 본 피니어스 게이지가 잃어버린 부위이다. 또 대뇌에 있으며 에로틱한 감정을 담당하는 꼬리핵과 조가비핵, 감각인상 처리를 담당하는 대뇌피질의 섬엽도 한몫을 한다. 이것으로 사랑을 완벽하게 설명할 수 있다.

미국 생리학자 벤저민 리벳Benjamin Libet이 실시한 실험은 신경학 실험 중에서도 가장 많은 논란을 불러일으켰다. 그가 자유의지를 찾아 나섰기 때문이다. 그것도 간단하면서 천재적인 방법으로 말이다. 그는 실험 참가자들을 컴퓨터 앞에 앉히고 화면에 시계를 띄웠다. 그리고 참가자들에게 손을 들고 싶은 의식적 충동을 느끼는 순간 화면을 보고 시각을 암기하라고 일렀다. 대부분의 사람들은 그 과정이 이렇게 진행될 것이라고 예상했다. 손을 들기로 결정을 내리면 뇌가 손을 들라는 명령을 내린다. 그러니까 결정을 내리는 순간 시계를 보고 그다음에 손을 든다. 리벳은 실험 참가자들의 손목과 머리에 전극을 연결해 그들이 언제 손을 드는지, 그들의 머리에서 무슨 일이 일어나는지 측정했다. 결과를 보면 결정한 시각은 손을 드는 시각보다 4분의 1초 정도 빨랐다. 여기까지는 예상대로였다. 먼저 결정을 내리고 그다음에 손을 들었다.

하지만 놀랍게도 운동피질, 즉 자의적 운동을 조절하는 뇌 부위에서는 실험 참가자가 의식적으로 손을 들기로 결정하기 훨씬 전부터 뇌류가 흘렀다. 약 3분의 1초 전인데, 그 정도면 신경학에서는 무한에 가까운 시간이다. 그러니까 의지가 "손 들어"라고 말하면 뇌는 "벌써 명령을 내렸어"라고 대답하는 격이다.

존 딜런 헤인스John-Dylan Haynes는 비슷하지만 훨씬 현대적인 실험을 통해 같은 결과를 입증했다. 실험 참가자에게 왼쪽 버튼과 오른쪽 버튼 중 하나를 누르라고 시켰더니 둘 중 한쪽을 결정하기 7초 전에 이미 뇌가 결정을 마쳤던 것이다. 헤인스의 결론은 명확하다. '나의' 의지가 언제 생기는지, 또 그 의지가 무엇을 결정할지 아직 알지도 못하는데 어떻게 '나의' 의지라고 부를 수 있을까? 리벳과 헤인스의 실험은 의지의 자유를 반박하기 위한 논거로 자주 인용된다. 아무리 그래도 그건 너무 멀리 나간 주장일지 모르기에 그사이 다른 해석들도 등장했다. 어쨌거나 의지력과 관련된 이들 실험은 뇌가 심리의 대장이라는 사실을 다시 한 번 입증한다.

뇌 스캐너로 설명한, 사랑과 행동을 결정하는 두뇌의 힘은 데카르트가 말한 몸과 분리된 영혼과 얼마나 잘 맞을까? 전혀 맞지 않다. 물론 오늘날의 신경학이 모든 문제에 답을 줄 수 있는 것은 아니다. 하지만 인간의 심리가 결국엔 신경세포의 네트워크에 불과하다는 사실에는 의문의 여지가 없다.

우리의 뇌는 우주에서 가장 흥미로운 기관이다. 기적을 낳기 때문이다. 뇌는 심리를 탄생시킨다. 우리의 본질이 결국엔 고도로 복잡한 사고 기계에 불과한 흐물흐물한 호두 모양의 기관에서 나온다는 사실을 인정하면 유익한 점이 매우 많다. 심리가 변할 수 있다는 생각을 납득할 수 있을 테니 말이다. 심리에 대해 인간은 이미 수없이 많은 사실을 알고 있지만, 앞으로 심리학이 밝혀낼 흥미로운 비밀들은 아직 많고도 많다.

이것이 바로 나의 타협안이다. 앞서 말했듯 나는 초자연적인 영혼이 존재한다고 믿지 않는다. 내가 죽으면 영혼이 작은 구름이 되어 하늘로 올라가거나 지옥으로 떨어진다고 생각하지 않는다. 하지만 퀴즈 쇼 진행자가 마침내 나의 우승을 선언하는 순간 내 온몸을 타고 흐르던 전율을 떠올릴 때면, 나는 우리의 심리를 일종의 영혼 대용품으로 상상해도 좋겠다는 생각을 한다.

일종의 협상인 셈이다. 학자이자 심리학자로서 나는 기적이나 초자연적 초월성을 믿지 않는다. 하지만 언젠가 우리가 심리의 작동 방식을 완전히 해독해 토스터가 오르가슴을 느끼게 도와줄 수도 있다고 생각하는 건, 신을 향해 날아가는 영혼을 믿는 것만큼이나 멋지다. 그런 날이 올 때까지 나는 심리학이 우리의 심리에서 끌어낼 모든 새로운 비밀을 항상 기다릴 것이다.

3

나를 보는 수백만 개의 눈동자

공포 면역 체계 기르는 법

나는 귄터 야우흐•가 진행하는 퀴즈 프로그램 「누가 백만장자가 될 것인가?」에 출연해 우승했다. 나의 도전은 치밀한 계획하에 나의 팬티로 막을 올렸고 우연히도 귄터 야우흐의 팬티로 막을 내렸으며 나의 심리와도 상당히 관련이 깊었다. 하지만 TV로 우리를 지켜본 시청자들은 아무것도 알아차리지 못했을 것이다.

본격적으로 문제를 풀기 전 출연자가 할 일은 딱 하나다. 오후 리허설 시간에 지정해준 카메라를 쳐다보며 환하게 웃으면 된다. 카메

• Günther Jauch, 독일의 방송 진행자. 「누가 백만장자가 될 것인가?」는 그가 1999년부터 진행한 퀴즈 프로그램으로, 독일에서 가장 인기 있는 TV 프로그램 중 하나이다.

라 1번 아니면 2번 둘 중 하나를 쳐다봐야 한다. 하지만 TV 출연을 앞두고서 잔뜩 흥분한 사람들에겐 그 간단한 주문도 말처럼 쉬운 일이 아니다. 출연자들이 독일의 수백만 거실을 향해 자신이 지을 수 있는 가장 환한 미소를 날리는 동안, 보이지 않는 성우의 음성이 각 출연자를 소개한다. 그때 카메라를 잘못 쳐다보면 정말이지 멍청해 보인다. 그러니까 그 스튜디오에 앉아 있다 보면 공개 망신을 당할지 모른다는 걱정이 제일 큰 공포로 다가온다.

이윽고 성우의 음성이 나를 소개했다. "뮌스터에서 오신 레온 빈트샤이트 씨입니다. 심리학자인데 팬티만 입고 방송을 준비하셨다는군요." 나는 얼굴에 살짝 경련을 일으키며 정확히 1번 카메라를 향해 미소 지었다. 어찌 된 일인지 야우흐 씨와는 내가 출연한 3회 방송 중 단 한 번도 팬티에 대해 이야기를 나누지 않았다. 사실 조금 유감이었다. 솔직히 약간 특별했던 나의 심리 준비가 백만장자가 되는 데 정말로 큰 도움이 되었기 때문이다.

아무튼 일단은 이야기의 처음으로 가보겠다. 대학에 입학한 나는 1학기 수업의 첫 발표자로 내정되었을 때 기분이 좋았다. 15분 분량의 발표였다. 식은 죽 먹기라고 생각했고 전날 저녁 파워포인트 자료도 몇 장 만들었다. 연습? 필요 없어! 노트에 제일 중요한 키워드 몇 개만 달랑 적었다. 시작과 끝은 즉석에서 생각하면 될 것이다. 계획은 그랬다. 하지만 현실은 전혀 달랐다.

발표 날 아침. 심리학과가 있는 회색 콘크리트 건물로 들어서는 순간, 무의식에 가까웠지만 뭔가 마음이 답답했다. 그러니까 이런 거였다. 고등학교 때 친구들 앞에서 과제 발표를 하는 건 쉬웠다. 3분밖에 안 걸렸고 그리 긴 설명도 필요치 않았으며 실수를 하더라도 다들 웃어주었다. 전공 수업 시간에 잘 모르는 대학생 30명 앞에서 발표하는 것과는 비교도 안 된다는 걸, 순간 나는 퍼뜩 깨달았다. 강사가 "레온 빈트샤이트, 네 차례야"라고 말했을 때였다.

순식간에 공포가 밀려들었다. 기대에 찬 62개의 눈동자가 나를 향했다. 온몸의 혈관이 곤두섰다. 후끈 열이 올랐다. 너무 더웠다. 아직 10월 말인데도 사우나에 들어간 것처럼 땀이 흘렀다. "탕. 탕. 탕. 탕." 머릿속에서 망치질 소리가 들렸다. 너무 더워서 뇌가 정신 줄을 놓아버렸으면 좋겠다는 생각만 들었다. 그러나 그런 일은 일어나지 않았다. 나는 여전히 강의실 네 번째 줄에 앉아 있었다.

그날 발표를 어떻게 했는지는 도무지 기억에 없다. 더듬거리고 진땀이 났지만 그럭저럭 넘어갔던 것 같다. 어쨌든 안 죽고 살아남았으니까. 그러고 나니 나 자신에게 너무 화가 났다. 이 공포는 어디서 왔을까? 아무런 근거가 없었다. 왜 나는 공포에 휘말렸던가? 대답은 몇 주 후 다른 강의에서 들을 수 있었다. 강사는 두꺼운 검정 유성펜을 들어 선 하나로 회오리바람을 그린 후 그 위에 큰 글자로 이렇게 적었다. 공포의 악순환.

"공포의 악순환은 공포장애 환자의 적이다." 강사가 설명했다. 공포장애는 생각보다 훨씬 널리 퍼져 있다. 거미공포증, 고소공포증에서부터 강박적인 손 씻기를 거쳐 인간관계 공포증에 이르기까지 종류도 다양하다. 공포장애를 심리학적 관점에서 이해하자면 공포가 무엇인지부터 밝혀야 한다. 공포라는 불쾌한 감정을 모르는 사람은 없겠지만 공포가 생존에 필요하다는 사실을 아는 사람은 소수에 불과하다. 우리의 공포 반응은 오랜 역사를 자랑한다. 여기서 '오래'라는 말은 까마득한 옛날이라는 뜻이다. 곰을 본 네안데르탈인의 몸에서 혈압이 솟구친다. 호흡이 가빠지고 손과 발에서 빠져나온 혈액이 근육으로 흘러 들어간다. 신체가 도망을 치거나 싸울 수 있게 도와주려는 것이다. 겁 없는 마초 네안데르탈인은 전부 곰한테 잡아먹혔다. 반대로 만반의 태세를 갖춘 겁쟁이들은 도망쳐서 목숨을 부지했다. 그러므로 공포에 관한 심리적 사실 1번은 이러하다. 공포는 지극히 자연스럽고 매우 유익한 반응이다.

물론 곰을 아예 안 마주치면 곰한테 잡아먹히지 않을 확률이 더 높을 것이다. 그래서 오늘날의 우리 모두는 네안데르탈인의 겁쟁이 유전자를 몸에 담고 있다. 그 유전자는 정말 그럴 이유가 있을 때(곰이 불쑥 나타났을 때) 공포를 느끼는 것은 말할 것도 없고 혹시 곰이 등 뒤에 있을지 모르는 상황에서도 미리 잔뜩 겁을 집어먹는다. 바스락 소리가 난다? 이상한 냄새가 난다? 그럼 벌써 겁에 질려 냅다 도망친다. 하긴 곰한테 잡아먹히는 것보다는 헛수고를 하는 편이 백번 낫다. 그러므로 공포에 관한 심리적 사실 2번은 이러하다. 그럴 이유가 없을 때에도 우리는 공포를 느낄 수 있다. 그리고 바로 거기에서 문제가 발생한다.

공포장애를 앓는 사람들은 상황 판단에서 '오류'를 저지른다. 과도하게 반응한다. 정상적인 사람은 깜깜한 극장에서 영화를 즐기지만 공포장애 환자는 어둠을 견딜 수가 없다. 이러다 불이라도 나면 어디로 도망치지? 출구가 안 보이는데? 이 좁은 복도로 어떻게 도망을 치겠어? 이러다 다 죽지.

이런 생각이 악순환의 시작이다. 공포장애 환자가 아니더라도 우리 모두는 공포의 악순환을 경험으로 잘 안다. 나처럼 사람들 앞에서 발표할 때('어떻게 해. 나 땀 흘리는 거 다 보일 거야'), 지하철을 타러 갈 때('다리미 코드를 뽑았나?'), 지하실로 내려갈 때('구석에 왕거미가 있을지 몰라') 다들 공포를 체험해보았을 것이다.

문제는 우리의 공포 반응이 고조될 수 있다는 점이다. 나의 발표 시간도 그러했다. 공포의 기미만 보여도 몸이 굳는다. 위험할 수 있는 모든 것에 완전히 예민해진다. 아무래도 내가 땀을 흘리는 것 같다. 다들 알 텐데 너무 창피하다. 그래서 공포의 단계가 올라간다. 체온이 따라 오른다. 겨드랑이가 땀으로 축축하다. 세 번째 줄에 앉은 여자아이들이 킥킥거린다. 날 보고 웃는 거야. 아닌가? 나의 뇌에겐 이 모든 것이 위험이다. 이제 어쩌지? 공포심이 더욱 치솟는다. 횡설수설하기 시작한다. 나의 발표는 대참사로 막을 내린다. 위험으로 해석한 환경의 자극들 그리고 공포를 무기로 그 위험에 대비하고 싶은 뇌가 서로를 고조시켜 상황은 점점 더 악화된다. 공포의 소용돌이에 휘말리는 순간 모든 것은 토네이도처럼 위로, 점점 더 위로 솟구쳐 오른다.

강사는 공포의 악순환을 설명한 후 다시 두꺼운 유성 펜을 빼 들었다. 그리고 회오리바람을 가로질러 힘차게 선을 쭉 그었다. 공포의 악순환도 끝이 있다. 언젠가는 끝이 난다. 공포는 가라앉는다. 인간은 모든 것에 적응한다. 그곳까지 가는 길이 불쾌할 것이고 처음에는 도저히 불가능해 보이겠지만, 공포장애 환자도 심리 치료를 통해 그릇된 위험 신호에 대항하는 '공포 면역 체계'를 기를 수 있다.

최고의 방법은 위험의 원천이라고 추정되는 것을 똑바로 대면하는 것이다. 이것을 심리학자들은 노출exposition이라고 부른다. 간단하게 설명하면 공포가 저절로 줄어들 때까지 공포의 원인을 계속 환자에게 들이미는 것이다. 물론 거미공포증 환자의 머리에 다짜고짜 타란툴라*를 얹어서는 안 된다. 노출은 맨 아래 단계에서부터 차곡차곡 진행되어야 한다. 공포의 악순환과 똑같이 말이다. 제일 먼저 꿀벌 사진으로 시작한다. 꿀벌도 곤충이니까. 그렇게 한 단계 한 단계 올라가다가 거미 사진까지 보여준다. 그리고 통 속에 든 작은 거미를 거쳐 언젠가는 진짜 타란툴라를 머리 위에 올릴 수 있을 것이다. 각 단계마다 환자는 자신의 공포를 조금씩 더 알게 되고 차츰차츰 그 공포에 대처해나갈 것이다. 당연히 그만큼 공포도 줄어들 것이다.

나의 경우 강사가 그린 회오리바람이 심리의 결정적 순간이었다. 세 가지 이유에서 그렇다. 첫째, 심리학이 왜 도움이 될 수 있는지 제대로 이해했다. 둘째, 실제로 심리 장애를 앓는지 아닌지는 전혀 중요하지 않다는 것을 알았다. 수많은 심리 치료의 기본 아이디어는

* 대형열대거미과에 속하는 거대 거미. 독거미로 알려져 있으나 독성은 벌의 독성 정도로 약하다.

자신에게 멋지게 응용할 수 있다. 셋째, 첫째와 둘째는 100만 유로•를 따는 데 큰 도움이 되었다.

당시 그 강의에서 공포의 악순환에 대해 배운 후 나의 생각은 확고해졌다. 오랜 시간에 걸쳐 훈련만 한다면 공포는 반드시 이길 수 있다고 말이다. 그리고 「누가 백만장자가 될 것인가?」의 출연자가 극도의 흥분에 휩싸이리란 것은 누구나 상상할 법하다.

그래서 귄터 야우흐의 프로그램에 출연하기 전 나는 철저한 계획을 세웠다. 일정 정도의 아드레날린은 두뇌 건강에 해로울 것이 없다. 왜 출연자들이 500유로 이하의 문제에서 찬스를 써버릴까? 집에서 TV를 볼 때는 누구라도 "아이고, 성급하긴" 하며 혀를 찰 것이다. 하지만 그건 성급해서가 아니다. 진짜 이유는 흥분이다. 불안이나 맹목적 공포이다. 공포의 원인은 스튜디오의 특수한 환경과 카메라 앞이라는 상황이다. 따라서 나는 그에 맞게 무장하기 위해 미리 공포에 대비했다. 공포 치료의 비법대로 노출을 통해서 말이다. 스튜디오로 들어가는 열쇠가 있었던 것도 아니고 집에 카메라가 많은 것도 아니었지만 우리 집에도 의자는 많았다. 「누가 백만장자가 될 것인가?」에서 쓰는 것과 비슷하게 팔걸이가 달린 책상용 의자도 하나 있었다. 그러나 스튜디오에서 느끼는 수준과 비슷한 흥분을 불러일으키려면 그것으로는 부족했다.

그래서 동생의 셰어하우스 동거인들을 모아놓고 그들 앞 의자에

• 한화로 약 13억 3000만 원. 1유로는 약 1300원이다.(2019년 5월 기준)

앉아 있었다. 팬티 차림으로. 그들은 나를 뚫어져라 쳐다보았다. 당연히 내 처지는 난감하고 불편했을 것이다. 바로 그것이 훈련의 목표였다.

물론 퀴즈 쇼에는 더 많은 조건이 있다. 나름의 지식을 요하는 문제와 쾌활한 권터 야우흐 씨는 물론이고 어느 정도의 행운도 필요하다. 그 모든 조건을 갖추지 못한다면 하루 종일 팬티 바람으로 시내를 돌아다녀도 흥분은 가라앉지 않을 것이다. 나의 경우 모든 조건이 맞았다. 특히 언론이 나중에 붙여준 이름대로 그 '팬티 전략'이 무척 큰 도움이 되었다. 그러니까 TV에 출연하고 싶다면 당신도 팬티 차림으로 먼저 연습을 해보라. '노출'의 방법은 퀴즈 쇼에만 통하는 것이 아니다. 연설을 하거나 강연을 해야 할 때도 무대 공포 때문에 두렵다면 자신의 공포를 똑바로 바라보며 훈련을 하라고 권하고 싶다. 꼭 팬티 차림으로 남들 앞에 나서야 하는 것은 아니다. 거울에 비친 자신을 보는 것으로 시작해서 서서히 수위를 올리면 된다. 자고로 훈련이란 잘 되건 못 되건 안 하는 것보다는 백배 나은 법이다.

이렇듯 나의 우승은 심리학 및 두 장의 팬티와 밀접한 관련이 있다. 두 번째 팬티는 방송이 끝난 후에 처음 보았다. 내막은 이러하다. 그날 오후 분장실에 들어갔다가 긴 줄에 잔뜩 걸려 있는 야우흐 씨의 양복을 보았다. 물어보니 대부분 한 번 입고 안 입은 양복이라고 했다. 말도 안 된다고 생각했다. 나는 낭비에 반대한다. 그래서 우승의 불꽃이 꺼진 후 곧바로 야우흐 씨에게 오늘 입었던 양복을 나한테 선물하면 안 되겠냐고 물었다. 그는 흔쾌히 승낙했다.

「누가 백만장자가 될 것인가?」의 스튜디오 규칙에는 어긋났지만 나는 귄터 야우흐의 대기실로 따라 들어갔다. 초라한 책상 하나에 옷걸이와 캐비닛, 거친 도배지로 꾸민 소박한 방이었다. 그는 세상에서 가장 평범한 일이라는 듯, 상금으로 뭘 할 것이냐고 물으며 옷을 훌훌 벗었고 내게 재킷과 셔츠와 넥타이와 혁대와 바지를 선물로 주었다. 물론 팬티는 벗지 않았다.

4

나는 보고 싶은 것만 봐

편협한 생각에서 빠져나오기

"나랑 할래? 관심 보여줘서 정말 고마워."

1학기 때 우리 실험 조는 뮌스터 심리학 연구소 알림판에 이런 쪽지를 붙였다. 심리학 연구소 알림판은 항상 실험 참가자를 구한다는 쪽지로 빼곡하다. 심리학과 학생이면 누구나 과제를 위해 실험을 해야 한다. 그러자면 동참할 뜻이 있는 사람이 필요하다. 물론 후보는 충분하다. 학장님이 교환 원칙에 따라 모두에게 정해진 실험 참가 시간을 채우도록 명령을 내리셨다.

이런 식이다. 학생 A가 실험을 해야 한다. 학생 B와 C는 실험 참가 시간을 채우기 위해 그 실험에 참가한다. 다음에 B, C나 D가 실험을 할 경우 A가 그 실험에 참가한다. 참가 시간은 작은 쪽지로 증명한다. 모두가 이 쪽지 화폐를 구하기 위해 열을 올린다. 30개의 쪽지를 모은 사람만 졸업 시험에 응시할 수 있기 때문이다.

실험에 참가하면 골이 지끈지끈한다. 예를 들어 나도 단층촬영기에 들어가서 몇 시간 동안 누워 있어봤다. 뇌파를 측정한다고 내 몸에 알록달록한 전선을 여기저기 붙여놓았다. 코앞에 설치된 작은 모니터에서 화살이 오른쪽을 비추면 왼손의 버튼을 눌러야 했다. 잠을 자거나 멍하니 있을 수도 없었다. 나의 뇌를 철저하게 관찰할 것이라는 말을 그 전에 몇 차례나 들었기 때문이다.

알림판에 붙은 수많은 실험도 비슷하게 따분하고 괴로운 것이었고, 그 때문에 실험 참가 쪽지를 위조하거나 암거래하는 사태도 없지 않았다. 그래서 학장님의 의도와 달리 실험 참가자를 구하기란 만만한 일이 아니었다.

우리는 최대한 많은 학생의 관심을 끌 수 있는, 눈에 띄는 광고를 붙이자고 합의했다. 그리고 "나랑 할래?"라는 질문이야말로 관심을 끌기에 더없이 좋다는 데 의견 일치를 보았다. 그 질문을 크고 진한 글자로 적고, 실험 정보와 떼어 갈 수 있는 연락처를 함께 적어 붙여두었다. 그러자 수많은 '구함' 글 가운데 단연 돋보였는지 순식간에 100명이 넘는 참가자가 모여들었다.

이 아이디어의 원리를 나는 첫 학기 강의에서 배웠다. 학교에서 배운 내용을 실생활에 응용한 것이다.

대부분의 사람들은 자신의 감각이 외부 세계를 그대로 반영한다고 생각한다. 틀렸다. 우리가 보고 듣고 맛보고 냄새 맡고 느끼는 것은 결코 실제로 존재하는 것이 아니다. 예를 들어 "나랑 할래?"라는 문장을 보았다고 상상해보자. 여기서 중요한 것은 보는 것과 인식하는 것 사이에 놓인 세상이다. 본다는 것은 광원이 우리의 동공에 와 닿는다는 의미이다. 광원은 동공을 지나 망막의 방향으로 계속 나아간다. 그곳에 시각 수용기가 있다. 그 수백만 개의 막대와 원뿔이 광원을 전기 신호로 바꾸면, 그 신호는 다시 얽히고설킨 길을 달려 두뇌 시냅스를 향해 나아간다. 거기서 '보기'는 끝이 난다. 뇌가 끼어들면 모든 정보가 곧바로 일그러지기 때문이다. 눈에 도착할 때는 모든 것이 있는 그대로였다. 하지만 우리가 볼 수 있으려면 눈만으로는 안 된다. 뇌가 필요하다. 눈이 제공하는 모든 정보를 뇌가 자기만의 현실 이미지로 그려낸다. 이런 상황은 매우 흥미롭다.

영국의 한 대학교가 발표한 연구 결과를 보면 단어 철자의 순서는 중요하지 않다고 한다. 첫 철자와 마지막 철자만 제 위치에 있으면 나머지는 아무래도 좋다. 우리는 문제없이 글자를 읽을 수 있다.

우리가 보는 것은 우리가 인식하는 것이 아니다. 우리는 뒤죽박죽된 철자들을 보지만 뇌는 그 혼란의 와중에도 아무 문제 없이 의미 있는 것을 인식한다. 우리에게 도달하는 모든 것은 감각기관을 거치지만, 실제로 인식되는 것은 뇌에 도착한 이후이다. 그 사실을 기억한다면 "나랑 할래?"로 시작하는 굵은 글자의 쪽지가 "우리 실험에 참가할 학생을 모집합니다"로 시작하는 쪽지보다 훨씬 큰 관심을 끈 이유도 설명이 가능할 것이다. 우리가 무엇을 어떻게 인식하는지는 매우 다양한 요인이 결정한다.

이렇게 상상해보자. 우리의 인식은 곰젤리가 가득 든 봉지이며, 우리를 둘러싼 자극은 초등학생 무리라고 말이다. 우리의 뇌는 누가 얼마만큼의 곰젤리를 받을지를 결정한다. 이때 두 가지가 중요하다. 첫째, 우리 뇌는 불공평하다. 누구에게나 똑같은 양의 곰젤리를 나누어 주지 않는다. 제일 크게 우는 아이가 제일 많은 양을 받을 수 있다. 어떤 대학생이 매일 '구함' 글이 빼곡히 붙은 알림판을 지나서 강의실로 걸어간다고 해도 그의 뇌는 그 알림판을 향해 단 한 개의 인식 곰젤리도 던지지 않는다. 눈은 알림판을 보지만 뇌는 그것을 인식하지 않는다. 그런데 어느 날 아침 문득 그 알림판에 "나랑 할래?"라는 큰 글자가 붙어 있다. 이제 막 사춘기 딱지를 뗀 대학생의 뇌는 곧장 그 글자를 향해 인식의 곰젤리를 던질 것이다. 그 글자에 너무 집중한 나머지 걸레 양동이를 보지 못하고 발이 걸려 비틀대기도 한다. '할래?'라는 글자가 그의 관심을 어찌나 꽉 붙들어 매었던지, 그는 가진 곰젤리를 전부 다 꺼내 그것을 향해 던진다.

둘째, 우리의 오감이 자기 대장(두뇌)에게 전달하는 모든 것은 뇌에서 가공 처리를 거쳐 관심의 세상으로 넘어간다. 우리 뇌는 보고 싶은 것만 집어낸다. 당신이 우연히 뺑소니 사고를 목격했다고 상상해보자. 다행히 당신은 그 차의 번호를 기억할 수 있다. 그런데 옆에서 같이 현장을 목격한 사람은 평소 자동차에 관심이 많아서, 자동차 번호는 몰라도 범인이 탄 차가 1996년식 은회색 폭스바겐 파사트라는 것을 정확히 기억한다. 또 한 목격자는 최근에 미용실을 오픈한 미용사여서 헤어스타일밖에는 관심 분야가 없다. 덕분에 그는 노랗게 염색한 범인의 말총머리를 또렷이 기억해낸다. 세 목격자의 눈동자 여섯 개가 똑같은 장면을 광선으로 받아들여 신호로 바꾸었다. 하지만 세 개의 뇌는 관심의 곰젤리를 전혀 다르게 분배했고 같은 신호에서 전혀 다른 결론을 끌어냈다.

심리학을 공부하면서 깨달은 중요한 사실 하나는, 우리 심리는 제가 하고 싶은 대로 한다는 것이다. 물론 제멋대로가 아니라 정해진 패턴을 따른다. 우리가 보는 것은 우리의 입장 그리고 우리가 하고 싶은 것과 맞아떨어진다. 파티에서 누군가 당신의 이름을 말하면 그 시끄러운 와중에도 당신은 즉각 그 소리를 알아듣는다. 하지만 당신과 마주 선 상대방은 이름을 듣기는 했을지 몰라도 인식하지는 못한다.

뇌가 그런 도식을 따르지 않는다면 아마 우리는 밀려드는 자극의 물결에 빠져 벌써 익사하고 말았을 것이다. 젤리 몇 개를 집어 사방으로 던지는 짓은 무의미하다. 두뇌는 자동적으로 초점을 정한다. 물론 그로 인해 그릇된 길로 빠질 위험도 있다. '할래?'라는 글자와 선입견에 이끌려 그릇된 판단을 내릴 수도 있다. 그 사실을 알고 있으면, 때로 의지를 이기고 우리의 관심을 끌어가는 함정에 조금 더 예민해질 것이다. 우리는 심리의 필터를 거친 현실을 본다. 그 사실을 아는 것이 매우 유익하다. 알면 새로운 시각이 가능하고 지평이 넓어질 테니까.

5

누가 정상이고 누가 비정상인가

나는 우울증일까, 아닐까?

부모님이 두 분 다 교사인 집안의 아들로 사는 인생은 결코 녹록지 않다. 부모님이 당연히 완벽한 자녀 교육을 추구하기 때문이다. 동생과 나는 TV도 마음대로 보지 못했다. 친구들은 아침마다 「파워레인저」와 「닌자 거북이」 이야기로 꽃을 피웠지만 우리 부모님은 초등학생에게 아편이나 다름없는 그 방송 채널을 아예 리모컨에서 삭제해버렸다. 그뿐이 아니었다. 교육학적 관점에서 올바른 TV 교육을 하고자 부모님은 마분지로 직접 만든 TV 카드를 매주 나눠 주었다. 동생과 나는 그 카드를 제시해야만 TV를 볼 수 있었다. 카드의 양이 얼마나 되었는지는 기억나지 않지만 시청 시간을 15분 단위로 정확히 셈했던 기억은 또렷하다.

우리 집에서 아무리 많이 봐도 괜찮은 것은 만화책 『쥐』•와 TV 시리즈 「삐삐 롱스타킹」 그리고 만화 「아스테릭스와 오벨릭스」였다. 부모님이 다른 TV 만화는 금지하면서 유독 이 만화에만 관대했던 이유는 아마도 제국주의 로마인을 상대로 용맹하게 싸운 골족의 이야기이기 때문일 것이다. 따라서 오벨릭스가 자주 쓰는 말, "로마 놈들, 제정신이 아니야!"는 우리 형제의 유행어였다. 그리고 통뼈 오벨릭스가 로마인들을 "미친놈"이라고 부르며 한 방에 날려버려도 우리는 그를 나쁘다고 생각하지 않았다. 하지만 훗날 심리학을 공부하면서 나는 어떤 사람이 제정신인지 아닌지를 판단하기란 결코 간단한 문제가 아니라는 사실을 깨달았다. 무엇이 '제정신'이고 무엇이 '제정신이 아닌' 것일까? 눈금 위에 '제정신'을 흰색으로, '제정신이 아님'을 검은색으로 표시한다면 이 양극단의 중간에는 틀림없이 어마어마하게 넓은 회색 지대가 있을 것이다.

예를 들어보자. 미치와 친구들은 매주 토요일 축구 경기가 시작되기 전 경기장 앞에서 만나 상대 팀 응원단과 피 터지게 싸운다. 페터는 도깅dogging, 즉 공공장소에서 하는 섹스를 좋아해서 몇 주 전부터 애인과 고속도로의 한 휴게소에서 집중적으로 섹스를 한다. 울라와 안드레아스는 방사능을 무서워해서 오로지 유기농 제품만 산다. 어찌 보면 이 사람들은 전부 제정신이 아니다. 그렇지 않은가? 그러

• 『쥐: 한 생존자의 이야기』는 아트 슈피겔만의 만화 소설로, 폴란드 유대인인 그의 아버지가 나치의 유대인 학살을 겪고 생존한 과정을 그렸다.

나 솔직하게 말해 우리 모두에게는 회색 지대의 인격 특성들이 있다. 말하자면 완전히 '정상'은 아닌 성향들이 숨어 있는 것이다. 그러니 누구는 '정상'이고 누구는 '비정상'이라는 생각은 쓰레기통에 던져버려도 좋다. 우리 모두는 다 어느 정도 제정신이 아니고 조금씩은 다 미친 인간이다.

이런 상황을 인정한다면 심리 장애 진단이 결코 생각처럼 간단하지 않은 이유도 이해할 수 있을 것이다. 흰색과 검은색의 경계가 어디란 말인가? 어느 지점부터 장애이며 어디까지는 아직 정상인 것일까?

학사와 석사 논문을 쓸 때 내 지도교수였던 유명한 조직심리학자 귀도 헤르텔Guido Hertel 교수는 언젠가 강의 시간에 이렇게 말했다. 독일에선 18세만 되면 성년이 된다. 누가 정했는지 모르지만 어쨌든 누군가 그 규칙을 정했다. 그러나 18세 때의 내 친구들과 나를 떠올리면 성년 나이를 21세로 상향 조정하는 것이 옳을 것 같다. 그래서 미국의 여러 주에선 21세가 성년 나이이다. 퇴직 연령이나 주당 노동 시간도 비슷하다. 퇴근 시간은 언제다. 그렇게 하기로 우리가 정한다. 물론 그 전에 노동조합과 경영자 협회가 격렬히 싸우겠지만 결국엔 구체적인 선이 확정된다.

헤르텔 교수가 그날 우리에게 하고 싶었던 말은, 사회마다 행동과 상호 관계의 원칙으로 삼을 수 있는 경계치가 있다는 것이었다. 성년, 퇴직, 주당 노동 시간은 사례에 불과하다. 하늘에서 뚝 떨어진 것은 아니지만 어쨌거나 이 경계치는 자의적으로 그어진 것이다. 주차 금지 구역에 주차하는 짓은 범죄 행위 한계선 밑이다. 은행 강도 짓은 범죄 행위 한계선을 넘어선다. 거기까지는 다들 납득할 것이다. 이건 어떤가. 1969년까지만 해도 독일에선 남자 둘이 침대에 올라가면 벌을 받았다. 그런데 지금은 '경계치'가 바뀌어 동성 결혼까지도 합법화되었다. 그래서 지금 우리 눈으로 보면 정상적인 관계를 사회가 정하려 한 과거의 '고집불통'이 참으로 황당해 보일 뿐이다.

바로 이런 경계 짓기가 심리 장애를 진단할 때도 아킬레스건이 된다. 기분이 롤러코스터를 타는 우리 상사는 그냥 변덕쟁이인가, 아니면 경계성 인격장애 환자인가? 설쳐대는 저 집 아이는 남들보다 좀 활달한 아이인가, 아니면 과잉행동장애인가? 굶으며 열심히 운동하는 여자친구는 다이어트 중인가, 아니면 거식증인가? 며칠째 의욕이 없는 나는 춘곤증인가, 아니면 우울증인가?

내가 볼 때 심리 장애가 가진 문제점은 증상뿐이 아니다. 두 가지 문제가 더 있다. 첫째, 당사자는 물론이고 주변 사람들도 무엇이 문제인지 깨닫지 못한다. 둘째, 많은 사람들이 문제를 직시하고 도움을 요청하는 데 소극적이다. 그렇게 하기가 너무 힘들기 때문이다. 그러므로 전문가들이 심리 장애를 어떻게 인식하는지, 또 문제에 당당히 맞서는 것이 얼마나 유익한지를 알면 큰 도움이 될 것이라고 나는 확신한다.

심리학 전공 심리치료사(심리학을 전공한 후 3년의 교육을 받은 심리 전문가를 부르는 직업 명칭)와 정신과 의사(심리학자가 아니라 의사)에겐 두 권의 경전이 있다. 하나는 『정신질환 진단 및 통계 편람DSM, Diagnostic and

Statistical Manual of Mental Disorders』이고, 또 하나는 『국제질병분류ICD, International Classification of Diseases』이다. 후자는 세계보건기구에서 발행하며, 왜 이름이 그따위인지는 아무도 모른다. 하긴 이름이 뭐든 무슨 상관이겠는가? 따지고 보면 둘 다 두꺼운 책에 불과하다. 그리고 이 두꺼운 책들에는 지식이 숨어 있다. 온갖 심리 장애 진단 기준을 정하는 과학의 지식이.

'주요우울장애'는 우리가 흔히 우울증이라고 부르는 증상의 전문 용어이다. DSM의 기준을 적용하면 주요우울장애란 (간단히 요약해) 적어도 2주 동안 다음 증상 중 다섯 가지 혹은 그 이상이 나타날 때를 말한다. 거의 하루 종일 우울한 기분이 든다. 거의 모든 활동에 관심이 사라진다. 몸무게가 심하게 줄거나 는다. 잠을 너무 안 자거나 너무 많이 잔다. 불안하다. 행동이 굼뜨다. 피로하며 힘이 없다. 자신이 무가치하다는 기분이 든다. 근거 없는 죄책감에 시달린다. 집중력과 판단력이 떨어진다. 자꾸 죽음을 생각하고 자살을 상상하거나 실제로 시도한다.

이런 체크 리스트는 제멋대로 정한 것이 아니다. 진단의 신뢰도를 최대한 높이기 위해 기준과 관련된 각종 연구를 했고 지금도 꾸준히 하고 있다. 덕분에 심리치료사는 의사가 엑스레이를 보고 부러진 곳을 단박에 알아내듯 심리 장애를 매우 간단하게 진단할 수 있다. 그렇지만 일반인이 심리 문제를 깨닫기란 쉬운 일이 아니다.

그 첫걸음으로 몇 가지 질문을 꼽을 수 있겠다. 이런 질문을 자신에게 던져서 전문가의 도움이 필요한지를 점검할 수 있다. 뭔가 기분이 예전과 다른가? 이런 변화가 불안한가? 이런 변화를 정당화할 이유가 있는가? 그 이유가 문제의 기간과 정도를 설명하기에 충분한가? 일상의 의무를 별문제 없이 처리할 수 있는가? 계속 걱정을 하고 두려움을 느끼나? 몸은 괜찮은가? 잠은 잘 자는가? 괜히 공격적이 되거나 누군가를 미워하는 일이 있는가? 자주 병원에 가는가? 왠지 모르지만 자꾸 자살 생각이 나는가? 나의 문제를 털어놓을 수 있는 사람이 있는가? 남들과 이야기를 해봐도 도움이 안 되는가? 나의 변화가 다른 사람들 눈에도 확연한가? 이 모든 증상이 3개월 이상 지속되는가? 세상만사가 다 귀찮고 의미 없는가?

두 번째 걸음은 필요하다면 전문가에게 도움을 청하는 것이다. 이상한 곳일지도 모른다고 미리 겁먹는 사람이 많지만 상상과 달리 전문가는 당신을 긴 소파에 눕혀놓고 이상한 질문을 던지지 않는다. 지극히 구체적인 기준에 따라서 당신이 심리 장애를 앓는지, 그렇다면 어떤 장애인지를 확인해준다. 그런데 대부분의 사람들이 아예 거기까지 가지도 않는다. 너무나 많은 환자가 진단 자체를 꺼린다.

이런 현실이 좋을 리 없다는 것은 사실 자료로도 확인된다. 독일 로베르트 코흐 연구소의 설문 조사 결과를 보면 독일인의 33.3%, 그러니까 세 명 중 한 명이 적어도 한 가지 심리 장애를 앓고 있다. 제일 많은 것이 공포장애이고(남성보다 여성이 훨씬 많다), 그다음이 알코올장애이며(여성보다 남성이 훨씬 많다), 세 번째가 우울증(남성보다 여성이 훨씬 많다)과 강박증(여성과 남성의 비율이 비슷하다)이다. 이들 중 전문가의 도움을 청한 비율은 매우 적다. 장애가 한 가지'뿐'인 경우 대부분(68%) 전문가를 찾지 않았다. 그러나 이들의 3분의 1 이상이 동시에 여러 장애를 안고 산다. 흔히 공포는 우울증이나 중독과 짝을 지어 나타난다. 심리학에서 동반질환comorbidity이라 부르는 이런 상황은 환자에게 특히 큰 부담으로 작용한다. 하지만 이런 경우에도 전문가의 도움을 청하는 비율은 높지 않다. 그 결과 증상은 더욱 심각해지고 결근도 잦아진다. 정확한 수치는 약간씩 차이가 있지만 상황은 한마디로 요약할 수 있다. 정말로 많은 사람이 심리 장애를 앓지만 전문가를 찾는 사람은 너무나도 적다.

안타까운 현실이 아닐 수 없다. 치료를 받으면 우울증을 앓는 기간도 눈에 띄게 줄고 재발률도 확연히 떨어지며 우울 에피소드의 재등장도 부쩍 줄어든다.

심리 장애를 다리 골절상과 비교하는 것이 적절하지 않은 때도 많고, 또 그런 식의 비교에 화를 내는 전문가도 적지 않다. 그럼에도 나는 그 둘의 비교가 심리 장애를 이해하는 데 적잖이 도움이 된다고 생각한다. 그러니까 우리 한번 상상해보자. 당신이 마루를 닦다가 실수로 물기 묻은 바닥에 미끄러져 지하실 계단으로 굴러떨어졌다. 계단 밑에 너부러진 당신은 온몸이 안 아픈 데가 없다. 팔꿈치에서는 피가 흐르고 다리는 이상한 각도로 틀어졌다. 이제 당신은 어떻게 할까? 전문가가 아니어도 당신은 몹시 불쾌할 것이다. 그래서 호주머니에서 휴대전화를 꺼내 도움을 청할 것이다. 병원에 실려 가 깁스를 할 것이고 입원해 문병을 받을 것이며, 몇 주 후 다시 복도를 청소할 수 있을 정도가 되면 퇴원할 것이다.

필름을 돌려 감아보자. 당신은 다리가 부러진 채 지하실 계단 끝에 누워 있다. 다만 이번에는 그 다리가 심리 장애라고 상상해보자. 어떻게 하겠는가? 불쾌감이 심할 것이다. 정말 그런가? 아냐, 아닐지도 몰라. 지레짐작하는 걸 거야. 그렇게 심각하진 않을 거야. 당신은 고통을 참으며 억지로 계단을 기어오른다. 올라오니 기분이 한결 낫다. 소파로 가서 앉는다. '창피하게, 다리가 부러지다니. 아냐. 부러지지 않았어.' 당신은 마음을 다스린다. 이제 곧 애들이 학교에서 올 것이다. 남편이나 아내에게 뭐라고 할 것인가? 일단 이불로 이상하게 접힌 다리를 덮어 가린다. 식구들이 다 집으로 돌아와도 상태는 조금도 나아지지 않는다. 모두가 당신에게 무슨 일이냐고, 차 한 잔 줄까, 하고 묻는다. "고마워." 당신은 대답하지만 그들의 친절도 도움이 안 된다. 다리가 부러졌으니까. 다음 날 당신은 이를 악물고 그럴듯한 핑계를 둘러대며 남편이나 아내의 차를 얻어 타고 출근한다. 거기서도 동료들이 묻는다. 괜찮으냐고. 당신은 아무 일도 아니라고 대답한다. 며칠이 지나자 통증이 좀 가라앉은 것도 같지만 상태는 크게 나아지지 않는다. 그래도 당신은 누구와도 이야기하지 못한다. 그렇게 다리가 부러졌는데 왜 도움을 청하지 않는단 말인가?

내가 무슨 말을 하고 싶은지 이미 눈치챘을 것이다. 나는 심리치료사가 아니다. 심리학을 전공하기는 했지만 3년간의 교육을 받지 않았다. 그럼에도 심리학을 공부한 사람으로서 수많은 심리 장애를 배웠고 그것을 어떻게 진단하는지, 전문 치료사나 의사가 그 장애를 어떻게 치료하는지 잘 안다. 처음에는 나도 의심의 눈초리를 보냈다. 심리 장애는 뭔가 신비한 것이라고 생각했다. 나한텐 절대 일어나지 않을 일이라고 믿었다.

다행히 나는 운이 좋아서 지금껏 심리 장애를 앓지 않았다. 다리가 부러진 적도 없다. 하지만 살면서 그 두 가지 일을 겪을 확률은 엄청나게 높다. 그리고 그런 일이 일어날 경우 어떻게 해야 할지도 잘 안다. 그런 일이 일어나면 반드시 도움을 청해야 한다.

6

경험이 뇌를 만든다

고전적 조건화의 방법과 탈출법

개와 고양이 중 하나를 택하라면 나는 망설임 없이 고양이의 손을 들어줄 것이다. 고양이는 냄새가 안 난다. 볼일을 보면 알아서 땅에 파묻기 때문에 지나가다가 모르고 밟을 일이 없다. 또 시끄럽게 짖지 않고 기분 좋게 고로롱거리며 입마개를 할 필요도 없다. 이런 이유로 난 확실히 고양이 편이다. 하지만 '심리학의 주제 영역과 역사 입문' 강의에서 처음으로 이반 페트로비치 파블로프의 개 실험에 대해 들었을 때는 정말로 개들이 불쌍하다고 생각했다.

산타할아버지를 닮은 러시아 학자 파블로프는 상트페테르부르크의 실험실에서 개들을 철봉에 맸다. 개의 입에 구멍을 내고 그 구멍으로 고무관을 집어넣어 침샘과 연결했다. 고무관에는 표시기가 붙은 작은 기계가 달려 있었는데, 개가 흘리는 침의 양을 측정하려는 목적이었다. 그 기계가 입증한 첫 번째 사실은 사람이 먹이를 주면 개의 입에 침이 고인다는 것이었다. '진부하군.' 파블로프는 아마 그렇게 생각했을 것이다. 먹이를 보고 개가 침을 흘린다. 그것만으로는 노벨상을 탈 수 없다. 그러나 그는 얼마 후 우연히 그 기계를 통해 고전적 조건화를 발견했고, 덕분에 심리학 역사에 길이 남게 되었다.

그 우연은 아마 이런 모습이었을 것이다. 매일 아침 파블로프가 실험실로 출근할 시간이면 조수 이고르는 오늘의 실험을 위해 쇠밥그릇에 개 사료 가루와 물을 넣고 섞어 장미색의 죽을 만든다. 출근한 파블로프는 조수에게 인사를 하고 곧장 복도 끝에 있는 자기 방으로 들어간다. 그런데 그날 3번 실험 박스에 갇힌 볼시, 그러니까 오래전부터 그의 실험실에서 사는 개 한 마리의 줄이 헐렁하다. '자기가 대장이지.' 파블로프는 불성실한 이고르에게 화가 나서 속으로 투덜대고는 자기 손으로 줄을 조여 매주려고 한다. 그가 기계 옆에 무릎을 꿇는 찰나, 쇳소리가 들린다. "땡땡땡." 깜짝 놀란 그가 동작을 멈춘다. 이고르가 개밥을 다 만들어서 숟가락에 붙은 사료를 떨어뜨리려고 쇠밥그릇 가장자리를 탁탁 치는 소리였다. 줄을 다시 잘 묶은 파블로프가 일어서려는 순간, 볼시의 침 양을 재는 기계의 표시기가 사납게 움직인다. 개가 미친 듯이 침을 흘린 것이다. 파블로프는 깜짝 놀란다. 그리고 큰 깨달음을 얻는다. 볼시가 파블로프와 마찬가지로 그 쇳소리의 의미를 이해한 것이다. 이제 곧 밥을 주겠구나! 파블로프는 꼼짝도 못 하고 침을 질질 흘리는 개 옆에 서 있다. 그의 뇌 저 안쪽에서 방금 자신이 발견한 현상의 의미가 서서히 떠오르기 시작한다.

한 번 더 순서를 따져보자. 파블로프는 개가 먹이를 보면 침을 흘린다는 사실(진부해!)을 입증할 수 있었다. 그리고 한 걸음 더 나아가서 개가 먹이를 연상할 수 있는 소리만 듣고도 똑같이 침을 흘린다는 사실을 입증했다. 이것은 훨씬 더 흥미로운 발견이었다. 볼시는 몇 달 동안 실험실에 살면서 그 쇳소리의 의미를 깨달았다. 숟가락이 밥그릇의 가장자리를 때리면 곧 맛난 먹이가 올 것이다! 개의 뇌가 이 둘을 결합한 것이다. 원래 침샘을 자극해 침을 흘리게 만든 것은 먹이였다. 하지만 항상 쇳소리가 들린 직후 먹이가 왔으므로 '땡땡땡' 소리만으로도 충분한 자극이 되었다. 그러니까 볼시는 조건화되었다. 조건화란 중립적인 자극(볼시의 경우 숟가락 소리)이 무조건적 자극(먹이)과 짝을 지으면서 중립성을 잃어버리고 갑자기 무조건적 자극과 똑같은 반응을 불러일으키는 것을 말한다. 볼시의 경우 소리가 곧 먹이가 되었고 그래서 침이 흐른다는 뜻이다.

파블로프가 발견한 이후 고전적 조건화는 전혀 다른 자극을 활용해 물고기, 원숭이, 비둘기, 쥐, 심지어 지렁이에게서까지 입증이 되었다. 당신이 이미 예상했다시피 우리 인간 역시 조건화에 고도로 취약하다.

1920년에 존 왓슨John Watson과 로잘리 레이너Rosalie Rayner가 발표한 '꼬마 앨버트' 실험은 바로 인간의 조건화를 입증한 대표적인 실험이다. 꼬마 앨버트는 개가 아니라 11개월 된 아기였다. 두 학자의 아이디어는 극단적이었다. 앨버트에게 고전적 조건화를 통해 공포를 가르치려 한 것이다. 실험 기록은 지금까지도 남아 있다. 왓슨과 레이너는 영상을 찍었는데, 모든 심리학과 학생들이 그러듯 우리도 첫 학기에 그 영상을 보았다. 꼬마 앨버트가 두 학자와 함께 이불 위에서 놀고 있다. 두 사람이 결정적 지점에서 앨버트에게 쥐 한 마리를 보여준다. 앨버트는 전혀 개의치 않고 무서워하지도 않는다. 굳이 반응을 찾아보라면 미지근한 관심 정도였다. 그 상황에 변화를 주고 싶었던 두 사람은 앨버트에게 쥐를 보여줄 때마다 등 뒤에서 쾅 소리를 내 아기를 놀라게 했고, 놀란 아기는 울음을 터트렸다. 그렇게 몇 차례 같은 동작을 반복하자 소리에 대한 앨버트의 공포는 쥐에게로 전이되었다. 볼시처럼 아기도 조건화가 된 것이다.

윤리적인 문제는 차치하더라도 두 사람의 실험은 방법론의 기본 원칙을 지키지 않았다는 비난을 많이 받았다. 그럼에도 이 실험은 지금까지도 심리학 입문서에 빠짐없이 등장한다. 고전적 조건화가 인간에게도 통할 것이라는 생각 그 자체가 의미 있기 때문이다.

언제였는지는 정확히 모르겠지만 내 생일이었을 것이다. 나는 종이 접시 위에 놓인 자두 케이크 한 조각을 선물로 받았다. 너무 배가 고팠던 참이라 허겁지겁 케이크를 먹어치웠고 곧바로 화장실로 달려가서 다 토했다. 화가 치밀어 오른 나는 두 번 다시 자두 케이크를 먹지 않겠다고 결심했다. 그날 이후 나의 구역질은 진짜 혐오로 발전했다. 자두 맛 젤리에 이르기까지 자두로 만든 것이라면 종류를 불문하고 소름이 끼쳤다. 자두 케이크를 베어 무는 상상만 해도 벌써 속이 울렁거렸다.

다들 나처럼 고전적 조건화의 제물이 되었던 경험이 있을 것이다. 예를 들어 마약중독이나 알코올중독에 걸렸다가 치유된 사람들은 중독되었을 당시에 자주 노출되던 자극을 만나면 다시 욕구가 치솟는다. 역 뒤편의 광장일 수도 있고 당시에 자주 보던 얼굴일 수도 있고 자주 들르던 술집일 수도 있다. 고전적 조건화는 의학에서도 큰 의미를 갖는다. 초록색 라벤더딸기우유에 알레르기 차단제를 넣어 실험 참가자들에게 주었더니 나중에는 우유만 마셔도 알레르기 차단 효과가 나타났다. 실험 참가자의 몸과 뇌가 '훈련이 되어서' 라벤더딸기우유의 구역질 나는 맛을 알레르기 차단제의 효과와 동일시했고, 따라서 알레르기 유발 원인이 있어도 알레르기 반응을 보이지 않았던 것이다.

길을 건널 때 부모가 보이는 반응 역시 비슷한 조건화를 일으킬 수 있다. 아이가 함부로 차도로 뛰어들지 못하게 도로의 위험을 조건화하는 것이다. 빨간불인데도 아이가 횡단보도를 건너려고 할 때마다 크게 야단을 치면 아이의 머릿속에서 이런 연결고리가 만들어진다. 차도—불쾌하다—피한다.

영리한 광고 전문가들도 고전적 조건화를 이용한다. 앞으로 TV에서 광고가 나오거든 채널을 돌리지 말고 파블로프의 개를 생각하라. 쾌적하고 아름다운 영상들은 우리 뇌에 만족과 행복의 감정을 불러일으킨다. 그 영상에 곁들여 제품을 비추거나 제품의 이름을 반복하면 그것만으로도 우리는 볼시가 된다. 우리는 의식하지 않아도 그 제품을 아름다운 영상이 불러일으키는 긍정적 감정과 결합시킨다.

고전적 조건화의 힘은 매우 강하다. 그 힘은 우리 모두에게 미친다. 하지만 반대로 그 조건화로부터 탈출할 수도 있다. 파블로프는 이고르의 숟가락 소리 덕분에 고전적 조건화를 발견한 후 30년 동안 동료들과 함께 500편이 넘는 논문을 집필하고 수많은 다른 볼시들을 해부했다. 그 결과 조건화된 반응을 억누를 수도 있다는 사실을 밝혀냈다. 조건화된 자극, 볼시는 '땡땡땡', 앨버트는 쥐, 나는 자두 케이크를 자주 마주치되 학습한 결과가 동반되지 않으면 조건화의 소거 가능성이 높아진다. 그러니까 원치 않는 조건화된 행동을 그만하고 싶다면 혹독한 훈련을 해야 한다.

이때 환경이 중요한 역할을 한다는 사실을 잊지 말아야 한다. 알코올중독자가 차가운 맥주병의 유혹을 이기는 연습을 심리치료사의 병원에서만 했다면, 장소가 바뀌어 마트의 냉장고 앞을 지나갈 때는 맥주병을 보고 손을 뻗을 확률이 매우 높은 것이다. 원치 않는 조건화를 소거하려면 매우 다양한 맥락에서 훈련해야 한다. 나아가 자발적 회복에도 대비해야 한다. 자발적 회복이란 완전히 소거된 것처럼 보이는 조건화가 일종의 플래시백으로 불쑥 돌아오는 현상이다. 조건화에 비해 힘이 떨어지기는 하지만 대비하지 않았을 경우엔 자발적 회복으로 인해 다시 예전의 패턴으로 돌아갈 수 있다.

파블로프의 개와 불쌍한 앨버트는 모든 심리학 교과서에 등장한다. 우리 머리에서 두 가지 사건이 결합되는 가장 단순한 형태 중 하나를 보여주는 원형이기 때문이다. 조건화 현상을 바라보는 우리의 시선이 곱지 않은 것은 사실이지만, 조건화가 없으면 적응이 불가능하다는 점도 부인할 수 없는 사실이다. 우리는 조건화를 통해 자동적으로 적응을 배운다. 우리의 경험이 우리의 뇌를 만든다. 그렇지 않다면 어떤 일이 일어날까? 한번 상상해보라. 우리는 새로운 것을 배울 수 없거나, 모든 반응을 일일이 뇌의 하드웨어에 미리 프로그래밍해두어야 한다. 두 경우 모두 쉬지 않고 변하는 이 혼란스러운 세상에 결코 적응할 수 없을 것이다.

7

게으른 뇌 사용법

지름길로 가야 할 때와 말아야 할 때

학생식당 밥은 참 먹어줄 수가 없다. 뮌스터대학교 학생식당의 초현대식 전광판에는 '햇양파를 곁들인 시금치무스, 명이나물, 잡곡만두'라는 그럴싸한 메뉴가 뜨지만 정작 그것이 접시에 담겨 나올 때의 모습은 초록색 덩어리를 넣은 허여멀건 덩어리와 조금 더 허여멀건 덩어리이다. 그 끔찍한 맛을 조금이나마 잊어보려고 나와 친구들은 학생식당 게임이란 것을 만들었다. 지나가는 학생들 중에서 제물을 하나 고른다. 전형적인 제물은 이를테면 이런 모습이다. 빨간색 면바지에 팀버랜드 운동화, 칼라를 세운 폴로셔츠, 가슴에 새겨진 악어 문양, 몽클레어 야상 재킷, 올백 헤어스타일.

게임의 미션은 그 제물이 무슨 학과에 다니느냐를 맞히는 것이다.

당신의 생각은? 방금 내가 설명한 녀석의 경우, 고민이 필요 없다. 녀석은 100퍼센트 법학과에 다닌다. 혹시 틀렸다면 분명 경영학과 학생일 것이다. 이 정도는 식은 죽 먹기다. 공대 기계과 학생을 수학과 학생과 구분하는 것은 조금 더 어렵다. "체크무늬 셔츠를 입은 숫총각. 나는 기계과 학생이야." 이건 예전에나 통했다. 바지 안에 집어넣은 셔츠, 두꺼운 안경알, 엄마 것을 훔쳐 신고 온 듯 편안한 신발은 기계과와 수학과 둘 다의 단골 패션 아이템이기 때문이다. 당신도 한번 해보라. 지금 당장 뮌스터대학교 학생식당으로 달려올 수 없다면 게임을 살짝 변형해도 좋다. 낯선 사람들이 오가는 장소라면 어디든 괜찮다. 혼자 혹은 다른 사람들과 함께 지나가는 사람의 직업이 무엇일지, 어떤 속옷을 입었을지, 개를 좋아할지 고양이를 좋아할지 맞혀보라. 최대한 '타당한 근거'를 제시해야 한다. 아마 많이 웃을 것이고, 그러고 나면 그게 얼마나 한심한 짓인지 금방 깨닫게 될 것이다.

학생식당에서 만난 올백 헤어스타일에 라코스테 폴로셔츠를 입은 카를 테오도르가 정말로 법학도인지 어떻게 알 수 있단 말인가? 알고 보면 그는 남성복 가게에서 일하는 판매원인데 오늘 잠시 가게에서 입던 차림으로 친구를 만나러 학생식당에 왔을 수도 있다. 이 추리도 대단히 그럴싸하지만 일상을 사는 우리의 뇌에겐 그런 생각까지 하기가 너무 힘에 부친다. 뇌는 워낙 게으르기 때문이다. 뇌는 꼭 필요한 만큼만 생각하려고 한다. 그러기 위해 쉬지 않고 휴리스틱을 활용한다.

휴리스틱이란 간단하고 효율적으로 사용할 수 있는 대략적 규칙이다. 앞의 학생식당 사례에서 나와 친구들은 지나가는 학생들을 다양한 학과의 프로토타입과 비교했다. 평가 대상과 프로토타입이 일치할수록 자신의 판단에 대한 확신도 커진다. 우리가 의식해 게임으로 만든 과정이 머릿속에선 무의식적으로 계속 일어난다. 뇌는 대표성 휴리스틱을 무척 좋아한다. 대표성 휴리스틱이 무엇인지, 예를 들어보겠다.

당신이 난생처음 로또를 해보기로 마음먹는다. 1·2·3·4·5·6과 1·9·22·26·33·47 중 어떤 쪽을 택할 것 같은가? 대부분의 사람들은 우연히 고른 것 같은 숫자를 더 선호한다. 마구 섞은 숫자가 1에서 6까지 일렬로 적은 숫자보다 더 로또 당첨 번호를 대표하는 것 같기 때문이다. 하지만 실제로 당첨 확률은 모든 숫자 조합이 동일하다.

혹시 린다를 아는가? 린다는 32세이다. 상당히 지적이고 웃을 때도 입을 가리지 않는다. 린다는 철학을 전공했고 사회 정의에 관심이 많다. 대학에 다닐 때는 독일 사민당 청년좌파에서 활동했고 지금도 선거철이 되면 사민당 선거 활동을 돕는다. 다음 두 문장 중 어느 쪽이 옳을 확률이 더 높을까?

① 린다는 은행원이다.

② 린다는 은행원이며 정치 활동을 한다.

고민을 시작하기도 전에 당신의 게으른 뇌는 이미 ②에 투표했을 것이다. 그러나 굳이 계산기를 두드리거나 확률 계산법을 배우지 않았어도 알 수 있다. 두 가지 사건의 결합은 항상 한 가지 사건보다 개연성이 떨어진다. 그러니까 ②가 100퍼센트 정답일 경우를 제외하면 ①이 정답일 확률이 더 높은 것이다.

우리 뇌는 그런 간단한 문제에도 에너지를 쓰려 하지 않는다. 그냥 직관적으로 대표성 휴리스틱을 믿어버린다. 개연성 문제의 정답을 알고 있었다 해도 당신은 린다를 정치적 활동가가 아니라고 생각하기 어려울 것이다. 부모님이 귀에 못이 박이도록 안전한 직장 타령을 해서 하는 수 없이 은행에 들어가기는 했지만 그녀는 여전히 정치 활동에 열성적이라고 믿을 것이다. 시각적 착각과 마찬가지로 속임수를 훤히 꿰뚫어보면서도 그 속임수에 안 넘어가기가 힘들다. 린다가 너무나도 완벽한 여성 동지의 대표인 것이다. "뭐 그렇다 칩시다. 하지만 대학생이 무슨 로또 추첨용 공도 아니고. 글쎄 법학과 학생은 딱 보면 안다니까요." 당신은 이렇게 생각할지 모르겠다. 맞다. 그 생각이 옳다. 많은 경우 대표성 휴리스틱은 완벽하게 쓸모 있는 판단으로 인도한다. 그런 휴리스틱이 없다면 우리 삶은 너무나 끔찍할 것이다. 마트의 치즈 시식대 앞에 서서 저기 저 여자가 정말로 판매원인지 아니면 독특한 머릿수건을 쓴 앞치마 마니아인지 매번 고민해야 한다면 하루하루가 얼마나 피곤하겠는가.

대표성 휴리스틱과 다른 수많은 대략적 규칙들은 매일의 일상생활을 도와준다. 따라서 그것을 비판해서는 안 된다. 휴리스틱은 특정 정보를 무시하여 복잡한 생각을 거칠 때보다 더 빠른 시간 안에 목표에 도달할 수 있게 해주는 심리 전략이다. 우리가 매일 얼마나 많은 결정을 내려야 하는지 생각해보라. 세상의 모든 시간이 내 것이라면 휴리스틱 따위는 없어도 잘 살 수 있다. 마트의 판매대 앞에 접이의자를 펴고 앉아서 완벽하게 납득할 수 있는 세제를 선택할 수 있을 것이다. 일단 모든 제품의 가격을 비교한다. 그런 다음 얼마나 들어 옮기기가 편한지 시험 삼아 한 개를 집어 쇼핑 카트에 넣어본다. 그다음으로 내용물을 꼼꼼히 분석한다. 다 마쳤으면 접이의자를 들고 조미료 칸으로 이동한다.

그러나 우리가 매일 내려야 하는 결정이 엄청나게 많은 데다 우리 뇌로 밀려드는 정보의 양이 무지막지하기 때문에 모든 결정에서 타당한 근거를 따지기란 불가능하다. 그럼에도 살아야 하기에 우리에겐 휴리스틱이 필요하다. 대표성 휴리스틱 말고도 고도로 흥미로운 규칙이 많다.

예를 들어 재인식 휴리스틱이 있다. 도시 이름을 두 개 듣고 질문에 답을 해야 한다고 상상해보자. 두 도시의 이름은 샌디에이고와 샌앤젤로이다. 이 두 도시 중 주민 수가 더 많은 쪽은 어디일까? 대부분의 사람들은 이럴 때 재인식 휴리스틱을 붙든다. 둘 중 하나밖에 모르는데 그 둘에 대해 판단을 내려야 할 경우, 우리는 아는 것의 손을 들어주는 경향이 높다. 그 하나만을 재인식하기 때문이다. 내가 그 두 도시로 실험해본 결과 대부분이 100퍼센트 확신하지는 않는다고 말했지만 결국엔 샌디에이고의 손을 들어주었다. 샌앤젤로는 들어본 적이 거의 없다는 이유에서였다. 이 경우 그들의 결정은 옳았다. 샌디에이고의 인구는 100만 명이 넘는다. 미국 텍사스주에 있는 샌앤젤로는 10만 명이 채 안 된다.

게으른 우리 뇌가 즐겨 사용하는 또 다른 지름길로 가용성 휴리스틱이 있다. 당신은 지금 매우 빠른 시간 안에 계산 문제를 두 번 풀어야 한다. 주어진 시간은 문제당 3초이다. 너무 겁먹지 마라. 이 짧은 시간 안에 문제를 풀 수 있는 사람은 어차피 아무도 없다. 그러니까 그냥 대충 어림짐작만 하면 된다. 대신 속도는 빨라야 한다. 어림짐작이 끝나면 답을 큰 소리로 말해야 한다. 1×2×3×4×5×6×7×8, 정답은? 이제 두 번째 문제이다. 8×7×6×5×4×3×2×1, 정답은? 두 명의 스타 심리학자 아모스 트베르스키Amos Tversky와 대니얼 카너먼Daniel Kahneman의 오리지널 실험에선 수열을 따로따로 보여주었다. 한 집단은 커지는 수열을 보고 500이라는 답을 내놓았다. 작아지는 수열을 계산한 다른 집단은 2,200이라는 답을 내놓았다. 정답은 둘 다 똑같이 40,320이다. 초등학교만 나와도 곱셈은 앞에서 뒤로 하나 뒤에서 앞으로 하나 똑같다는 사실을 아니까. 가용성 휴리스틱은 수학 규칙 따위에는 털끝만큼도 관심이 없다. 우리 뇌는 쉽게 불러낼 수 있는 정보와 인상을 신뢰한다. 첫 번째 문제에선 작은 숫자가 앞에 있다. 그런데 시간이 촉박해서 뒤까지 계산할 수가 없다. 그래서 대부분의 사람들이 어림짐작한 답은 큰 수로 시작하는 두 번째 문제의 답보다 작은 것이다.

위험한 상황에서도 우리 뇌는 가용성 휴리스틱을 애용한다. 어떤 것이 얼마나 위험한지 가늠해야 하는 상황에서 우리는 의미 있는 고민을 하지 않는다. 상어를 예로 들어보자. 해마다 상어에게 물려 사망하는 사람의 숫자는 전 세계적으로 두 자릿수를 넘지 않는다. 그와 비교해 독감(인플루엔자)에 감염되어 사망하는 숫자는 독일에서만 연간 5000명에서 5만 명에 달한다. 그러나 우리 뇌는 그런 사실에 관심이 없다. 모두가 독감은 겁내지 않지만 상어라면 부들부들 떤다. 피범벅 된 입으로 살인적 눈빛을 쏘아대는 백상어와 비교할 때 독감의 위험은 너무 하찮아 보이고, 설령 독감의 위험을 인지한다고 해도 그것의 자리는 뇌의 까마득한 저 아래쪽 지하일 것이다.

카지노에선 왜 그 많은 기계를 커다란 방 하나에 다 집어넣을까? 그 방에 있는 모두가 네 번째 줄에 앉은 한 남자가 방금 전 잭팟을 터트려 환호성을 내지르며 산더미 같은 동전을 받았다는 사실을 기억한다. 그런 장면은 머리에 오래 남는다. 하지만 수백 명이 열심히 코인을 기계에 집어넣고도 한 푼도 건지지 못한다는 사실은 누구의 기억에도 남지 않는다.

이렇듯 뇌가 사용하는 전형적인 휴리스틱을 따로 떼어 살펴보면 그것이 우리를 그릇된 길로만 인도한다고 생각할 수도 있다. 하지만 사실, 다시 한 번 강조하지만, 그것들은 우리의 생존에 꼭 필요하다. 그것들은 한정된 시간 안에 큰 에너지를 쓰지 않고도 결정을 내리고 사물을 비교하고 평가할 수 있게 도와준다.

그래도 때로는 자신의 사고 패턴을 캐묻고 따져볼 필요는 있다. 내가 당신에게 사진을 두 장 보여준다. 한 장은 터번을 두르고 검은 수염을 기른 남자이다. 아마도 시리아 사람 같다. 두 번째 사진은 주근깨가 박힌 얼굴에 환한 미소를 지은 금발 남자이다. 아마도 덴마크 사람 같다. 이 둘 중 한 명은 테러리스트이다. 당신은 누구를 택하겠는가? 휴리스틱이 없다면 결정과 판단을 내리기 무척 힘들 것이다. 하지만 정말로 중요한 사안이거나 사람을 평가하는 경우엔, 뇌를 가동해 뇌에게 마땅히 해야 할 일을 하라고 요구해야 한다. 대충 넘어가지 말고 곰곰이 생각하라고 요구해야 하는 것이다.

8

당신도 누우면 바로 잠들 수 있다

불면의 밤과 작별하기

"침대에서 잘~"이라는 말만 들으면 먼저 섹스를 생각할지도 모르겠다. 하지만 침대는 원래 잠을 자라고 만든 것이다. 그리고 꿀 같은 단잠은 섹스만큼이나 좋을 수 있다. 실제로 잠은 매우 중요한 기능을 한다. 진화론적으로만 생각해도 우리는 당연히 밤마다 꿈나라로 떠나게 되어 있다. 남들 다 코 골고 자는 시각에 혼자 동굴에서 기어 나와 어둠을 뚫고 토끼를 잡으러 다니거나 약초를 캐러 다녔던 소수의 선조들은 아마 거의 대부분 자식을 보기도 전에 낭떠러지로 추락했을 것이므로 그들의 위험한 불면 유전자는 다음 세대로 전달될 수 없었을 것이다.

또 잠은 뇌의 회복에 기여한다. 우리의 회색 두뇌를 큰 사무실이라고 상상해보자. 낮 동안 수십 명의 근면한 직원들이 자판을 두드리고 전화를 하고 토론을 벌였을 것이다. 해가 지고 마지막 직원까지 다 퇴근하고 나면 쓰레기통은 넘쳐나고 탕비실은 엉망진창일 것이다. 그러니 얼른 치워야 한다. 우리 두뇌의 높은 신진대사 활동은 낮 동안 독성 분자를 배출한다. 그 분자를 프리 래디컬free radical이라고 부르는데, 신경세포에 해를 입힌다. 잠을 자는 동안 우리 몸은 다음 날 다시 깨끗한 사무실에서 일을 시작하기 위해 그런 독성 물질을 제거한다. 더구나 잠은 기억과 창의성, 식습관, 호르몬 분비에도 큰 영향을 미친다. 잠을 잘 못 자면 몸이 괴로운 것도 놀랄 일이 아닌 것이다.

그러니 중요한 일을 앞두고 제대로 잠을 못 자는 것만큼 어리석은 짓도 없다. 유감스럽게도 나는 늘 그런 한심한 짓을 저질렀다. 얼마 전까지도 다음 날 컨디션이 좋아야 할 것 같으면 그 전날 거의 100퍼센트 잠을 잘 못 잤다. 대학에 들어가 첫 시험을 치르기 전에도 그랬고, 발표를 앞두거나 면접을 앞두고서도 그랬다.

그중에서도 최악의 밤은 큰 벨 소리와 박수갈채, 귄터 야우흐의 끝인사말과 더불어 시작되었다. 그는 「누가 백만장자가 될 것인가?」의 두 번째 녹화를 이런 말로 끝맺었다. "레온 빈트샤이트 씨가 50만 유로를 땄습니다. 내일의 위대한 결전을 고대합니다."

카메라가 꺼지고 스튜디오에서 모두가 분주히 움직였다. 야우흐 씨가 나가고 분장을 지우고 방청객들은 집으로 돌아가고 나는 여자 친구 옆 조수석에 앉아 집으로 향했다. 얼른 집에 가서 잠을 자야 할 것 같았다. 푹 자야 내일 촬영을 잘할 것이다. 내일은 무려 100만 유로가 걸린 날이다. 2회 분량을 연이어 촬영한 후 스튜디오의 비현실적인 환경을 떠나 다시 현실의 주차장에 섰을 때, 뭐라 꼬집어 설명할 수는 없지만 압도적인 감정이 밀려왔다. 엄청 좋기도 하고 엄청 나쁘기도 했다. 몸은 쓰러질 것처럼 피곤했고 마음도 너덜너덜했다. 내 안에서 출렁대는 감정 역시 하나가 아니었다. 믿을 수 없다는 의심, 흥분, 기쁨, 두려움이 뒤섞여 마음을 어지럽혔다. 어쨌든 녹초가 되어 운전도 할 수 없었으므로 여자친구가 대신 운전대를 잡았다.

뮌스터보다 졸링겐이 쾰른의 방송국 스튜디오와 더 가까웠기 때문에 우리는 그 밤을 부모님 댁에서 묵었다. 의식적으로 '잤다'는 표현 대신 '묵었다'는 표현을 썼다. 일단 우리가 집으로 들어가자 한바탕 난리가 났다. 50만 유로는 확보했고, 이제 100만 유로가 눈앞에 있었다. 그러니 흥분만 하고 있을 것이 아니라 얼른 침대에 누워 내일을 위해 잠을 푹 자야 했다.

마침내 잠자리에 들었다. 여자친구가 굿나잇 키스를 하고 불을 끄고 5분 만에 곯아떨어졌다. 깜깜한 어둠 속에 나 혼자가 되자 스트레스가 스멀스멀 올라왔다. 모두가 잠이 들었다. 당연했다. 자정이 지난 시각이었다. 나만 잠들지 못했다. 왜 못 자지? '내일은 중요한 날이야. 잠을 자야 해.' 그런 생각이 머리에서 춤을 추었다. 깜박 잠이 들었나 싶으면 금방 다시 정신이 말똥말똥했다. 목이 말랐다. 하지만 사실 그건 말이 안 된다. 방송국 스튜디오엔 음료가 풍성했다. 그래서 그날 나는 하루 종일 거의 박스째로 물을 들이켰다. '소용없어.' 나는 그렇게 생각하고 일어나 부엌으로 가서 물을 마셨다. 돌아와 누워 이젠 자야겠다고 생각했지만 눕자마자 오줌이 마려웠다. 그래서 일어나 화장실을 다녀왔다. 다시 누우니 더웠다. 너무 열이 났다. 나는 이리저리 뒤척였고, 귄터 야우흐가 하하하 웃으며 돈 수레를 미는 모습이 꿈인 양 머릿속을 질주했다.

어느 순간 놀라서 시계를 보니 벌써 2시였다. 그때까지 한숨도 자지 못했다. '정말 자야 해.' 잠을 자려고 애를 썼다. 하지만 15분 간격으로 계속 알람 시계를 보았고 점점 더 신경이 곤두섰다. 수백만 명이 방송을 볼 것이다. 화면에 비친 내 꼴이 어떨까? 이러다가는 다크서클이 턱까지 내려온 창백한 얼굴로 생각은커녕 하품이나 해대면서 촬영을 망칠 것이다. 4시가 되자 완전히 포기하고 말았다. '그냥 자지 말자. 이젠 나도 모르겠다.'

어쩌다가, 어떻게 내가 100만 유로를 거머쥐었는지는 아무리 생각해도 미스터리다. 하지만 그 불면의 밤을 보낸 후 두 번 다시 그런 일을 겪고 싶지 않다는 간절한 바람을 느꼈다. 그래서 잠을 푹 잘 수 있는 전략을 찾기 시작했다. 물론 쥐오줌풀 같은 자연요법을 기웃거렸다는 뜻은 아니고 심리학에서 방법을 찾았다는 소리다. 수면은 상당 부분 심리학적 과정이고 다행히 그사이 수면장애 환자를 위한 다양한 치료법이 나와 있었다. 나는 수면장애 환자는 아니다. 너무 흥분하거나 중요한 일을 앞두고서 잠을 자지 못하는 것은 정상이다. 그럼에도 조금만 연습하면 수면장애 환자를 치료하는 원리를 우리 모두가 활용할 수 있다.

금방 잠들지 않고 생각이 많아서 자주 깨거나 너무 일찍 깨는 경우엔 무엇보다도 우리 몸이 시스템이라는 사실을 상기해야 한다. 시스템은 루틴이 필요하다. 변치 않는 수면 기상 리듬을 유지해 몸의 시스템이 습관을 키울 수 있게 노력해야 한다. 최대한 같은 시각에 잠자리에 들고 같은 시각에 일어나도록 노력하라. 낮잠은 금물이다. 오후에 잠깐 낮잠을 자면 그 순간에는 몸이 상쾌하지만 밤에 꿈나라로 떠나기는 힘들다. 파블로프와 볼시를 떠올려보자. 개에겐 쇳소리가 곧 밥이었다. 침대를 보면 우리 뇌가 곧바로 수면을 떠올려야 한다. 침대에 오래 누워 TV를 보거나 음식을 먹거나 딴짓을 하지 마라. 수면 효율성, 즉 침대에서 보내는 시간과 진짜 수면 시간의 비율은 약 85~90%가 적당하다. 도저히 잠이 들지 않거든 계속 누워 있지 말고 일어나라. 그랬다가 진짜 피곤할 때 다시 침대로 가라. 운동을 많이 하고 낮에는 밖에서 시간을 많이 보내자. 햇빛이 도움이 된다. 스트레스를 받은 유기체는 정신이 초롱초롱하고 경계 태세를 취한다. 자기 전에 노트에 생각을 적어보는 것도 좋은 방법이다. 종이에 스트레스와 고민을 쏟아버리고 나면 머리가 개운해진다.

마지막으로, 일시적인 불면은 큰 문제가 아니다. 너무 걱정할 필요 없다. 하루 못 잤다고 세상이 무너지지 않는다. 어제 못 잤어도 오늘 하루는 잘 버틸 수 있다. 중요한 일을 앞두었을 때는 더욱 그렇다. 나를 보면 알 수 있지 않은가? 다크서클이 턱까지 내려왔어도 나는 100만 유로를 따서 젊어지고 집으로 돌아왔다.

9

누가 우리의 뇌를 조종하는가

소비자를 현혹하는 기적의 방법

스물여섯 살 어느 날 벼락 맞은 듯 백만장자가 되었지만, 나는 어릴 때부터 여러 아르바이트를 전전했다. 버는 돈은 많지 않았지만 내 힘으로 돈을 벌려는 욕망이 강했다. 전단지 아르바이트와 이탈리아 식당 주방 보조를 거쳐, 멕시코 식당에서 일자리를 얻었다. 멕시코 식당 사장 무스타파를 처음 만났을 때, 그는 식당 앞에서 청소를 하는 중이었다. 멕시코 축구 국가대표팀 유니폼 차림으로 내게 활기차게 "올라, 아미고Hola, amigo"•라고 인사를 건넸다. 그 후 며칠에 걸쳐 사장의 남동생들, 즉 말리크, 알리, 마니, 사이드를 만나면

• '안녕, 친구'라는 뜻의 스페인어 인사말. 멕시코는 스페인어를 쓴다.

서 뭔가 이상하다는 생각이 들었다. 나는 순진하게 물었다. "사장님, 멕시코에 가족이 더 남아 있어요?" "멕시코? 우린 이란 사람이야." 그가 웃으며 대답하고는 몸을 돌려 예의 그 활기찬 목소리로 식당에 들어서는 손님들에게 인사를 건넸다. "비엔 베니도, 미스 아미고스 Bien venido, mis amigos."•

그렇다. 이 다섯 이란 남자들은 자신을 포함해 자기가 만든 칵테일과 부리토와 엔칠라다를 진짜 멕시코산인 양 팔고 있었다. 이들의 전략이 통했던 건 간단하지만 효과가 엄청나게 좋은 심리 메커니즘 덕분이었다. 그 메커니즘은 바로 프레이밍이다.

'프레임'은 '틀'이라는 뜻이다. 그러니까 '프레이밍'은 '틀에 집어넣는다' 정도로 번역할 수 있겠다. 이 용어는 완벽한 비유이다. 프레이밍은 정보를 틀에 집어넣는 것이고 이 틀이 우리의 뇌에 영향을 미치기 때문이다. 여기, 한 남자가 선택할 수 있는 두 가지 경우가 있다. 이 남자는 당신을 자신의 멕시코 식당으로 유인해서 부리토를 팔고 싶다.

첫번째 경우　자신을 무스타파라고 소개한다. 부모님, 형제들과 함께 걸프전을 피해 테헤란에서 독일로 도망 왔다고 말한다.

두번째 경우　목청껏 "올라"라고 인사를 건네며 멕시코 축구 국가대표 유니폼을 입고서 자기 이름은 산토스라고 소개한다.

• '어서 오세요, 내 친구들'을 뜻하는 스페인어 환영 인사

두 경우 모두 같은 남자고, 식당도, 음식도 같다. 하지만 우리 뇌는 진짜 멕시코 사람이 파는 멕시코 음식이 훨씬 더 매력적이라고 인식한다.

이렇게 쉽게 무스타파와 그 형제들에게 속아 넘어갔어도 우리의 뇌를 탓할 수는 없다. 한 나라의 전통 음식을 그 음식을 잘 아는 사람에게서 구매하겠다는 생각은 매우 합리적이기 때문이다. 하지만 프레이밍은 거기서 멈추지 않기 때문에 특히 소비자를 현혹하고자 할 때 기적을 일으킨다. 예를 들어 똑같은 두 개의 초코푸딩 컵을 냉장고에 넣는다. 한쪽 컵에는 분홍색 형광펜으로 크게 '지방 25% 함유'라고 적는다. 다른 쪽 컵에는 똑같은 색깔과 글씨로 '무지방 75%'라고 적는다. 글래스고대학교 학자들이 실험한 결과를 보면 대부분의 사람들은 두 번째 컵을 집어 든다. 따지고 보면 의미가 없다. 둘 다 푸딩의 25%는 지방이다. 그러나 프레임이 다르다. '무지방'이라는 말이 '지방 함유'라는 말보다 훨씬 좋아 보인다. 당연히 시중 제품 대부분이 앞면에는 읽기 좋게 큰 글씨로 함유하지 않은 나쁜 물질들을 적고 색소나 방부제는 뒷면에 깨알만 하게 적어 못 읽게 만든다.

프레임의 힘을 보여주는 매우 유명한 사례로 두 학자 트베르스키와 카너먼의 결정 문제가 있다. 이 두 사람은 앞서 휴리스틱 계산 문제를 설명할 때 이미 소개했다. 자, 상상을 한번 해보자. 아시아에서 미국으로 신종 희귀병이 건너올지도 모른다. 전문가들은 그 병이 번질 경우 600명이 목숨을 잃을 것으로 예측했다. 당신은 보건부 장관이라서 두 가지 프로그램 중 하나를 정부 대책으로 선택해야 한다. 두 프로그램의 예상 결과는 이미 나와 있다. A를 택할 경우 200명이 목숨을 구할 것이다. B를 택할 경우 600명이 전부 살 확률이 3분의 1이고, 한 사람도 살지 못할 확률이 3분의 2이다. 당신은 어떤 쪽을 택할 것인가?

실험에 참가한 사람들의 대다수(72%)가 A를 택했다. 200명의 목숨을 구할 수 있다는 가망이 더 위험한 B보다 매력적이었던 것이다. 그런데 전체를 통계학적으로 살펴보면 두 경우 구할 수 있는 목숨의 숫자는 동일하다. 뭐 그래도 여기까지는 괜찮다. 프레이밍의 하이라이트는 실험의 2부에서 등장할 테니까 말이다.

이제 학자들은 다른 한 집단에게도 아시아에서 건너올 질병의 위험성을 설명한다. 그리고 이들에게도 두 가지 프로그램 중 한 가지를 선택하게 한다. A를 택하면 400명이 확실히 목숨을 잃게 될 것이다. B를 택하면 아무도 죽지 않을 확률이 3분의 1이고 600명이 다 죽을 확률이 3분의 2이다. 당신이라면 어느 쪽을 택하겠는가?

참가자의 22%만이 A를 택했고 88%라는 압도적인 다수가 B를 택했다.

언뜻 보면 두 집단의 대답이 참으로 무의미해 보인다. 1부와 2부 참가자 모두 A를 택하면 200명이 살고 400명이 죽는다는 사실을 알았다. B의 확률도 1, 2부 둘 다 동일했다. 유일한 차이는 프레임이었다. 결정의 결과를 다르게 설명했다. 첫 번째 집단에게는 '득'으로, 두 번째 집단에게는 '실'로 설명했다. 목숨을 구하고 목숨을 잃는다.

초코푸딩처럼 선택을 어떻게 포장하느냐가 관건이다. 득이 된다고 포장할 경우 안전을 추구하고 위험을 피하지만, 실이 된다고 포장할 경우 정반대의 반응을 보인다. 즉 실을 피하기 위해 위험을 감수하는 것이다.

그러므로 프레이밍에선 정보를 어떤 문맥에서 제시하느냐가 관건이다.

> 프레임A 당신이 프린터를 사려고 어떤 가게에 들어간다. 원하는 모델의 가격이 50유로이다. 당신은 스마트폰을 집어 들고 구글에 들어가서 프린터 가격을 비교한다. 다른 가게에서 같은 모델을 단돈 25유로에 팔고 있다. 대로를 따라 10블록 걸어가면 되는 거리이다. 이게 웬 떡!
>
> 프레임B 당신이 컴퓨터를 사려고 어떤 가게에 들어간다. 최신 기종을 2545유로에 팔고 있다. 잠시 구글에서 가격을 비교해보니 같은 기종을 10블록 떨어진 가게에서 2520유로에 팔고 있다.

이 두 경우 당신은 그 가게로 달려갈 것인가? 둘 다 결과는 동일하다. 25유로를 절약할 수 있다. 그런데도 A의 경우 4분의 3이 다른 가게로 간다고 대답했지만 B의 경우 5분의 1만 25유로를 절약하겠다고 결심했다.

설명과 묘사의 방법이 우리의 판단을 좌우한다. 따라서 프레이밍과 더불어 '리프레이밍'도 심리 치료에 자주 활용된다. 틀을 바꾸어 끼우는 것, 해석을 달리하는 것이다. 일상에서 목격할 수 있는 전형적인 리프레이밍 사례는 개똥과 행운의 결합이다. 개똥을 밟으면 운이 좋다고들 한다. 상황은 말 그대로 똥 밟았다. 하지만 살짝 틀을 바꾸어서 똥을 행운으로 만들고, 그를 통해 부정적인 것을 긍정적인 것으로 바꾼다. 물론 좀 지나친 해석이기는 하다. 아무리 미신을 믿는 사람이라도 똥을 밟고 좋아할 리는 없을 테니까 말이다.

어쨌든 심리 치료에서 활용하는 리프레이밍은 행동 방식과 상황, 사건을 부정적으로 보지 않고 긍정적으로, 적어도 실제보다 낫다고 평가하는 것이다. 간단한 예를 들어보자. 어떤 사람이 자신을 '고집불통'이라고 생각해 이 성격을 고쳤으면 좋겠다고 말한다. 심리치료사는 그에게 '고집불통'의 틀을 단계적으로 서서히 바꾸어보자고 권한다. 일단 '고집불통'을 '변치 않는 성격'으로 바꾸어 해석하고, 이것이 잘 먹히면 다음 단계로 '확고하다'로 다시 해석한다. '확고하다'는 '확신에 차 있다'는 뜻으로 해석할 수 있다. 자신에 대한 확신은 고집불통보다 당연히 긍정적인 해석이다. 단순화시켰지만 어쨌든 이 사례는 리프레이밍 방법의 목적을 잘 보여준다.

물론 한계는 있다. 그래도 주요우울장애에 시달려서 온 세상을 검은 틀에 가둔 사람이라면 한 번쯤 그 틀을 바꾸거나 그림을 아예 새 틀에다 끼우려는 노력이 매우 유익할 수 있다.

가족 치료의 사례를 들어보자. 딸이 식이장애를 앓는다. 부모는 진즉에 이혼하고 싶었지만 딸의 상태를 생각해서 같이 살고 있다. 심리치료사는 리프레이밍을 통해 이 굳어버린 상황을 뒤흔들 수 있다. 딸의 식이장애를 새롭게 해석하는 것이다. 사이가 좋지 않은 부모가 헤어지지 못하도록 막으려는 딸의 절망적 노력으로 말이다.

프랑스 작가이자 화가인 프란시스 피카비아Francis Picabia는 말했다. "우리 머리가 둥근 이유는 생각이 방향을 바꿀 수 있도록 하기 위함이다." 심리학자로서 나는 이처럼 자신의 세상을 프레이밍 할 수 있다는 생각이 무척 흥미롭다. 그 메커니즘이 너무나 단순하면서도 엄청난 힘을 발휘하기 때문이다. 인상주의 풍경화를 끼운 액자 틀처럼 우리는 머릿속 틀을 통해 딱 정해진 단면만 쳐다본다. 그래서 나는 비가 내려 날이 우중충하면 생각을 바꾸어 소파에서 뒹굴 수 있는 멋진 오후 시간을 얻었다고 생각한다. 얼마 전 기차역에서 양복을 도둑맞았을 때는 이참에 새 양복을 장만할 수 있어서 좋다고 생각했다. 약간만 훈련하면 리프레이밍도 자동화될 수 있다. 우리 머릿속 프레임에 대해 알고 있으면 첫째, 타인에게 조종당할 위험을 막을 수 있고 둘째, 물이 '반만 찬' 컵을 물이 '반이나 찬' 컵으로 만들 수 있다. 멕시코 축구 국가대표 유니폼을 입고 부리토를 파는 무스타파 역시 그렇게 하고 있다. 그것도 대단히 성공적으로 말이다.

PART 2

“관계 맺기는 왜 이렇게 어려울까요?”

관계를 술술 풀어가는 사람들이 사용하는 심리 기술

10

돈보다는 정성

자기가 직접 만든 것을 더 좋아하는 이유

우리 부모님을 떠올리면 남자와 여자는 생일을 대하는 자세가 근본적으로 다르다는 결론에 도달한다. 어머니는 해마다 내 생일이 돌아오면 몇 주 전부터 무슨 선물을 할까, 누구를 초대할까 골머리를 앓는다. 반면 어느 해 내 생일에 받은 아버지의 전화 내용은 다음과 같았다. "레온, 보험회사에서 편지가 왔다. 마지막 학기 재학증명서가 필요하단다." 필요한 서류를 월요일에 바로 우편으로 부치겠다는 나의 대답에 아버지는 말했다. "그래, 알았다." 그러고 전화는 뚝 끊겼다. 아버지의 레이더에는 내 생일이 아예 잡히지도 않았던 것이다. 하긴 그 전에도 별반 다르지 않았다.

나는 아버지의 무신경이 아무렇지도 않고, 또 생일을 대하는 자세도 아버지와 크게 다르지 않다. 하지만 여자친구는 나와 달라서 본인 생일 일주일 전에 자기 친구들이 레온이 무슨 선물을 할까 무척 기대한다고 전했다. 나는 단단히 기대하라고, 절대 미리 알려줄 수 없다고 호언장담했지만, 사실은 무슨 선물을 해야 할지 감조차 없었다. 내 귀에선 여자친구가 언젠가 들려주었던 완벽한 선물의 조건들이 웅웅거렸다. "너무 비싸면 안 돼. 사랑을 담아서 정성껏 골라야 해. 마음에서 우러나온 선물이어야 해." 아, 너무 어렵다.

나는 성공의 레시피를 찾아다니다가 닥터 외트커*에서 임자를 만났다. 직접 만든 치즈 케이크를 마법처럼 불러내고 싶었다. 돈 주고 산 그림 액자와 함께 내밀면 그나마 그녀의 엄격한 기준을 통과할 수 있을 것 같았다. 하지만 케이크 프로젝트는 시작부터 난관에 봉착했다. 깜빡하고 계란을 안 샀던 것이다. 토요일이라 마트는 이미 문을 닫았다. 하는 수 없어서 필요한 단백질을 베이킹파우더로 대체했다. 거친 반죽이 오븐에서 수플레처럼 부풀어 올라서 케이크 윗면이 벌겋게 달아오른 슬라이드 선반에 닿아 눌어붙더니, "피시시시" 하는 소리와 함께 푹 꺼져버렸다. 결과는 참혹했다. 누가 봐도 베이킹파우더로 장난을 치다 만 꼴이어서 포장지의 멋진 치즈 케이크랑은 한 톨도 닮지 않았다. 나의 작품과 닥터 외트커의 아이디어는 완전히 딴 세상 이야기였다. 하지만 바로 그것이 나를 생일의 영웅으

* 독일의 식품 제조 기업으로 베이킹파우더, 요거트, 냉동 피자, 푸딩 등을 제조하며 해운, 은행, 보험, 호텔 등으로 사업을 확장하고 있다.

로 만들어주었다. "어머, 세상에. 귀여워! 정말 고생 많이 했네." 베이킹파우더 덕분에 나는 전혀 의도치 않게 흥미로운 심리 효과를 직접 몸으로 경험했다.

1950년대 중반 미국에서 처음으로 베이킹파우더가 시판되었다. 발명가는 정말 실용적이라고 생각했다. 이 가루를 이용하면 베이킹이 훨씬 간편했다. 그런데 간편해도 너무 간편한 게 문제였다. 미국의 주부들이 그 신제품을 자신의 노동에 대한 평가 절하로 받아들인 것이다. 베이킹파우더가 팔리지 않자 머리 좋은 발명가는 살짝 손을 보았다. 그때그때 배합을 조금씩 달리했던 것이다. 그러자 베이킹파우더는 날개 돋친 듯 팔려나갔다. 이제부터는 케이크를 만들 때 일정 양의 노동이 필요했다. 어떤 땐 계란을 몇 개 넣어야 했고 어떤 땐 카카오가루를 섞었으며 어떤 땐 당의를 입혀야 했다. 그 심리 트릭은 큰 효과를 발휘했고, 몇십 년 후 유명한 하버드 비즈니스 스쿨의 마이클 노턴Michael Norton을 통해 적절한 이름을 얻었다.

노턴과 동료들은 실험에 참가한 대학생들에게 이케아의 판지 상자를 접으라고 시켰다. 다들 알다시피 다 접힌 완제품 판지 상자를 살 수 있으면 이케아는 이케아가 아니니까. 그래서 학생들은 상자를 접어 끼우고 나사를 박아 넣었다. 그들에게 이 상자를 얼마에 팔고 싶은지 물었다. 자신의 노력이 만든 효과는 놀라웠다. 그들이 요구한 평균 가격은 똑같은 상자를 직접 만들지 않고 완제품으로 받은 학생들이 제시한 가격보다 60% 이상 더 높았다. 노턴은 과장을 약간 섞어 노력이 사랑을 낳는다는 결론을 내렸다. 직접 상자를 완성한 학생들은 그럴 필요가 없었던 학생들보다 자신의 판지 상자를 훨씬 더 사랑했던 것이다. 노턴은 이를 '이케아 효과'라고 불렀다.

이 효과는 인간은 물론이고 다른 생명체에게서도 확인된다. 신경학자들이 실험실의 쥐를 통해 입증한 사실이다. 쥐의 집에 작은 레버를 설치한다. 그것을 쥐가 누르면 달콤한 물이 한 방울 떨어진다. 하지만 학자들이 아무 대가 없이 쥐에게 달콤한 물을 줄 사람들이 아니다. 배운 대로 쥐가 레버를 누르면 곧바로 단물을 주지 않고 물이 나오기까지 눌러야 하는 횟수를 자꾸만 늘렸다. 그러자 쥐들도 노턴의 대학생들처럼 더 많은 노동을 쏟아부어야 했을 때, 다시 말해 더 많이 레버를 눌러야 했을 때 단물에 유의미할 정도로 큰 애정을 보였다.

나의 케이크와 노턴의 판지 상자, 레버를 누른 쥐들은 우리가 공을 들인 것에 더 애정을 쏟는다는 사실을 입증한다. 물론 의식을 못할 때도 많다. 다시 물어보면 노턴의 실험에 참가했던 학생들 거의 모두가 직접 만들어야 하는 상자보다는 완제품을 구매하겠다고 답했다. 이케아는 그 말이 맞지 않다는 사실을 안다. 다른 기업들도 안다. 당신도 유념해서 자신의 행동을 살펴보라. 인터넷에서 포토북을 만들 때, 자동차 거래상과 몇 시간 동안 자동차의 옵션을 고민할 때, 새로 산 이케아 빌리 책장의 첫 나사에 6각 렌치를 꽂을 때, 다시 한 번 기억하라. 이케아 효과가 당신 마음 깊은 곳에 자리 잡고서 자기 손으로 만든 것을 바라보는 당신의 심정에 막대한 영향력을 행사한다는 사실을 말이다.

11

재수 없는 인간을 길들이다

빼걱이는 관계를 유연하게

생각이란 것을 할 줄 아는 나이가 되자 나는 창업에 매료되었다. 어서 빨리 독립하고 싶었다. 아마 청소년 기업가로서 겪었던 특별한 경험도 일조했을 것이다. 열일곱 살 때 나는 내 방에서 작은 규모지만 사업을 시작했다. 물론 아직 합법적이지는 않았다. (앞서 '경계치'를 설명하면서도 언급했듯) 독일에선 열여덟 살이 되어야 성년이 되기 때문이다. 그래서 마침내 열여덟 살이 되자 곧장 버스를 타고 세무서로 달려가 사업자등록증을 신청했다.

처음 몇 년 동안은 주로 호프집 전단지를 제작하고 네일숍의 웹사이트를 만들어주고 개인 운전 교습 광고 티셔츠를 제작했다. 회사는 급성장해 변호사 사무실과 세무사 사무실에서도 일거리를 맡았고, 통신 회사에 마케팅 콘셉트를 팔기도 했으며 외국에서도 주문이 들어왔다. 그러다가 뮌스터로 거처를 옮긴 후에는 훨씬 더 흥미로운 새 사업 분야를 발견했다. 바로 대학생 파티였다. 대학생 파티 플래너는 일거다득이었다. 입장료도 없이 파티장에 들어갈 수 있는 것은 물론이고 들어오는 손님 수대로 돈을 받았다. 도시 전체의 파티장 문지기를 알기 때문에 어디를 가든 줄 서서 기다릴 필요가 없었고 술과 음료가 넘쳐났다. 처음에는 이런 지상 낙원이 있을까 싶었다. 하지만 고충도 많았다. 사람으로 미어터지는 가게에서 변기가 막히는 바람에 더러운 물을 무대에서부터 화장실로 도로 쓸고 가야 했을 때, 한겨울 모두가 잠든 새벽 5시에 불법 장소에 벽보를 붙이다가 경찰차를 타고 달려온 경찰에게 현장에서 체포당했을 때, 디제이들이 코카인을 구해달라고 대놓고 요구했을 때는 이 직업도 만만치 않구나 싶어 푹 한숨이 나왔다.

그중에서도 최고의 하이라이트는 부러진 코였다. 심리학적으로도 매우 흥미로웠지만 고통도 그에 못지않았던 2분의 시간이었다. 그날은 수요일이었고 가게는 시끄러웠다. 무대에서 한 손님이 재미삼아 장식에 불을 붙였다. "어디서 저런 미친놈이." 나는 저러다 불이라도 나면 어쩌나 걱정이 되어 그 녀석에게 달려갔다. "뭡니까?" 큰 음악 소리를 이겨보려고 내가 짜증 난 말투로 소리를 질렀다. 녀석은 돌아보고 히죽 웃기만 했고 사람을 깔보는 듯 어깨를 으쓱함으로써 정신이 똑바르지 않을 것이라는 나의 추측을 입증했다. 화가 치밀어 올랐다. 그러나 그의 옆에 높이 2미터에 너비 1미터는 될 법한 고릴라가 떡 버티고 서 있었기 때문에 나는 소득 없는 신경전을 그만두고 문지기에게 도움을 청하자고 마음먹었다. 그 순간, 그 작자가 뇌 용량이 완전히 바닥났는지 반쯤 찬 맥주병을 있는 힘껏 내 얼굴을 향해 던졌다. 기절해 바닥에 쓰러지기 직전 내 머리를 스치고 지나간 생각이 있었다. 이것이 바로 자기충족예언이구나!

생각만으로 어떤 일이 일어나고 타인을 조종할 수 있다고 상상해 보라. 그 상상은 그냥 상상이 아니다. 자기충족예언은 여러모로 입증이 된 사실이다. 선생님이 여자아이들은 수학을 잘 못한다고 생각한다. 그럼 그 선생님은 자기 반의 여자아이들에게 어떤 행동을 취할까? 질문을 더 적게 던질 것이고 목표를 더 낮게 세울 것이며 목표에 도달하라고 채근하지도 않을 것이다. 여자아이들은 어떤 행동을 하게 될까? 수학에 관심을 잃을 것이고 노력을 하지 않을 것이다. '거봐, 내 생각이 맞았지. 여자애들은 남자애들보다 수학을 못한다니까.' 선생님은 그렇게 생각할 것이다.

자기충족예언은 타인의 행동에 대한 우리의 기대가 다시금 그의 행동에 영향을 미친다는 뜻이다. 저 녀석이 미친놈일 것이라고 기대하면 나는 그에 맞게 행동할 것이고 나의 행동을 통해 기대했던 상대의 행동을 불러올 확률도 높아진다. 물론 그날 내게 맥주병을 던졌던 놈과 옆에 있던 고릴라를 나중에 법정에서 다시 만났을 때는 녀석의 변호사마저도 녀석에게는 사교술이 통하지 않을 것이라고 인정하는 것 같았다. 하지만 그날 밤 내가 다른 기대를 품고 화를 속으로 삭였다면 어떻게 되었을까? 그랬다면 사람이 많은 곳에서 불을 붙이면 위험하다고 짧게 설명했을 것이고 정중하지만 단호하게 하지 말아달라고 부탁했을 것이다.

자기충족예언은 어디서나 활용이 가능하다. 세무서 담당 창구의 직원이 친절하기를 내심 바란다면 당신은 꼭 그런 기대를 품고 직원에게 다가갈 것이다. 서비스 센터에 전화를 걸면서 대화 상대가 당신의 문제를 해결해줄 능력 있고 친절한 사람일 것이라고 상상한다. 그 대화가 어떻게 진행되었으며 당신이 어떤 도움을 받았는지 잊지 말고 기억해두자. 전화를 끊고 다시 전화를 건다. 아마 다른 직원이 전화를 받을 것이다. 이번에는 아무 도움도 안 되는 또라이가 걸릴 것이라고 기대하며 같은 질문을 던져보라. 자기충족예언의 힘이 엄청나다는 사실을 확인할 것이다. 제대로만 사용하면 어떤 이유에서건 마주쳐야 하는 사람들을 다른 사람으로 만들 수 있다. 하지만 당신 역시 타인의 자기충족예언의 대상이 될 수 있음을 명심해야 한다. 효과는 모든 사람에게 동일하지 않다. 자기 입장이 확고하고 확신이 넘치는 사람은 타인의 기대에도 영향을 받지 않는다.

자기충족예언은 상대가 당신에게서 인정과 칭찬을 받고 싶을 때 가장 강하게 작용한다. 당신의 기대가 자녀나 아랫사람에게 특히 큰 영향을 미칠 수 있음을 잊지 마라. 반대로 타인의 기대를 알면 적극적으로 그에 맞설 수 있다. 타인의 기대와 반대되는 행동으로 자기충족예언의 악순환을 끊을 수 있다. 몇 년 전에 이웃과 다투고 난 후 사이가 좋지 않다면 다음에 길에서 우연히 그를 만나거든 미소를 띠며 먼저 인사를 건네보라. 물론 그러자면 누가 너의 오른쪽 빰을 때리면 왼쪽 빰도 내어주라는 성경 구절처럼 마음을 굳게 먹어야 할 것이다. 그럼에도 진심을 다해 계속 인사를 건네다 보면 오래지 않아 이웃도 쭈뼛거리며 답을 할 것이다. '그렇지 않을걸. 그 재수탱이는 절대 그럴 리가 없어.' 그런 생각이 드는가? 그렇다면 아까 그 수학 선생님과 (흔히 생각하듯) 수학을 못하는 여자아이들을 기억하라. 생각보다 많은 것이 당신 손에 달렸다.

12

최악의 상황에서 면접에 합격하다

남들에게 매력적으로 보이는 법

유감스럽게도 나는 디플롬Diplom 세대가 아니다.* 그 시절만 해도 대학은 지상 낙원이었다고 한다. 하지만 볼로냐 프로세스 이후 학사와 석사 과정에선 산더미 같은 과제와 모듈과 세미나와 실습에 치여 정신이 못 견디고 가출하는 사태가 줄을 이었다. 안 그래도 깜빡거리는 나 같은 건망증 환자에겐 더욱이 괴로운 일이다. 건망증 환자는 어디를 가나 물건을 흘리고 시험 일정을 못 외우며 혼자서만 강

* 1999년에 영국, 프랑스, 독일, 이탈리아 등 29개 유럽 국가들이 이탈리아 볼로냐에 모여 2010년까지 단일한 고등교육 제도를 설립, 유럽 대학들의 국제 경쟁력을 높이고자 한 프로그램인 '볼로냐 프로세스'가 시행되면서 과거 디플롬/마기스터 과정이던 독일 대학 학제가 학사Bachelor와 석사Magister로 바뀌었다.

의실을 못 찾는다. 하도 까먹다 보니 그때마다 화를 내기에도 지쳐, 나는 아예 마음을 비우고 잊어버린 물건을 창의적인 아이디어로 대체하는 전문가가 되어버렸다.

그러던 어느 날, 뮌헨의 한 회사로부터 면접을 보러 오라는 소식을 들었다. 그 면접이 내 건망증의 정점을 찍었다. 나는 면접 전날 기차를 타고 뮌헨으로 향했는데, 역시나 우왕좌왕 혼돈의 여행으로 죽지 않을 만큼 지쳐 옷도 벗는 둥 마는 둥 침대에 쓰러지고 말았다. 당연히 이도 닦지 않았다. 따라서 다음 날 아침 내 입에서 스멀스멀 기어 나온 숨결은 상당히 고약한 냄새를 풍겼다. 나는 여전히 피곤에 쩐 몸으로 화들짝 깨어 일어났다. 양복을 입고 넥타이를 매고 인사부장의 까다로운 질문을 막아내야 하는 시간까지 채 30분도 남지 않았다.

허둥지둥 샤워를 했다. 방으로 돌아와 살펴보니 갈아 신을 양말을 들고 오지 않았다. 양말이야 안 갈아 신으면 어때. 신발 신으면 표시도 안 날 텐데. 팬티도 안 가져왔지만 문제없다. 그냥 뒤집어 입으면 새것 같다. 하지만 세 번째 물건은 호락호락하지가 않았다. 웬일인지 치약은 가져왔지만 칫솔이 우리 집 칫솔 통에서 느긋하게 휴가를 즐기는 중이었다. 까먹고 안 가져온 것이다. 결국 나는 칫솔 비슷하게 거친 표면을 흉내 내기 위해 얼른 왼쪽 양말을 벗어 오른손 검지에 끼웠다. 그 위에 치약을 짜서 닦기 시작했다. 그러나 생각과 달리 냄새 나는 양말로 이를 닦는 것은 극도로 고통스러운 과정이었다. 시계를 힐끗 쳐다본 나는 포기하고 입 냄새를 풍기며 면접을 보기로 마음먹었다. 실제로 입 냄새가 당락을 결정할 것이라는 나의 우려는 착각이었다. 나는 무사히 합격 통지를 받았고 그것은 다 헤일로 효과Halo effect 덕분이었다. 다른 사람들이 우리를 어떻게 보고 어떤 평가를 내릴지는 오직 헤일로 효과가 결정하기 때문이다.

헤일로 효과는 연구가 매우 잘 된 심리 현상이다. '헤일로'는 '후광'이라는 뜻이다. 즉 한 사람의 한 가지 특징이 너무나 강렬한 빛을 던지는 바람에 그의 다른 특징들을 보지 못하거나 판단을 내릴 때 고려하지 않는 현상이다. 지금으로부터 2000년 전 예수의 입 냄새가 얼마나 고약했을 것 같은가? 예수는 양말이나 치약도 없었을 테니 언감생심 칫솔은 꿈도 꾸지 못했을 것이다. 그런데도 대중은 그에게 열광했다. 후광이 비치는 사람에게서 입 냄새 좀 난다고 뭐가 그리 대수겠는가.

헤일로 효과를 입증한 유명한 실험 결과 중 하나는 사회심리학의 선구자 솔로몬 애시Solomon Asch가 실시한 것이었다. 그는 실험 참가자들에게 한 사람의 특성을 적어 나누어 주었다. 참가자 절반에게는 그 사람이 지적이고 능력 있고 마음이 따뜻하며 결단력이 있고 실천력이 뛰어나며 사려가 깊다고 적었다. 나머지 절반에게도 마찬가지로 지적이고 능력 있고 결단력이 있고 실천력이 뛰어나며 사려가 깊다고 적었다. 다만 '마음이 따뜻하다'를 빼고 그 자리에 '냉정하다'고 적었다. 그리고 참가자 전원에게 전혀 모르는 그 사람을 평가해달라고 부탁했다. 두 집단의 차이는 놀라웠다. '마음이 따뜻하다'는 그 한마디가 그 사람을 훨씬 양심적이고 아량이 넓으며 현명하고 상상력이 뛰어난 사람으로 만들었다. 양쪽의 리스트에 똑같이 여섯 가지 특성을 적었는데 단 한 가지가 다른 다섯 가지 특성을 덮어버린 것이다. 그런데 여기서 생각해야 할 점은 모든 특성이 그런 후광의 힘을 갖지는 않는다는 사실이다. 두 번째 실험에서 '마음이 따뜻하다'를 '친절하다'로, '냉정하다'를 '버릇이 없다'로 고쳤을 때는 판단의 차이가 거의 없었다.

우리 역시 헤일로 효과의 득을 볼 수 있지만 반대로 그로 인해 잘못된 판단을 내릴 수도 있다. 미용실에서 지루할 때는 여성 잡지를 본다. 그리고 그런 잡지를 통해 스타들에 대해 많은 것을 알게 된다. 과연 진짜 아는 것일까? 편집부를 탓하고 싶지는 않지만 그런 기사는 어떤 스타의 한 가지 특징을 부각하는 방향으로 구성된다. 그런데 독자는 그것만 보고 그 사람을 다 안다고 착각한다. 예를 들어 조지 클루니가 카리스마가 있고 잘생겼다는 내용의 기사는 정말로 많이 등장한다. 그럼 그것을 읽은 독자의 머리에서는 헤일로 효과가 나타나서 그 개별적 특징들이 나머지 특징들을 뒤덮어버린다. 독자는 조지 클루니의 긍정적 특징들을 그의 인격 전체로 전이시킨다. 그래서 기사는 외모만 언급했을 뿐인데도 독자는 그 미남 배우가 머리도 좋고 말도 잘하고 성격도 좋다고 판단한다.

반대도 가능하다. 독일군이 마케도니아 파병을 앞두고 있을 때에, 당시 독일 국방부 장관이던 루돌프 샤핑이 마요르카섬의 풀장에서 애인과 물장구치는 모습이 「분텐」지의 카메라에 잡혔다. 그 기사로 인한 이미지 손실이 너무나 컸기 때문에 결국 수상 슈뢰더도 그를 해임할 수밖에 없었다. 이처럼 한 사람의 개별적인 부정적 특징이나 행위가 그 사람의 전체 인상을 크게 흐릴 때 그것을 두고 혼 효과horn effect라고 부른다. 머리에 후광을 두른 예수와 반대로 이 경우는 악마의 뿔이 머리에 달리는 것이다.

후광과 악마의 뿔은 일상 곳곳에서 쉬지 않고 빛을 비추어 우리의 눈을 가린다. 서른 명의 학생을 배정받은 담임 교사가 헤일로 효과에 노출되지 않기란 사실상 불가능에 가깝다. 매사 정확하고 깔끔한 학생을 보면 어쩔 수 없이 전체적으로도 긍정적 평가를 내릴 수밖에 없다. 직장에서도 헤일로 효과의 위험은 크다. 승진 결정은 물론이고 일상에서도 어떤 직원의 개별 업무 능력이 전체 성과를 결정하는 일이 너무 잦다. 상사가 직원 A의 뛰어난 업무 처리 능력을 한 번 보고 감탄했는데, 직원 B가 업무 처리를 대충 하는 광경은 두 번 목격했다면 다음 승진 심사에서는 단연코 A가 유리하다. 한 번의 긍정적 이미지가 상사의 뇌에 깊이 뿌리박혀서 다른 업무 평가에도 긍정적으로 작용한다. 반대로 불쌍한 B는 사는 게 고달파진다. 그의 머리에는 뿔이 붙어버렸다.

헤일로 효과는 악용될 소지도 크다. 광고가 대표적이다. 한 번 더 조지 클루니에게로 돌아가보자. 모두가 그를 섹시하고 스타일이 좋고 지적이라고 생각한다. 그리고 그 모든 것은 커피 머신과는 아무 상관 없는 특징들이다. 그러거나 말거나 조지 클루니는 상관하지 않는다. 그는 자신의 후광을 조금 떼어서 그 작은 캡슐 기계에게 내어준다. 클루니가 커피 머신 가게에서 두 여성을 지나쳐 걸어간다. 두 여성이 그의 등을 향해 칭찬을 늘어놓는다. "멋지고 강렬하고 신비로워. 튼튼한 몸에 강한 성격. 게다가 부자지, 엄청 부자." 클루니가 고개를 끄덕이며 카메라를 쳐다본다. 그리고 그 숙녀들에게 돌아가서 묻는다. "네스프레소 이야기죠?" 곧바로 대답이 돌아온다. "그럼요." 클루니가 덧붙인다. "아니면 뭐겠어요?" 이보다 더 교묘한 광고는 없을 것이다. 클루니가 얼마나 멋진 남자인지 잊었을 수도 있을 시청자들을 위해 잠시 기억을 되돌려준다. 나머지는 우리 뇌가 알아서 처리한다. 더럽게 비싸고 환경에도 좋지 않을 커피 캡슐이 클루니의 거대한 후광 덕에 환하게 빛난다. 영리한 광고이다.

패스트푸드점들도 헤일로 효과를 교묘하게 이용한다. 맥도날드가 초록색 로고를 사용한다는 사실을 눈치챘는가? 감자튀김의 제국이 의도적으로 메뉴를 샐러드와 다른 '초록' 음식으로 확장한다. 샐러드 소스를 뿌린 작은 봉지는 여전히 정상 식사보다 칼로리가 훨씬 높지만 초록의 이미지 탓에 그 사실은 금방 잊힌다. 따라서 학자들이 실험으로도 입증했듯 패스트푸드점이 건강한 이미지를 강조할 경우 우리는 주 메뉴의 엄청난 칼로리를 까먹고 자동적으로 건강해 보이는 칼로리 폭탄 사이드 메뉴를 더 시키게 된다.

사실을 알고 나면 저항할 수 있는 심리 현상들이 있다. 하지만 헤일로 효과는 그에 해당하지 않는다. 그러므로 휴리스틱 규칙과 비슷하게 헤일로 효과의 파급력에 적극 맞서도록 우리 뇌를 열심히 가동해야 한다. 그냥 쓰기만 하면 헤일로 효과의 눈부심을 막아줄 선글라스는 없다. 개인적으로건 직장에서건 다른 사람을 정확하게 평가하고 싶다면 그런 식의 평가란 전혀 다른 차원들의 결합이라는 사실을 열심히 상기해야 한다. 집을 보러 갔더니 정원에 풀장이 있다. 풀장이 마음에 쏙 들더라도 다락에 올라가서 지붕에 물이 새지 않는지 살피고 지하실에 곰팡이가 피지 않았는지도 살펴야 한다. 업무 결과를 평가할 때는 중요한 업무 영역 전체를 아우를 수 있는 판단 기준을 마련해야 한다. 여러 사람에게 평가를 맡기는 것도 도움이 된다.

마지막으로 한 가지 더 강조하고 싶다. 나는 내 꼬질꼬질한 면상과 역한 입 냄새를 악마의 뿔이라 믿었지만 면접관들은 내 입에서 술술 흘러나온 대답에 눈이 멀어 그 뿔을 보지 못했다. 그게 아니라면 그날 입 냄새를 풍기면서 면접을 보았던 내가 근로계약서를 손에 들고 집으로 돌아온 이유를 도저히 설명할 수 없을 테니 말이다.

13

돈을 더 버려도 될까요?

잘못된 선택을 되돌리고 싶다면

나의 대학생 이벤트 회사는 날로 번창했다. 참 잘된 일이었다. 파티장의 그 미친놈이 매달 60유로씩 할부로 보내는 위자료 2000유로만으로는 먹고살기도 빠듯했으니 말이다. 나는 동생과 친구들과 함께 계속 새로운 이벤트 아이디어 및 이벤트 장소를 찾아다녔다. 거래 방식은 항상 동일했다. 우리는 가게를 꽉 채울 의무가 있었고 그 대가로 입장료를 받았다. 가게는 손님들에게 음료를 팔아 이문을 남겼다. 이런 식의 노동 분업은 매우 합리적이었다. 우리는 어차피 파티를 즐기면 되니까 흔쾌히 손님들과 같이 밤을 지새울 마음이 있었다. 가게 주인은 음식점 경영 경험과 장소, 종업원이 있었다. 만사형통이었다. 회사는 성장에 성장을 거듭했다. 어느 날 오스나브뤼크에서 전화 한 통이 걸려 오기 전까지는.

우리의 성공담이 그곳까지 전해졌는지, 우리 회사 영업 방식을 그곳에서도 시험해보고 싶다는 문의였다. 물론 오스나브뤼크는 베를린이 아니다. 아주 작은 도시이다. 그럼에도 그 전화를 받고 나니 기사 서임식이라도 받은 기분이었다. '다른 도시에서 연락이 오다니 영광이군.' 나는 마음이 들떠 당장 '오스나' 파티 플랜에 착수했다. 평소 하던 것과 다르지 않았다. 귀에 착착 감기면서도 특별한 것 같은 이름, 최대한 있어 보이는 이름으로 로고를 만들고 전단지를 1만 장 인쇄하고 디제이를 섭외하고 괴상망측한 데커레이션을 만들고 광고판을 임대하고 등등. 당연히 그 모든 것이 엄청난 시간과 돈을 잡아먹었다.

그러나 첫 이벤트 성적은 처참했다. 찾아온 사람이 몇 명 되지도 않았다. 그 순간에 정신을 차렸어야 했다. 정상적이라면 새로운 행사가 있거나 광고를 많이 하면 인간들이 나타나게 되어 있다. 따라서 나쁜 출발은 좋은 징조가 아니었다. 물론 나는 수많은 이유를 찾아냈다. 비가 왔고 경쟁 업체에서도 파티를 열었고 또 시험 기간이었다. 하지만 그다음 주에도 사정이 나아지기는커녕 그 몇 명 안 되던 숫자마저 줄었다. 아마 형편없던 첫 파티 성적이 벌써 소문이 난 모양이었다. 누가 사람 없는 파티에 가고 싶겠는가? 이제 어쩌지? 수천 유로를 이미 투자했다. 디제이도 예약했고 광고판도 다음 주 것까지 미리 돈을 지불했다. 나는 더 해보기로 결심하고 전단지를 찍어서 지출을 더 늘렸다. 이미 너무 많은 돈을 투자했다. '절대 실패해선 안 돼.' 속으로 다짐했다. 그렇게 몇 주가 흘렀다. 나는 오래 전에 망한 투자를 살려보겠다고 계속 돈을 퍼부었다. 그러느라 처음 투자한 3000~4000유로에 다시 그만큼의 돈이 더 들어갔다.

지금 와서 생각하면 아직 젊었고 몇천 유로에 '불과'한 돈이었으니 그나마 불행 중 다행이었다. 매몰비용오류sunk cost fallacy는 노련한 경영자도 수백만 달러의 손실을 보게 만드는 심리의 덫이기 때문이다.

매몰비용오류란 일단 시작한 프로젝트는 끝장을 보려 드는 우리의 성향을 말한다. 돈이 얼마가 들건 반드시 그렇게 한다. 이유는 간단하다. 우리가 이미 그 프로젝트에 투자했기 때문이다. 당신이 DIY 가구 회사에서 목재를 사서 카포트•를 만들려고 한다. 당신은 850유로를 주고 목재를 산다. 아내는 상냥한 말투로 당신의 형편없는 손재주를 지적하면서 하지 말라고 말린다. 하지만 그럴수록 더 아내에게 손재주를 입증해 보이고 싶다. 금요일에 당신은 트레일러를 빌려 건축 시장에 간다. 그렇게 가져온 목재 비용 850유로에 트레일러 대여비가 35유로 들었다. 게다가 너무 마음이 들뜬 나머지 건축 시장 주차장에서 다른 자동차의 사이드미러를 깨뜨려버렸다. 경찰이 사건을 접수하기까지 한 시간이 걸렸고 스트레스를 무지 받았으며 보험료가 오를 것이다. 집에 와서 보니 드릴이 없다. 또다시 건축 시장에 가서 한 개를 빌린다. 마침내 작업을 시작한다. 셀 수도 없는 욕

• carport, 주택 부지 안에 위치한 간이 차고. 지붕과 기둥만으로 된 로비lobby형이 많다.

설과 다섯 군데의 멍과 이틀의 시간과 시퍼렇게 멍이 든 엄지손가락과 구조물 하나가 결과로 남았다. 하지만 그 구조물은 카포트라기보다는 과욕에 불탄 미술과 학생이 만든 표현주의적 목재 조각품과 더 닮았다.

이제 어쩔 것인가? 포기해? 절대로 그럴 수 없다. 그동안 이 카포트 때문에 들어간 돈과 땀과 피와 분노가 무용지물이 되어서는 안 된다. 게다가 아내의 만류는 또 어쩔 것인가? 그래서 일단 주중에는 출근을 하고 돌아온 주말에 다시 작업에 매달린다. 얼기설기 엮은 발코니와 횡목 위로 지붕 판자를 얹으려다가 그만 사다리에서 떨어져 팔이 부러진다. 구급대원이 앰뷸런스 문을 닫으려는 찰나, 당신은 아내에게 절망에 찬 목소리로 외친다. 건드리지 말라고, 가만히 놔두라고, 내가 와서 다 할 거라고.

우리의 뇌는 돈을 버리기 싫어한다. 매몰비용오류는 '매몰비용'을 대하는 우리의 그릇된 자세를 입증한다. 당신의 카포트도, 나의 오스나브뤼크 파티도 이미 투자한 비용은 잃었다고 생각하고 그만 손을 털어야 하는데, 그러지 못하고 더 이상 손을 쓸 수 없을 때까지 계속 돈과 시간과 에너지를 밀어 넣는다. 특히 자기 스스로 돈을 집어넣었을 때는 손을 떼기가 정말로 힘들다. 나도 그랬다. 이미 들어간 돈은 못 건진다고 포기하면 될 것을, 그걸 못 해서 계속 돈을 집어넣었다. "투자를 너무 많이 했어. 꼭 건질 거야."

반드시 많은 돈이 들어가야만 그런 것은 아니다. 매몰비용오류가 우리 행동에 얼마나 큰 영향을 미치는지를 보여주는 다음 사례들에서도 당신은 자신의 모습을 발견할 것이다. 3~4회부터 재미가 없어졌는데도 넷플릭스 미드 시리즈를 끝까지 보고 있다. 요가 학원 선생님이 정말 마음에 안 드는데도 돈을 냈으니까 계속 학원에 다닌다. 첫 만남부터 별로였지만 톰을 계속 만난다. 그사이 그에게 들인 시간과 노력이 아까워서 자꾸만 그에게 한 번 더 기회를 줘보자고 마음먹는다.

과거의 결정에 껌처럼 달라붙는 우리의 성향은 심리학 실험으로도 여러 차례 입증되었다. 1985년 최초로 이 효과를 입증한 학자는 할 아르케스Hal Arkes와 캐서린 블루머Catherine Blumer였다. 이들은 실험 참가자들에게 상황을 상상해보라고 시켰다. 미시간으로 스키 여행을 가기 위해 100달러를 지불하고 예약을 했다. 다음 날 위스콘신에 더 괜찮은 프로그램이 있다는 사실을 발견했다. 가격도 절반인 50달러밖에 안 되었다. 당장 이곳에도 예약을 했다. 그런데 이런, 두 프로그램의 날짜가 같다는 사실을 미처 보지 못했다. 환불이나 되팔기는 불가능하다. 이제 어떻게 할 것인가? 어느 곳으로 가겠는가? 100달러짜리 미시간 프로그램인가? 더 좋은 50달러짜리 위스콘신 프로그램인가? 절반 이상이 100달러를 택했다. 양쪽 다 경비를 이미 지불했고 돌려받을 수도 없지만, 그들은 아랑곳하지 않았다. 오직 '매몰비용'에 대한 반감 때문에 프로그램이 더 안 좋은데도 손실이 적은 쪽을 택한 것이다.

배리 스토Barry Staw와 프레데릭 폭스Frederic Fox도 비슷한 시나리오의 실험을 실시했다. 경영학과 대학생들에게 미국 기업 애덤&스미스 컴퍼니의 투자 결정을 맡겼다. 실제라면 몇백만 달러가 오가는 상황이지만 실험은 당연히 가상이었다. 경영자가 된 대학생들에게 선택지는 둘이었다. 성과가 나쁜 '멍청이' 부서의 연구 프로젝트에 돈을 투자할 것인가, 아니면 다른 부서에 투자할 것인가? 다른 부서의 이름은 '똑똑이'라고 해두자. 학자들은 실험 참가자를 두 집단으로 나누었다. 1번 집단에게는 그들이 이미 '멍청이' 부서의 프로젝트에 투자한 적이 있고 당시 투자 실적이 형편없었다고 설명했다. 2번 집단에게는 다른 경영자가 '멍청이' 부서에 투자를 했다가 투자도 실패하고 그 경영자도 심근경색으로 사망했다고 말했다. 그런 다음 과연 이 '멍청이' 부서에 돈을 얼마나 투자할 것인지 결정하라고 요구했다.

이 실험의 결과를 현실의 진짜 기업으로 옮겨보면 아마 다들 기분이 매우 이상해질 것이다. 1번 집단의 참가자들이 2번 집단보다 '멍청이' 부서에 수백만 유로를 더 투자했기 때문이다. 경영자도 결국엔 인간이고, 그의 뇌도 보통 사람들과 똑같이 오류에 취약하다고 가정한다면 전 세계 기업들이 잘못된 길로 가는 이유는 오직 과거에 잘못된 길을 선택했고, 그 그릇된 결정이 엄청난 비용을 발생시켰기 때문이다.

그러나 다른 대부분의 심리학적 덫이 그러하듯 매몰비용오류도 멋지게 활용할 수 있다. 예컨대 고객의 주머니에서 돈을 끌어낼 수가 있다. 그런 사업 모델은 이미 이름도 있어서 '프리미엄Freemium'이라고 부른다. 프리미엄은 무료 서비스로 시작해 고객이 일정 시간과 에너지를 투자한 후에 (더 이상 무료가 아닌) 프리미엄premium 세트의 장점을 최대한 빨리 고객에게 알리는 마케팅 전략이다. 마법사가 되어 끝없는 세상을 달리고, 농부가 되어 농장을 가꾸며, 동물원 원장이 되어 북극곰과 사자와 얼룩말을 키울 수 있는 프리미엄 다운로드 무료 핸드폰 게임이 무더기로 쏟아진다. 처음 몇 시간은 동물원 원장 노릇이 정말 재미있다. 하지만 이제 사자 우리도 다 지었고 북극곰도 새끼를 낳았고 얼룩말도 행복해졌다. 따분해지기 일보 직전, 디스플레이 창에 공지가 뜬다. "큰 수족관을 짓고 싶으세요?" 단돈 1.49유로만 내고 손가락을 터치하기만 하면 키울 수 있는 동물이 가오리, 상어, 바다뱀으로 늘어나고, 다시 게임은 흥미진진해진다. 그편이 앱을 지우는 것보다 낫다고 우리 뇌는 생각한다. 디지털 동물원에 이미 상당한 노력과 시간을 투자했기 때문이다.

매몰비용오류라는 말을 들을 때마다 나는 자동적으로 베를린 신공항•이나 함부르크의 엘프 필하모니 공연장••이 떠오른다. 두 곳 모두 시작 시점에 산정한 액수보다 훨씬 많은 비용을 잡아먹었고 공사 기간도 약속보다 엄청나게 길어졌지만, 아무도 아랑곳하지 않는다. 한번 시작하면 절대 중단은 불가능하다.

물론 공항을 짓거나 수백만 달러의 투자를 결정해야 할 일이 모두에게 일어나지는 않는다. 하지만 수많은 사람들이 카포트를 만들거

• 2006년에 착공했지만 계속 준공이 미뤄지고 있어서 "영원히 다음 달에 개장하는 공항"이라는 놀림을 받고 있다.

•• 2007년에 시작한 공사가 약 10년이나 걸려서 2017년 1월에 개장했다.

나 핸드폰 게임을 하고, 또 나처럼 누가 봐도 망할 것이 뻔한 사업에 돈과 시간을 자꾸만 밀어 넣는다.

손실을 좋아할 사람은 없다. 세상 누구도 신이 나서 돈을 버리지 않는다. 하지만 일어난 일은 일어난 일이다. 과거는 바꿀 수 없다. 그런 일이 발생했을 땐 마음의 끈을 바짝 조여야 한다. 포기하지 않고 잘못을 회복하기 위해 전력을 쏟는 것이 미덕일지는 모르겠다. 그런 미덕 덕분에 어른이 아이와 다른 것이고 사람이 짐승과 다른 것이다. 이미 지은 베를린 신공항 시설을 담쟁이덩굴로 뒤덮이게 방치해서는 안 될 것이다. 허나 아무리 그렇다고 해도 선택 후보 리스트에 '중단'이 아예 들어가지도 못한다면 치명적인 결과가 초래될 것이다.

자, 지금까지 이 책을 읽으면서 마음에 들지 않았다면 당장 던져 버려라. 시작했다는 이유만으로 계속 붙들고 있는 모든 일은 당장 집어치워라. 돈이 바다 밑바닥으로 떨어져버렸다면 더 이상 연연해하지 마라. 자꾸만 돈을 들이부어도 소용없다. 아무리 들이부어도 바다를 메우지는 못할 테니까 말이다.

14

나는 왜 끔찍한 생각을 할까?

생각에 대한 생각을 장악하라

형제들이 다 그렇듯 나와 남동생도 툭하면 옥신각신하지만 우리 둘은 떨어질 수 없는 사이이다. 하지만 어린 시절의 증언은 전혀 다르다. 어머니는 내가 동생이 태어난 후 질투에 눈이 멀어 동생을 아주 많이 괴롭혔다고 말씀하신다. 절대 아니라고 반박하려고 하면 엄마는 곧바로 작은 공책 하나를 들이민다. 바둑판무늬의 공책은 말하자면 나의 어린 시절 어록 모음이다. "지하실 걸레통에다 재워." 행복한 부모님이 아기를 안고 집으로 오셨을 때 내가 꺼낸 첫마디는 그랬다. 아버지가 찍은 흐릿한 비디오 영상은 반박할 수 없는 증거이다. 영상에서 나는 아무도 안 보는 것 같으면 유모차에 탄 동생을 발로 차고, 공원에서 산책을 할 때면 나뭇가지를 주워 동생을 찔러 결국 울게 만들고, 동생이 유모차 안전벨트에 묶여 꼼짝도 못 할 때면 동생의 음료를 전부 훔쳐 먹는다. 솔직히 나도 기억나는 게 있다. 둘이서 함께 우리 방을 치우던 어느 토요일이었다. 어질러진 장난감을 마지못해 한 꺼풀 걷어내자 그 밑에 더 미세한 쓰레기 층이 등장했다. 그 속에 색색깔의 부러진 색연필 심이 수두룩했다. 청소가 따분해진 나는 아무 생각 없이 그중 하나를 집어 귀에 밀어 넣었다. 심이 쏙 들어가 버렸다. 내 귀 저 안쪽으로 사라져버렸다. 귀가 말할 수 없이 아팠다. "아픔은 나누면 반이 된다"는 속담에 따라 나는 이를 악물고 아무것도 모르는 동생에게 연필심을 귀에 넣으면 얼마나 좋은지 설명했다. 동생은 금방 내 말에 넘어갔다. 그리하여 편안했던 부모님의 주말은 울부짖는 꼬마 악마와 울부짖는 기저귀 찬 아기를 병원 응급실로 싣고 가는 것으로 막을 내렸다.

심하게 짓궂다고 생각할 수도 있겠지만 나는 일말의 양심의 가책도 느끼지 않았다. 나중에 부모님은 친구들이 있는 자리에서 웃으며 그런 이야기를 털어놓으셨고, 그럼 부모님의 친구 분들도 첫째 아이의 비슷한 만행을 들려주며 같이 호탕하게 웃었다. 그래서 나는 생각했다. '괜찮아. 넌 나쁜 사람이 아냐. 외동으로 크다가 동생이 생겨 부모님의 사랑을 나누어야 할 상황이 되자 질투심에 불탔던, 지극히 정상적인 아이였어.' 하지만 그 결론은 너무 성급했다.

그 사건이 일어난 것은 어느 월요일 저녁이었다. 막 사춘기가 시작될 무렵이었다. 그러니까 내가 열두 살인가 열세 살 무렵이었을 것이다. 그날 나는 진정한 나를 알았다. 살인자 레온을. 하기 싫은 축구 수업을 억지로 받고 집으로 돌아왔더니 땀범벅이 된 몸이 찝찝해 죽을 것 같았다. 얼른 몸을 씻고 싶어서 욕실 문을 벌컥 열었는데 욕조에 들어가 있던 동생이 깜짝 놀라 고개를 번쩍 들었다. 그 순간 내 머리에서 '탁' 스위치가 켜졌다. 생각이 제멋대로 돌아갔다. 터널에 들어간 듯 내 눈에는 오직 드라이기만 보였다. 드라이기는 평소처럼 서랍장 위에 놓여 있었다. 내 눈동자가 두 목표물을 오갔다. 동생과 드라이기, 동생과 드라이기, 동생과 드라이기. '드라이기를 집어 욕조로 던져. 지금 당장!' 영화를 보듯 나는 드라이기를 향하는 내 손을 바라보았다. 스위치를 켠다. 드라이기가 돌아간다. 필라멘트가 벌겋게 달아오른다. 동생의 눈을 빤히 쳐다보며 물속으로 드라이기를 던진다. 펑 소리와 쉬쉿 소리가 들린다. 잠깐 동안 온 세상이 새까매진다.

"왜 그래?" 동생이 짜증 섞인 말투로 소리치며 내 인생을 바꾸어놓았을 생각에서 나를 끌어냈다. "나 목욕하는 거 안 보여? 문 닫아." 나는 깜짝 놀라서 더듬거리며 사과를 하고 문을 닫았다. 이게 무슨 일일까? 어쩌자고 그런 끔찍한 생각을 했단 말인가? 친동생을 죽이려고 하다니. 아무 이유도 없이. 나는 충격을 받았고 누구에게도 그 이야기를 하지 않겠다고 마음먹었다. 다음 날 아침밥을 먹으면서 나는 차마 동생을 쳐다볼 수 없었다. 그 후로도 동생을 피했다. 계속해서 그 생각이 솟구쳐 올랐다. 동생을 죽이고 싶었다. 정말 그러고 싶었을까? 그랬다. 아닌가? 생각을 할수록 분명 문제가 있는 것 같았다.

그날부터 모든 것이 달라졌다. 확실한 패턴은 없었지만 세상 끔찍한 생각을 하다가 화들짝 놀라 정신을 차린 적이 한두 번이 아니었다. 어떤 날은 넋 놓고 승강장에 서 있다가 한 걸음 더 앞으로 나가 달려오는 고속열차로 뛰어들라는 머릿속 고함 소리에 깜짝 놀라기도 했다. 또 어떤 날은 빨간 신호등인데도 자전거를 멈추지 말고 횡단보도로 달려가라는 고함 소리가 머릿속에서 울렸다.

끔찍한 생각은 너무나 구체적이고 충격적일 정도로 생생해서, 나는 그런 생각이 올 때만큼이나 빠른 속도로 사라지고 나면 안도의 한숨을 쉬었다. 남는 것은 수치심과 죄책감이었다. 몹시 괴로웠다.

T, A, F. 이 세 개의 철자가 그런 나를 구원해줄 것이라고는 꿈에도 생각하지 못했다. 심리학과 2학기의 어느 날 아침 우리 교수님이 칠판에 적었다. T A F. 아침형 인간이 아닌 나는 잠이 덜 깨서 멍한 상태였다. "'사고행위융합thought action fusion'은 강박장애 환자에게서 나타나는 현상이다. 사고가 왜곡되는데, 자식을 죽이고 싶다는 생각을 실제 행위와 동일시하는 것이 대표적인 사례이다." 정신이 번쩍 들었다. 교수님들은(특히 그분은) 워낙 무슨 일이든 조금 복잡하게 표현하는 경향이 있다. 나는 서둘러 그 용어의 해독에 착수했다. '자식을 죽인다'는 '동생을 죽인다'와 상당히 근접하다. 나는 지금껏 동생을 죽이지 않았다. 생각으로만 그랬고, 그것 때문에 괴로웠다.

강박장애 환자는 끔찍한 생각 때문에 괴롭다. 그 생각이 실현될지도 모른다고 걱정하기 때문이다. 그들은 생각을 실제 행동과 동일시하거나 끔찍한 사건을 생각하기만 해도 현실이 될 위험이 높아진다고 겁을 낸다. 교수님은 강의를 계속했지만 나는 이미 듣고 있지 않았다. 행복에 벅차 이런 결론을 내렸다. '난 괴물이 아냐!' 이런 깨달음에 너무도 마음이 들떠 허둥지둥 가방을 챙겨 집으로 돌아갔다. 그날 남은 시간 동안 나는 오늘부터 사랑하게 된 그 철자 세 개를 조사했다.

결과는 놀라웠다. 내가 만난 TAF의 첫 번째 사례부터가 이미 내가 썼다고 해도 믿을 만큼 나와 비슷했다. 드라이기가 아니라 "목을 졸라 동생을 죽이고 싶다"고 한 것만 빼면 나머지는 똑같았다. 강박장애 환자들은 자신의 생각이 말도 안 된다는 것을 잘 안다. 문제는 그 생각을 처리하는 방식이다. 심리학에서는 이를 두고 메타인지라고 부른다. 생각에 대한 생각. 다들 어떤 생각을 안 하려고 의식적으로 노력한 적이 있을 것이다. 하지만 그럴수록 생각은 더 활개를 친다. 강박장애 환자의 문제는 바로 거기에 있다. 공격적이고 나쁜 생각을 자주 하면 결국 그것이 행동으로 실현될 것이라고 믿는다. 생각과 행동의 경계가 흐려지는 것이 너무나 무서운 것이다. 자신에게서 그런 심리 장애의 증상을 발견하면 마음이 불안해질 수도 있을 것이다. 하지만 심리학을 공부하며 얻은 중요한 깨달음 하나는 우리 모두의 마음에는 정말로 많은 장애 요인들이 숨어 있다는 사실이다. '정상'의 흰색과 '장애'의 검정색 사이에 얼마나 넓은 회색 지대가 있는지, 다시 한 번 기억해보라.

나는 강박장애 환자가 아니다. 그런데도 강박장애 환자처럼 자주 강박적으로 끔찍한 생각을 한다. 물론 나의 경우는 생각이 금방 사라진다. 저절로. 그런 생각이 들면 충격을 받고 마음이 안 좋기는 하지만 큰 해를 입지는 않는다. 실제로 강박장애에 시달리는 사람도 자기 동생을 죽이고 싶다는 생각을 할 수 있다. 하지만 나에 비해 그 정도가 훨씬 심할 것이다. 장애라고 부를 때는 실질적인 피해가 있어야 한다. 환자라면 그런 생각 때문에 큰 고통을 당할 것이다. 심리치료는 환자에게 겁내는 상황에 익숙해지는 방법을 가르친다. 계속해서 그런 상황을 맞닥뜨리게 한다. 공포와 구역질, 불안을 의도적으로 불러낸다. 환자는 치료사와 함께 자신의 생각에 대처할 전략을 만들어간다. 생각에 대한 생각을 장악해야 하는 것이다.

나의 경우는 사고행위융합의 현상을 아는 것으로 충분했다. 알고 나니 푹 안심이 되었다. 지금도 승강장에 서서 다가오는 기차를 보며 '저 선로로 뛰어들면 어떻게 될까' 생각하곤 한다. 그렇지만 그 세 글자를 떠올리며 금방 안도하고, 생각은 행동과 다르다고 중얼거리며 마음을 다독인다.

15

백만장자가 되는 길

최단 시간 안에 최대의 지식을 집어넣는 법

퀴즈 쇼 스튜디오의 의자에선 기회가 딱 한 번뿐이란 걸 나는 처음부터 알았다. 「누가 백만장자가 될 것인가?」의 규칙은 명백했다. 한 번 중앙으로 나가서 의자에 앉은 사람은 두 번 다시 그곳으로 갈 수 없다. 상금을 얼마나 땄건 상관없다. (전화와 화상을 이용한) 수많은 캐스팅 라운드를 거치고 마침내 출연이 결정되자, 야망에 불탄 나는 그 단 한 번의 기회에서 최선의 결과를 끌어내기 위해 출연 석 달 전부터 훈련 프로그램에 착수했다. 목표는 최대한 많은 지식을 머리에 집어넣는 것이었다. 나는 일단 마음을 먹으면 끝까지 최선을 다하는 사람이다. 따라서 1주일에 7일, 하루 열 시간씩 훈련에 임했다.

방송 후 자주 만났던 1대 우승자 에크하르트 프라이제Eckhard Freise 교수는 물론이고 진행자 귄터 야우흐 씨 역시 훈련이 무의미하다는 입장이었다. 질문의 범위가 너무 넓어서 사실상 준비를 할 수가 없다고 말이다. 내 생각은 다르다. 독일에는 방대한 지식으로 무장한 열정적인 퀴즈 전문가들이 실력을 겨루는 수많은 대회와 행사가 있고, 심지어 리그도 있다. 물론 남들보다 학습 속도가 빠른 사람들이 있다. 한 번만 읽어도 나중에 다 기억하는 사람들도 많다. 아마 그런 사람들이 퀴즈 대회를 이끌어갈 것이다. 하지만 제아무리 세계 최고의 대회에 참가할 만한 실력자라 해도 공부를 하고, 또 그래야 실력이 늘 수 있다.

심리학을 공부한 사람으로서 나는 공부만 제대로 잘 하면 거의 모든 것을 외울 수 있다는 사실을 잘 안다. 그래서 방송에 나온 문제들을 분석하는 것으로 공부의 첫걸음을 떼었다. 수천 개의 문제를 풀어보면서 패턴을 찾았다. 확실히 반복적으로 등장하는 주제가 있었다. 예컨대 제2차 세계대전, 조류독감, 돼지콜레라, 후쿠시마 방사능 유출 같은 부정적인 주제는 다니엘라 카첸베르거*, 포뮬러원**, '대부분의 사람들은 눈을 감으면 신선한 파르메산 치즈의 냄새를 토사물 냄새와 헷갈린다는 사실' 등에 비해 훨씬 적게 출제되었다. 충분히 그럴 이유가 있었다. 시청자들은 즐기려고 TV를 본다. 재미난 사

* Daniela Kazenberger, 독일의 모델이자 배우, 가수
** 자동차 경주 대회인 'FIA 포뮬러원 월드 챔피언십', 약어로 F1

실, 이상한 현상, 수다와 잡담이 슬픔과 고통보다 훨씬 즐겁다.

그럼에도 방송에 나올 수 있는 모든 문제를 외우기란 사실상 불가능했다. 그리고 질문의 정답을 어디선가 들었느냐 아니냐는 순전히 운에 달렸을 것이다.

운은 확률에 다름 아니다. 로또 숫자를 떠올려보자. 로또를 처음으로 한 장 사서 당첨될 확률은 1550만 분의 1이다. 한 장 이상을 사면 당연히 확률도 높아진다. 퀴즈 프로그램도 그렇다. 다만 공부를 많이 해서 문제를 '적중할' 확률이, 수없이 여러 장을 사서 로또의 여섯 자리를 다 맞힐 확률보다는 훨씬 높다.

안타깝게도 나는 세계 최고의 퀴즈 전문가가 아니다. 하지만 심리학을 배운 만큼 두뇌의 작동 원리를 잘 알았고, 따라서 최단 시간 안에 최대의 지식을 집어넣으려면 어디에 접속해야 하는지도 잘 알았다. 이 훈련의 지상 목표는 찾아낸 정보를 재빨리 저장했다가 나중에 귄터 야우흐의 프로그램에서 모조리 다 불러내는 것이었다. 그에 필요한 기억력 훈련에 들어가기 전, 잠시 기억이란 것이 무엇인지를 살펴볼 필요가 있겠다.

사람들은 기억에 대해 이야기할 때 "난 이름을 잘 외워", "우리 아들은 기억력이 엄청나게 좋아"라는 식으로 말한다. 이는 마치 "내 심장은 건강해", "내 간은 튼튼해"라고 하는 것과 같다. 그러니까 대부분의 사람들은 기억을 몸에 담고 다니는 장기처럼 생각한다. 하지만 기억은 장기가 아니다. 무게를 달 수도 없고 엑스레이를 찍을 수도 없으며, 두개골을 잘라 안을 들여다본다고 해도 찾을 수 없다. 기억은 과정이기 때문이다. 머릿속에 든 물건이 아니라 (대충 나누자면) 감각인상을 담당하는 감각 기억, 순간을 담당하는 단기 기억, 그 외의 것들을 전부 담당하는 장기 기억으로 분류할 수 있는 여러 시스템의 협력이다.

사람들은 기억력을 높여줄 마법 같은 기술을 바란다. 하지만 그런 기술 따윈 없다. 작가이자 심리학 교수인 케네스 힉비Kenneth Higbee는 망치를 이용해 정확한 비유를 들었다. 당신이 직업학교 선생님이라고 상상해보자. 지금 당신은 목수가 될 학생들을 가르치는 중이다. 당신이 멋진 망치를 아이들에게 보여준다. 모두가 감탄하며 "오오오오" 하고 탄성을 지른다. 이 망치로 못 할 것이 무엇이란 말인가? 그때 마지막 줄에 앉아 있던 건방진 녀석 하나가 이렇게 묻는다. "그걸로 판자를 어떻게 썰려고 그러세요?" 기억력 향상 기술은 바로 이 망치와 같다. 특별한 잔꾀만 있다고 되는 것이 아니다. 아무리 잔꾀를 부려도 공부를 안 할 수는 없다. 다시 까먹었을까 봐 말하지만 기억은 과정이고 과정은 노동이다.

그럼에도 다양한 기술이 있으면 이 노동을 한결 수월하고 효율적으로 만들 수 있다. 심리학에서는 이 잔꾀를 '기억기술mnemotechnics'이라고 부른다.

'mnemo'는 그리스어 '기억하다'에서 왔고, 정확히 그 뜻이다. 어떤 것을 더 잘, 더 확실히 기억하도록 도와주는 기술은 어디서나 활용이 가능하다. 「누가 백만장자가 될 것인가?」의 정답을 찾을 때만 유용한 것이 아니라는 소리다.

모든 기억기술의 이론적 기초는 새로운 정보의 코드화, 그러니까 이미 장기 기억에 저장된 정보들과의 결합이다. 말만 들으면 뭔가 대단한 것 같지만 사실 기억기술은 힌트에 다름 아니다. 정말로 다양한 종류의 똑똑한 힌트인 셈이다.

많이 알려진 기억기술 중 하나로 장소법method of loci을 꼽을 수 있겠다. 그 효과가 무한하기 때문에 대부분의 기억력 기술자들이 이 방법을 사용할뿐더러, 고대 그리스인들도 긴 연설 내용을 까먹거나 헷갈릴까 봐 이 방법을 활용했다고 한다. 원리는 결합이다. 'loci'는 라틴어로 'locus'의 복수 형태이고 '장소'라는 뜻이다. 그러니까 기억하고픈 내용을 장소와 결합하는 것이다. 우리 집에선 침실에서 욕실까지 가려면 서재를 지나고 좁은 복도를 지나서 다시 부엌을 거쳐야 한다. 이 모든 장소를 나는 언제라도 쉽게, 매우 구체적으로 눈앞에 불러낼 수 있다. 한마디로 쉽게 기억할 수 있다는 말이다. 장소법은 그 원리를 이용하여 기억하기 힘든 정보를 쉽게 기억할 수 있는 장소와 결합한다.

예를 들어보자. 어느 날 나는 남미 국가들을 순서대로 외우고 싶었다. 「누가 백만장자가 될 것인가?」에는 거의 매회 지리 문제가 나온다. 기출 문제를 분석하다가 그 사실을 깨닫고는 세계 지리에 대해 최대한 많이 외워야겠다고 다짐했다. 걸프만과 카리브해 주변 국가들은 이미 장소법을 이용해 순서대로 외웠다. 그 나라들을 집 안의 특정 장소와 결합했던 것이다. 이번에는 남미 차례였다. 출발은 침실이다. 침실 벽엔 큰 원이 그려진 그림이 걸려 있다. 위에서 보면 솜브레로 같아 보인다. 솜브레로는 어느 나라 사람들이 쓰는 모자일까? 맞다. 멕시코다. 첫 번째 국가는 통과. 우리 집 서재는 정말로 '구앗'이다. 낡은 책상에 앉으면 큰 창이 있어 바깥이 잘 보인다. 독일 바이에른 사람들은 '굿'을 '구앗'으로 발음한다. '구앗'은 과테말라의 첫 글자 '과'와 발음이 비슷하다. 두 번째 국가도 통과. 책상에 앉아 있으면 바깥에서 지나가는 오토바이 소리가 자주 들린다. 오토바이 하면 혼다! 다음 국가는 온두라스Honduras이다. 그렇게 나의 집 안 여행은 니카라과로 향하고(이유는 모르겠지만 이 나라 이름은 장소가 없어도 잘 외워진다) 부엌에 오면 우리는 항상 코타판나를 안 먹고 판나코타•를 먹는다(코스타리카와 파나마). 마침내 종착역인 욕실에 도착하면 욕조 가장자리에 놓인 작은 오리 인형을 보면서 용감하게 먼 바다로 나갔던 크리스토퍼 콜럼버스를 떠올린다. 콜럼버스는 콜롬비아와 한 짝이 된다. 이렇게 외운 덕분에 지금도 나는 남미 국가들을 순서대로 기억하는 데 별문제를 겪지 않는다. 머릿속으로 우리 집을 한 바퀴 빙 돌면 된다. 이건 정말 식은 죽 먹기다.

「누가 백만장자가 될 것인가?」엔 지리 말고도 '고전' 지식을 묻는 문제가 많이 출제된다. 이 분야 역시 지리와 마찬가지로 수없이 많은 문제를 만들 수가 있다. 예를 하나 들겠다. 나는 여드름이 나면 꼭 손을 대서 짜고야 마는 인간이다. 그래서 "ubi pus, ibi evacua"

• 생크림과 설탕을 뭉근히 끓이다가 바닐라로 향을 낸 후 마지막에 젤라틴을 넣어 차갑게 굳힌 이탈리아식 스위트 푸딩

라는 격언을 외울 때는 특히 신이 났다. 여드름을 짠다고 옆에서 “짜지 마. 건드리면 더 성내”라는 지청구를 들을 때마다 “고름은 짜라”라는 뜻인 이 멋진 라틴어로 반박할 수 있을 테니까 말이다. 그러나 학교에서 라틴어를 배우지 않아서 그랬을 테지만 이 간단한 문장을 외우기가 무척 힘이 들었다. 그래서 이때는 기억기술의 하나인 ‘링크워드’법을 활용했다. 외워야 하는 외국어를 음이 비슷하고 매우 친숙한 단어로 대체하는 것이다. 그래서 첫 단어 ‘우비ubi’는 「스타워즈」에 등장하는 유명한 제다이 기사 오비완으로 바꾸었다. ‘푸스pus’는 ‘푸스텐pusten’•으로, ‘이비ibi’는 ‘이리스’로, ‘에바쿠아evacua’는 ‘에바퀼’로 바꾸었다. 그러자 매우 난해한 문장이 탄생했다. “오비완이 이리스와 에바퀼을 훅 분다.” 이 말도 안 되는 문장을 잊어보려고 노력해보라. 아마 거의 불가능할 것이고, 이것을 이용해 라틴어 격언을 떠올리면 금방 생각이 날 것이다.

이런 식의 기억기술은 매우 많다. 그중 일상에서 사용하기 좋은 기술로는 ‘숫자 형태 시스템’을 꼽을 수 있겠다. 숫자 2548을 외워야 하는 경우 그 숫자를 형태로 만든다. 2는 물에 떠 있는 백조가, 5는 손가락이 다섯 개인 손이, 4는 네잎클로버가, 8은 모래시계가 된다. 우리 뇌는 이런 상징을 추상적인 숫자보다 훨씬 구체적이라고 생각한다. 따라서 훨씬 수월하게 기억한다. 내 경우는 외우고 싶은 것을 그림으로 그려보며 많은 도움을 받았다. 철자건 지도건 그림을 그리

• ‘훅 불다’라는 뜻의 독일어

거나 글로 쓰거나 말로 해보면 뇌에서 훨씬 결합이 잘 되기 때문에 나중에 불러내기도 쉽다.

기억력의 달인들은 책도 통째로 외울 수 있고 원주율을 소수점 이하 10만 자리까지도 외울 수 있다. 물론 그런 달인들은 극소수에 불과하고 나 역시 그런 사람이 아니다. 그래도 기술만 제대로 활용한다면 우리 모두가 기억력을 크게 향상시킬 수 있다. 관련이 없는 추상적 정보를 우리 뇌가 구불구불하고 울퉁불퉁한 회색 세포의 틈바구니에서 쉽게 찾아낼 수 있도록 잘 저장해야 한다. 최고의 방법은 결합이다. 기존의 것, 잘 기억할 수 있는 것을 새로운 것과 결합하는 것이다. 이때 활용할 수 있는 창의력은 무한하다. 아니, 오히려 기발하고 황당할수록 더 좋다.

운 좋게도 나는 공부한 보람이 있었다. 실제로 야우흐 씨는 제이크 질렌할Jake Gyllenhaal과 조시 브롤린Josh Brolin이 주연을 맡은 모험영화에 대해 질문을 던졌다. 나의 학습 계획서에는 지난 몇 달 동안의 무비 차트도 적혀 있었다. 그래서 나는 「에베레스트」라는 제목을 기억해냈고, 100만 유로를 향해 한 걸음 더 나아갈 수 있었다.

물론 방송 출연은 매우 특별한 상황이다. 거기선 말 그대로 기억을 잘하면 보상이 돌아온다. 그런데 내 나이 또래는 '아무것도 모르지만 어디에 뭐가 있는지는 아는' 세대이다. 스마트폰이 생일을 기억하고 구글 맵이 어디서 커브를 틀어야 하는지 알며, 나머지는 위키피디아에 다 적혀 있다. 매우 실용적이지만, 그것만 믿고 뇌에게 새로운 정보를 공급하지 않다 보면 언젠가는 낭패 볼 일이 생길 것이다. 그게 아니라도 공부는 뇌에 유익하다. 고령의 나이까지도 우리 몸에서 가장 중요한 기관인 뇌에게 활력을 선사하고 몸 전체 시스템을 건강하게 유지시킨다. 그것만으로도 공부할 이유는 충분하다. 또 제다이 기사 오비완을 여드름으로 만들면서 곁들여 무언가도 외울 수 있다면, 그것 역시 좋지 않겠는가.

16

주변 환경에 휘둘리지 않는 법

닻 내리기 효과를 역이용하라

살다 보면 절대로 잊히지 않는 일들이 있다. 굳이 기억기술을 쓰지 않더라도 말이다. 내겐 100만 유로 문제가 그렇다. 귄터 야우흐가 마지막 문제를 던지기 직전, 나는 그에게 네 개의 보기를 화면에 띄우지 말라고 부탁했다. 이유는 곧 설명하겠다. 그는 흔쾌히 내 청을 들어주겠다고 말하고 문제를 읽었다. "에르노 루빅Erno Rubik이 만든 큐브의 스톤은 총 몇 개일까요?"

그 순간, 어린 시절 동생에게 짓궂게 굴기를 잘했다는 생각이 처음으로 들었다. 우리 집 장난감 상자에는 수많은 레고와 더불어 큐브가 들어 있었다. 1980년대에 그 큐브를 갖고 놀았던 어린이들이 대부분 그랬듯, 나와 동생도 큐브의 한 면 이상, 기껏해야 한 면 반

이상을 맞춰본 적이 없었다. 다 알다시피 큐브는 면이 여섯 개이기 때문에 우리는 늘 우리의 실력에 실망했다. 그러던 어느 날, 잠시나마 명예를 회복할 수 있는 기가 막힌 아이디어가 떠올랐다. 나는 방 구석에 숨어서 스톤에 붙은 색깔 스티커를 모조리 떼어낸 다음 그것을 색깔별로 각 면에다 붙이려고 했다. 하지만 스티커를 떼어내 다시 붙여봤다면 다 알 것이다. 그것은 불가능에 가까운 일이다. 당연히 동생은 나의 사기 행각을 금방 알아차렸다. 그렇게 거짓은 들통이 나고 큐브는 다시 구석에 처박혔다. 그런데 그 교묘한 사기 행각이 20여 년 후에 100만 유로를 따게 해줄 줄 어찌 알았겠는가.

권터 야우흐는 큐브의 스톤이 전부 몇 개인지를 물었다. 나는 계산을 하기 시작했다. 내 기억 속 큐브는 길이, 높이, 폭이 각각 네 개의 스톤이고 속은 비었다. 나중에 깨달은 것이지만, 내 기억은 틀렸다. 큐브는 한 변이 세 개의 스톤이기 때문에 스톤의 숫자가 내 기억보다 훨씬 적었다. 하지만 내 계산이 끝나기 전, 권터 야우흐가 보기를 읽어주겠노라고 말했다. ① 22, ② 24, ③ 26, ④ 28. 전혀 다른 숫자의 들판을 헤매고 있던 나로서는 그의 경로 수정이 죽은 할아버지가 돌아온 것보다 더 반가웠다. 그럼에도 일단 보기를 듣지 않고 혼자서 문제를 풀어본 것이 다행이라고 생각했다. 심리학을 공부한 사람으로서 나는 '닻 내리기 효과anchoring effect'의 유혹을 너무나 잘 알기 때문이다.

다들 경험해봤을 것이다. 의식적이건 무의식적이건 당신도 그 효과의 피해자였거나 그 효과를 자신에게 유리하게 이용했을 것이다.

미국의 유명한 행동경제학자 댄 애리얼리Dan Ariely가 입증했듯 그것은 정말로 강렬한 현상이다. 댄 애리얼리는 대학생들에게 와인 경매를 시켜보았다. 그런데 그 전에 그들에게 사회보장번호의 마지막 숫자 두 자리를 종이에 적게 했다. 이어 그 숫자를 와인 가격으로 책정할 것인지 물었다. 그리고 같은 쪽지에 실제 책정한 가격을 적으라고 했다. 결과는 놀라웠다. 사회보장번호가 작은 숫자인 학생들이 10달러 이하의 금액을 적어낸 경우가, 사회보장번호가 큰 학생보다 세 배 더 많았다. 완전히 우연의 산물인 사회보장번호 숫자는 와인의 진짜 가치와 아무런 상관이 없다. 그런데도 사회보장번호의 숫자가 학생들의 가격 책정에 막대한 영향을 미친 것이다.

이런 행동은 닻 내리기 효과로 설명이 가능하다. 우리가 의식적으로 내리는 결정은 사실 무의식적으로 주변 정보의 영향을 많이 받는다. 대학생들이 와인을 사회보장번호 끝자리 숫자의 가격으로 팔 것인지 고민하는 순간, 이 수치는 닻처럼 그들의 머릿속 운하의 진흙에 꽉 박혀서 와인에 대해 아무것도 모르는 대학생들의 가격 책정에 막대한 영향을 미쳤다. 로제 와인•이 레드 와인과 화이트 와인을 섞어서 만든 거라고 착각했던 나 같은 수준의 소비자라면, 와인의 품질이 병에 적힌 설명이나 맛에 따라 정해진다고 믿지 않을 것이다. 그래서 나는 와인을 살 때 판매대의 높이로 결정을 내린다. 아래에

• 포도 껍질과 과육을 같이 넣고 발효시키다가 색이 우러나오면 껍질을 제거한 채 과즙을 가지고 제조하는 와인으로, 색이 분홍빛이며 맛은 화이트 와인에 가깝다.

자리할수록 품질이 떨어지므로 아래쪽 판매대에 놓인 것은 가격도 저렴할 것이다. 논리적이지 않은가? 그러니까 나에겐 판매대의 높낮이가 와인 구입의 닻인 셈이다. 그런데 머리 좋은 마트 매니저가 제일 아래쪽 칸의 싸구려 와인을 1~2주 동안 제일 좋은 위치, 즉 눈높이로 옮겨놓는다면 어떻게 될까? 나의 닻은 완전히 혼란에 빠질 것이고 나는 술에 엄청난 돈을 지불하게 될 것이다. 불안이 클수록 우리는 더 매달릴 수 있는 닻을 찾게 된다.

닻은 거친 바다에서 순식간에 선원들을 현혹하는 사이렌이 된다. 댄 애리얼리는 매사추세츠공과대학교MIT의 학생들을 대상으로 이 사실을 입증했다. 그는 이 대학 학생들 100명에게 「이코노미스트」지의 실제 정기구독 광고를 보여주었다. 세 가지 옵션이 있었다. 온라인 잡지만 구독하는 경우 구독료가 1년에 채 60달러가 안 되었다. 인쇄된 잡지를 구독하는 경우는 125달러였고, 둘을 묶은(인쇄 잡지와 온라인 잡지를 모두 볼 수 있는) 결합 상품 역시 125달러였다. 당연히 똑똑한 MIT 학생들이 온라인은 안 되고 인쇄된 잡지만 보는 두 번째 경우를 선택했을 리가 없다. 왜 그럴까? 같은 가격에 더 많은 서비스를 제공받을 수 있으니까. 전체 학생 중 84%가 결합 상품을 골랐고 나머지는 온라인 상품을 골랐다. 아무도 인쇄 잡지만 보는 옵션은 선택하지 않았다. 아무 의미도 없는 것 같은 그런 옵션을 대체 누가 원하겠는가? 「이코노미스트」 편집부장이라면 또 모를까.

두 번째 실험에서는 댄 애리얼리가 같은 광고를 살짝 바꾸었다. 아무 의미도 없어 보이는 옵션, 즉 125달러에 인쇄 잡지만 구독하는 옵션을 없애버린 것이다. 그러자 정말로 이상한 일이 일어났다. 학생들의 생각이 완전히 달라진 것이다. 비싼 결합 상품을 택하겠다는 비율이 3분의 1도 되지 않았다. 대다수가 훨씬 싼 온라인 구독 상품을 택했다. 125달러가 괜찮은 서비스라는 인상은 인쇄 잡지라는 매력 없는 서비스가 곁에 나란히 있을 때에만 효과를 발휘했다.

당신의 행동을 가만히 살펴보라. 앞으로는 마트에서 와인을 사거나 신문 정기구독을 신청할 때 아무 상관 없는 닻에 마음이 흔들리지 않도록 조심하라. 상품의 실제 가치를 알려주는 정보를 노력해 찾아보자. 평면 TV의 덤핑 가격을 적은 큰 광고판이 반드시 실제로 저렴하다는 의미는 아니다. 광고판은 '저렴하다'고 생각하게 만드는 닻이다. 중요한 결정을 내릴 때는 특히 자신의 결정을 외부 정보와 분리하려 노력해야 한다. 주변 정보는 중요하지 않다. 비슷한 제품들과 비교해야 한다. 최대한 감정에 휘둘리지 말아야 한다.

이런 노력들을 한 번이라도 해보면 닻 내리기 효과에서 벗어나기가 말처럼 쉽지 않다는 것도 절감할 것이다. 그렇다고 절망할 이유는 없다. 거꾸로 그 효과를 이용하면 된다. 다음에 자동차를 팔 일이 있거든 협상을 시작하기 전에 상대에게 당신이 새로 장만한 신형 차의 가격을 알려줘라. 그 가격이 상대의 마음에 닻을 내리면 상대는 훨씬 높은 가격에도 응할 것이다. 물론 당신의 새 차가 팔려고 하는 차보다 훨씬 비싸야 한다. 그리고 모든 사람에게 이 방법이 통하는 것은 아니다. 닻은 연봉 협상 때도 도움이 된다. 먼저 당신이 원하는 연봉을 제시하라. 상당히 높게. 아주 높아도 좋다. 그것으로 협상이 진행될 범위가 정해진다. 물론 대부분은 당신이 제시한 액수대로 통과되지 못할 것이다. 그래도 상관없다. 결국 합의를 본다면 당신이 던진 높은 닻이 최선의 결과를 낳을 것이다.

닻 내리기 효과는 저주이자 축복이 될 수 있다. 내가 귄터 야우흐에게 보기 없이 문제를 달라고 부탁했던 이유는 틀린 닻 세 개, 즉 나를 500유로로 되돌려보냈을 보기 세 개의 영향을 받지 않으려는 의도에서였다. 덕분에 나는 선입견 없이 머릿속에서 큐브를 해체할 수 있었다. 하지만 그가 때맞추어 네 개의 보기를 닻으로 던져주지 않았더라면 나는 깨닫지 못했을 것이다. 큐브 각 변의 스톤이 네 개가 아니라 세 개이므로 '③ 26'이 100만 유로의 문을 여는 열쇠라는 사실을 말이다.

17

친구가 빌려 간 돈을 갚지 않을 때

기본적 귀인오류를 잊지 말지어다

100만 유로 문제를 맞히고 스튜디오를 걸어 나왔을 때 나는 정신이 몽롱했다. 그래서 우승 상금 이체에 필요한 계좌 정보를 곧바로 적을 수가 없었다. 어떤 인간이 IBAN(국제 은행 계좌 번호)이라는 것을 만들어냈는지 모르겠지만 그런 상태에서 스무 개가 넘는 숫자와 철자를 적어야 했을 때는 정말이지 욕이 절로 나왔다.

"돈은 방송이 나가고 빨라도 3주 후에나 입금될 겁니다." 담당자가 말했다. 3주라니…… 영원처럼 까마득해 보였다. 돈도 없으면서 갑자기 백만장자가 된 이 현실을 어떻게 납득한단 말인가?

방송이 나가고 며칠 동안은 약간 멍했다. 마약을 하고 나면 분명 이와 비슷한 기분일 것이다. 얼마나 좋았는지 몽롱하게나마 기억은 나지만 그 행복했던 도취는 사라지고 없다. 진정제를 맞은 것 같은 멍한 기분 말고는. 하지만 그 기분은 방송이 나가고 5일째 되던 날 아침 온라인으로 은행 계좌를 열어본 순간 돌변했다. 핸드폰 소액결제가 정확히 빠져나갔는지 확인하고 다시 해먹에 누웠다. 그 순간 눈앞에서 0이 엄청나게 많이 붙은 1이 아른거렸다. 엉? 벌써? 그랬다. 예정보다 훨씬 빨랐지만 분명했다. IV. 2015년 12월 7일. RTL 주식회사. 독일. 1,000,000유로. 이제는 누가 뭐래도 확실했다. 나는 백만장자였다. 머리에 자욱하던 안개가 싹 걷혔고 나는 당장 어머니에게 전화를 걸었다. "그 돈 지금 어디 있는데?" 내 말을 들은 어머니의 입에서 그 질문부터 튀어나왔다. "내 계좌에 있지." 나는 이런 대답으로 어머니의 엄청난 걱정을 유발했다. "세상에, 안전할까?" "모르지, 안전하지 않겠어?" "나도 모르겠다. 조심해."

어머니의 충고가 그럴듯해 보였다. 네 자리 비밀번호만 있으면 100만 유로의 문을 열 수 있는 플라스틱 카드를 들고 다니자니 기분이 이상했다. 나는 걱정이 되어서 지갑을 집에 두고 다니기 시작했다. 살짝 과도한 안전 조치의 결과, 새내기 백만장자인 내가 돈을 빌려달라는 부탁에 시달린 것이 아니라 반대로 내가 친구들에게 10유로, 20유로씩 찔끔찔끔 빌릴 수밖에 없었다.

돈을 빌려주는 일은 민감한 문제이다. 100만 유로보다 적건 많건 간에. 당신도 나처럼 친구나 지인에게 돈을 빌려준 적이 있을 것이다. 내일 꼭 갚겠다는 약속과 달리 그는 빌린 돈을 다음 날 돌려주지 않는다. 2주나 지나고 나서, 그것도 당신이 재촉하니 겨우 갚는다.

당신은 살짝 짜증이 날 것이고 그를 약속을 안 지키는 믿을 수 없는 사람이라고 생각할 것이다. 이 기분을 안다면 거꾸로 당신이 돈을 빌릴 수밖에 없었던 상황도 기억할 것이다. 당연히 당신은 다음 날 바로 그 돈을 갚으려 했다. 약속을 했으니까. 하지만 다음 날 아침 눈을 뜨니 비가 억수같이 퍼부었고 당신은 집 밖으로 나가고 싶지 않았다. 겨우 20유로인데 뭘. 그런데 그다음 날엔 현금지급기가 고장 나서 돈을 뽑지 못한다. 돈 빌려준 사람이 살짝 짜증은 나겠지만 하루 더 미룬다고 무슨 큰일이야 생기겠어? 그렇게 하루 또 하루가 흐르고 결국 당신은 한 주가 지나고 나서야 그 지인을 다시 만난다. 당신은 자신을 어떤 사람이라고 생각할까? 약속을 안 지키는 못 믿을 인간? 절대 아니다. 그럴 수밖에 없는 상황이었다.

심리학에서는 이런 현상을 '기본적 귀인오류fundamental attribution error'라고 부른다. 타인의 행동을 그의 인성으로 설명하는 오류이다. 외부의 영향은 전혀 고려하지 않거나 너무 적게 고려한다. 하지만 타인이 아니라 자신이 대상이 될 경우엔 정반대로 생각한다. 모든 것이 상황 탓이다. 이 오류는 기본적이다. 거의 모든 인간관계에서 발견되기 때문이다.

당신이 버스를 타고 가는 중이다. 어떤 사람이 다른 승객과 부딪친다. 당신은 혀를 차며 고개를 흔들 것이다. 저렇게 무례해서야 원. 저 사람 부모는 어쩌자고 자식을 저따위로 키웠을까. 하지만 당신이 놓친 사실이 있다. 버스가 커브를 도느라 그 사람이 중심을 잃고 다른 승객에게로 몸을 기울였다는 사실이다. 한편 다음 정류장에서는 당신이 서둘러 내리느라 누군가와 부딪칠 수도 있다. 그럼 다른 사람들이 그 광경을 보고 머리를 흔들 것이다. 하지만 당신은 아무 죄책감도 느끼지 못하고('버스가 정차할 때는 흔들리게 되어 있지'), 다른 사람들의 심정도 알아채지 못한 채 기분 좋게 버스에서 내린다.

심리학자 리 로스Lee Ross의 연구 결과는 기본적 귀인오류의 유명한 사례로 꼽힌다. 그는 실험 참가자들에게 무작위로 세 가지 역할 중 하나를 맡겼다. 퀴즈 프로그램의 진행자, 출연자, 방청객. 「누가 백만장자가 될 것인가?」와 달리 이 실험에선 퀴즈 진행자에게 문제 선택의 재량권을 주었다. 문제를 아니까 정답도 안다. 이제 진행자는 자신이 고른 문제를 출연자에게 풀게 한다. 참가자들에게도 진행자가 이 문제들을 직접 선별했다고 말해준다. 문제 출제가 끝난 후 실험 참가자들에게 진행자와 출연자 중 누가 더 지식이 풍부한지 물어보았다. 진행자가 출연자에 비해 훨씬 유리하다는 사실을 다 알고 있음에도 진행자가 훨씬 똑똑하다는 대답이 많았다. 진행자의 지식이 풍부한 이유가 문제를 선별할 수 있는 상황보다는 그의 지성 덕분이라고 생각하는 것 같았다.

기본적 귀인오류는 타인의 견해를 평가할 때도 작용한다. 사회심리학자 에드워드 존스Edward Jones와 빅터 해리스Victor Harris는 냉전 와중이던 1960년대 말, 미국 대학생들에게 피델 카스트로가 (미국의 정치 화약고인) 쿠바에 미친 긍정적 영향력을 주제로 쓴 에세이를 읽게 했다. 참가자 절반에게는 에세이의 저자가 에세이 주제를 스스로 골랐다고 말했다. 나머지 절반에게는 저자가 남의 지시를 받고 쓴 글이라고 말했다. 이어 모든 참가자에게 에세이 저자가 피델 카스트로에 대해 진짜로 어떻게 생각할지 물었다. 저자가 자발적으로 카스트로에 대한 긍정적인 글을 썼다고 들은 참가자들은 그 에세이가 저자의 관점을 반영한다고 추정했다. 그런데 남의 지시에 따라 집필했다고 들은 대부분의 참가자들도 같은 대답을 했다. 그러니까 누가 봐도 상황이 에세이의 주제를 결정했음에도 참가자들은 그 책임을 저자에게 물었던 것이다.

다른 사람에게서 관찰한 것은 그들의 인성으로 설명한다. 그것을 내부적으로 귀인시킨다. 자신의 경우 정확히 그 반대이다. 내가 돈을 정확한 날짜에 돌려주지 않은 것은 외부 상황(비, 고장 난 현금지급기) 탓이지, 내가 믿을 수 없는 인간이거나 정신이 오락가락해서가 아니다. 그러니 경계하라. 타인은 우리 자신처럼 우리에게 관대하지 않다. 나의 핑계를 이해해줄 것이라 기대하지 말고 기본적 귀인오류를 항상 잊지 마라. 눈에 안 보이는 스티커를 붙인 것처럼 당신의 행동은 당신에게 딱 달라붙어 있다. 타인이 당신을 잘 모를 경우, 안다고 해도 친밀하지 않은 경우엔 특히 그들 눈에 당신의 행동과 인격의 경계는 모호해 보인다. 반대로 다른 사람을 판단할 때는 더 세심해야 한다. 행동과 본질은 말과 생각이 다른 만큼, 표현과 실제 느낌이 다른 만큼 멀찍이 떨어져 있으니까.

18

이런 말을 믿는 사람이 있어?

상관관계와 인과관계를 헷갈리면 일어나는 일

권터 게디가Guenther Gediga는 독일에서 유명한 통계학자 중 한 사람이다. 나는 뮌스터대학교에서 그의 통계학 입문 강의를 들었다. 권터 게디가의 수업에서 상관관계와 인과관계를 헷갈렸다가는 강의실 밖으로 쫓겨난다. 왜? 그로 인해 증오가 생기고, 광고는 소비자를 현혹하며, 다이어트 자문과 인생 자문 등 온갖 자문들이 불쌍한 어린 양의 주머니에서 돈을 갈취하기 때문이다. 그러니까 둘을 정확히 구분해야 할 이유는 충분하다. 상관관계란 둘 사이의 관계이다. 낮은 온도는 언 호수의 얼음 두께와 관계가 있다. 추울수록 얼음이 두꺼워진다. 물론 이 경우에는 단순한 인과관계도 존재한다. 온도가 낮은 것이 호수가 어는 원인인 것이다.

황새와 아기는 사정이 다르다. 실제로 독일에선 황새의 등장과 출산율이 관계가 있다. 어떤 지역에 황새가 많을수록 아기도 많이 태어난다. 논리적이다. 다 알다시피 황새가 아기를 천에 싸서 미래의 부모에게 데려다주니까. 이제 당신은 무엇이 문제인지 깨달았을 것이다. 두 현상이 관계있다는 건, 한 현상이 다른 현상과 인과적으로 결합되어 있다는 의미가 아니다. 그러니까 한 현상이 다른 현상의 조건이 아닌 것이다. 황새 숫자가 출산율과 관계있는 이유는 시골일수록 황새가 둥지를 많이 틀기 때문이다. 시골 사람들은 도시 사람들보다 아이를 많이 낳는다. 하지만 그것이 황새 때문인지는 확실하지 않다.

원인과 결과의 혼동은 오랜 역사를 자랑한다. 그래서 똑똑한 고대 로마인들은 이미 그런 경우에 대비해 이런 격언을 준비했다. "이랬으니까 그것 때문이다Cum hoc ergo propter hoc." 이 단순한 방정식을 황새와 아기의 경우에 적용해보면 이런 답이 나온다. 황새가 오면 아기도 오니까, 그 때문에 황새가 많은 곳엔 아기도 많다. 아마 국어 시간에 이렇게 발표했으면 빵점을 받았을 것이다. 하지만 황새가 아기를 데려다준다고 진짜로 믿는다면 전체는 내용상 의미가 통한다. A가 있으니까 그 때문에 B가 따라온다. 황새가 더 많으니까 그 때문에 아기도 더 많다.

하지만 상관관계는 A와 B가 함께 등장한다는 의미일 뿐, A가 B의 원인이기도 하다는 뜻은 아니다. 그러거나 말거나 우리 뇌는 개의치 않는다. 우리 뇌가 '단순함'의 골수팬이라는 사실은 앞에서도 언급한 바 있다. 단순할수록 좋다. 그래서 뇌는 이러면 저럴 것이라는 인과관계에 홀딱 빠진다. "황새가 많으면 아기가 많이 태어난다"라는 주장은 너무도 말이 안 되는 소리기 때문에 A) 황새가 B) 아기와 자주 함께 거론되기는 해도 절대 A가 B의 원인은 아니라는 것은 누가 봐도 금방 알 수 있다. 그런데도 이런 종류의 오류를 명확히 깨닫는 경우가 매우 드물다.

독일 통계학자 게르트 보스바흐Gerd Bosbach는 역사학자이자 광고 카피라이터인 옌스 위르겐 코르프Jens Jürgen Korff와 함께 헷갈리기 쉬운 상관관계의 사례를 수없이 수집했다. 이 사례들의 재미난 점은 우리를 헷갈리게 만드는 이유가 사례마다 완전히 다르다는 사실이다. 우리 뇌의 앞마당에 헷갈리지 말라고 경고판이라도 세워두고 싶은 심정이다. 그 이유를 이제 설명하겠다.

몇 년 전 진통제 파라세타몰과 십이지장염의 상관관계가 확인되었다. 몇몇 의학자는 그 사실을 근거로 파라세타몰의 부작용으로 장염에 걸릴 수도 있다는 주장을 내놓았고 공식적으로 위험을 경고하기도 했다. 하지만 그 상관관계를 다르게 설명할 수도 있다는 사실이 다른 학자들의 연구로 밝혀졌다. 십이지장염에 걸린 환자들은 일반인에 비해 파라세타몰을 더 자주 복용한다. 대체 약품인 아스피린이 위염 증상을 악화시키기 때문이다. A) 파라세타몰 복용과 B) 장염은 함께 나타나지만 A는 B의 원인이 아니다. 오히려 그 반대이다. 장염 환자가 파라세타몰을 복용한다. 따라서 상관관계의 경고판 넘버 1에는 이렇게 적어야 할 것이다. 주의! 우리가 원인이라고 생각하는 것이 결과일 수 있다.

더 흥미로운 사례는 화재의 손해액과 현장에 투입된 소방관의 숫자가 관계있다는 주장이다. 이 말을 듣고 소방관들이 몇 주 동안 화재가 나지 않아 따분하던 차에 대형 화재가 터지자 열과 성을 다해 화재 진압에 나선 것이라고 생각할 수도 있겠다. 영화에서처럼 슈퍼 영웅들이 소방 호스를 들고 문과 창문으로 뛰어들고 지붕을 열어젖혀 물과 소화 분말을 뿌려대는 장면을 말이다. 뭐, 그럴 수도 있다. 힘이 넘치는 소방관을 추가 투입하면 그 과도한 열정 탓에 손해 총액이 늘어날 수도 있을 것이다. 그러니 반드시 기업 자문에게 의뢰해 투입 인력의 적정 숫자를 계산하거나 따분한 소방관들에게 뭔가 다른 소일거리를 제공해 화재 현장에서 헐크로 변신하지 않도록 예방해야 한다. 둘 다 말도 안 되는 소리다. A) 소방관 숫자와 B) 화재 손해 총액이 서로 관계가 있는 진짜 이유는 C)를 알아야만 설명이 가능하다.

심리학에서는 A와 B뿐 아니라 소위 제3의 변수, 즉 C를 고려할 때에만 의미를 얻는 관계가 실로 많다. 예를 들면 진행형 슈팅 게임의 소비와 공격적 행동이 서로 관계가 있다고 한다. 이 관계의 원인은 성별일 수도 있다. 여성에 비해 남성이 훨씬 더 컴퓨터 슈팅 게임을 즐기는데, 남성이 여성보다 더 공격적인 성향이 높다. 하지만 달리 생각하면 그 둘의 관계는 가정환경 탓일 수도 있다. 부모의 보살핌을 받지 못하는 청소년이 컴퓨터 게임을 더 많이 하며 동시에 부정적 사회 구조 탓에 더 폭력성을 띤다. 이 모든 것은 슈팅 게임과 폭력의 관계가 결국 다른 요인들이 있어야만 성립된다는 의미일 것이다.

한 번 더 소방관들에게로 돌아가보자. 불이 진짜 크게 나면 작은 화재 현장에 비해 당연히 많은 것이 불에 탄다. 그만큼 손해도 크다. 또 큰불이 나면 당연히 소방서는 많은 소방관을 투입한다. 따라서 이 경우에는 화재 규모가 변수 C가 될 것이다. 상관관계 경고판 넘버 2엔 이런 문장을 적어야 한다. 둘의 상관관계를 첫눈에 알아볼 수 있다 해도 그 관계는 숨은 제3의 변수를 통해서만 이해할 수 있다.

상관관계와 인과관계의 현장에는 또 한 명의 매우 중요한 주연 배우가 있다. 바로 우연이다. 인터넷을 뒤지다 보면 완벽해 보이는 수많은 상관관계를 만나게 된다. 일부는 너무 터무니없어서 우연으로밖에 설명할 수 없는 것도 있다. 심리학 실험을 실시하고 나면 결과가 나오고, 그 결과가 통계적으로 유의미할 수도 있다. 그러나 놀라울 만큼 과학적으로 보이는 것도 알고 보면 그저 일어날 확률이 높다는 의미에 불과하다. 우연의 확률이 적을 때 연구 결과를 유의미하다고 보기로 우리는 합의했다. 하지만 적다는 것이 꼭 0이란 의미는 아니다. 심리학의 고전적 역치는 5%이다. 달리 말하면 백 가지 유의미한 결과 중에 다섯 개는 순수 우연일 수 있다는 뜻이다.

이 말을 우리의 주제인 상관관계에 적용해보면 이런 뜻이 된다. 얼토당토않은 관계들이라도 충분한 양을 수집하기만 하면 몇 가지 유의미한 결과를 낚아챌 기회가 커진다. 예를 들어 1999년부터 지금까지 휠체어에서 떨어져 사망하는 사람의 숫자와 감자 칩의 평균 가격 사이에는 유의미한 상관관계가 있다. 감자 칩을 많이 먹으면 살이 찌고, 살이 찌면 중력 때문에 앞으로 고꾸라질 확률이 높아지는 것 아닐까? 괜스레 지레짐작하지 말고 그냥 내 말을 믿어라. 이 관계는 우연이다. 신문에 자주 오르내리는 그 유명한 미니스커트 경제학도 마찬가지이다. 세계 경기와 치마 길이는 관련성이 입증된다. 경기가 좋으면 치마 길이가 길어진다. 경기가 나쁘면 치마 길이가 짧아진다. 실제로 이런 관계를 입증하는 학문적 증거도 있지만 남성이 주축인 경영 세계가 치마 길이가 짧아지면 깜짝 놀라서 투자하기 시작한다는 추측은 사리에 맞지 않다. 따라서 상관관계 경고판의 마지막 문장은 바로 이것이다. 우연을 경계하라! 구석구석에 우연이 숨어 있다. 섹시하고 흥미롭고 혐오스럽고 이상하고 재미있어서 언론이 승냥이처럼 달려드는 괴상망측한 상관관계일수록 어떻게든 설명은 가능하겠지만 결국은 대부분이 그냥 우연이다.

나는 통계학과 수학의 광팬이다. 심리학자라면 반드시 그래야 한다. 따라서 상관관계에 큰 매력을 느낀다. 그럼에도 상관관계를 볼 때면 무척 경계한다. 난민과 범죄율의 관계를 입증하는 통계학을 여기저기 흩뿌리는 포퓰리스트들을 떠올려보라. 물론 관계가 있을지도 모른다. 하지만 그 말이, 난민이라는 사실이 범죄 행위의 원인이라는 의미는 아니다. 안타깝게도 그 사실은 아무도 언급하지 않는다. 광고도 마찬가지이다. "「슈피겔Der Spiegel」* 독자는 남보다 지식

* 독일의 대표적인 시사 주간지

이 풍부하다"라는 광고 문구를 들을 때면 남보다 더 많이 아는 것이 실제로 「슈피겔」지를 읽었기 때문인지, 그게 아니면 남보다 지식이 풍부한 사람들이 「빌트Bild」지• 말고 「슈피겔」지를 택하는지 질문해 볼 수 있다. '유의미한' 체중 감량을 불러오는 다이어트에 대해서도 비슷한 의문을 던질 수 있겠다.

상관관계와 인과관계의 차이를 염두에 두고, 뇌의 앞마당에 내가 말한 세 개의 경고판을 세워두기를 권한다. 아마 판단의 눈이 조금은 더 밝아질 것이다.

• 독일의 타블로이드 신문

19

공정한 협상은 없다

연봉 협상에서 내 몫 챙기는 법

열일곱 살 고등학생 신분으로 창업을 하여 연배도 훨씬 높고 수완도 좋은 장사꾼들을 상대하다 보면, 냉혹한 협상의 현장을 저 밑바닥에서부터 배우게 된다. 나에겐 두 번째 고객부터가 그런 배움의 시간이었다.

부퍼탈에 피자 가게 '피콜로'를 열 예정인 사장님이 나에게 메뉴판 제작을 주문했다. 개장이 며칠 남지 않았으므로 메뉴판 1만 장을 고속 인쇄로 제작했다. 메뉴판을 담은 상자가 우편으로 도착하자 나는 곧바로 피자 가게 사장님에게 전화를 걸어 소식을 전하려 했다. 피자 가게의 전화번호는 내가 만든 메뉴판 맨 앞에 글자 크기 30으로 크게 적혀 있었다. 전화를 걸었다. "부퍼탈 보험회사의 슈미트입니다. 뭘 도와드릴까요?" "아, 죄송합니다. 잘못 걸었네요." 나는 당황하여 얼버무리고 전화를 끊었다. 다시 번호를 확인하며 눌렀다. "부퍼탈 보험회사의 슈미트입니다. 뭘 도와드릴까요?" "왜 거기가 피자 가게가 아니죠?" "왜 그쪽은 산타클로스가 아니죠?" 슈미트 여사가 순발력 있게 응대하더니 전화를 뚝 끊어버렸다.

충격에 빠진 나는 사장님이 마구 갈겨 쓴 샘플을 찾아보았다. 부퍼탈 지역번호 다음으로 적힌 숫자는 확실했다. 1637…… 정말 확실할까? 혹시 2를 7로 잘못 읽은 게 아닐까? 다시 전화를 걸었다. 이번에는 7 대신 2로. "피자 전문점 피콜로입니다." 사장님이 전화를 받았다. 심장이 쿵 떨어졌다. 전화번호가 틀린 메뉴판을 1만 장이나 인쇄한 것이다. 나는 기어가는 목소리로 고객에게 이 불행한 사태를 털어놓았다. 당장 가게로 달려오라는 지령이 떨어졌다. 거기서 날 기다린 것은 내 청소년 기업가 인생에서 가장 냉혹한 협상이었다.

자신의 이해관계가 주변 사람들의 그것과 일치하지 않는 경우가 많다. TV 채널 같은 사소한 일에서부터 이웃 나라끼리의 전쟁에 이르기까지 그 수위는 실로 다양하다. 이해관계의 갈등을 해소하는 방법은 세 가지가 있다. 첫 번째 선택은 예수가 되는 것이다. 상대에게 모든 것을 다 주고도 작별의 인사로 상대가 오른쪽 뺨을 때리거든 왼쪽 뺨을 내민다. 두 번째 선택은 내가 갖고 싶은 걸 폭력을 써서 뺏는다. 원하는 것을 갖지 못하면 덤벼들거나 항공모함과 탱크를 출동시킨다. 세 번째 선택이 현명한 방법으로, 협상을 한다.

갈등의 수위가 어느 정도이건 협상은 갈등을 끝낼 힘이 있다. 협상은 아주 간단히 말하면 서로의 이해관계가 달라서 합의 도출을 위해 노력하는 최소 두 당사자 간의 소통이다. 그 합의점으로 가는 길은 매우 다양할 수 있고, 로마로 가는 길과 달리 모든 협상의 길이 목표에 도달하는 것은 아니다.

심리학의 관점에서 협상이 매우 흥미로운 이유는 대부분의 사람들이 완전히 거꾸로 하기 때문이다. 독일 사람들은 협상을 하거나 물건 값을 깎거나 거래를 하는 것을 좋아하지 않는다. 유감스럽지만 그렇다. 그러나 협상이 바람직하게 진행되면 순수한 윈-윈 상황보다도 더 많은 것을 얻을 수 있다. 물론 그러자면 제대로 협상해야 하고 협상 성공의 기본 규칙에 유의해야 한다.

첫 번째 기본 규칙이자 가장 중요한 규칙은 바로 이것이다. 협상의 목표를 파이를 공평하게 나누는 것으로 삼아서는 안 된다. 파이의 크기를 최대한 키우는 것이 목표가 되어야 한다. 그 방법을 나는 우리 대학에서 제일 젊으면서도 실력만큼은 최고인 강사 옌스 마차이Jens Mazei의 '협상과 갈등 관리' 수업 시간에 배웠다. 옌스의 수업은 '분배적distributive' 협상과 '통합적interrative' 협상의 구분으로 시작했다.

분배적 협상이란 한 가지 대상을 나누는 것이다. 한쪽 협상 파트너가 더 많이 갖고 싶으면 다른 쪽 파트너는 덜 갖고 만족해야 한다. 따라서 목표는 타협점을 찾아서 각자가 공정한 파이의 몫을 얻는 것이다. 옌스 마차이가 들려준 그런 협상의 대표적인 사례는 자매와 오렌지 이야기이다. 마리와 리자가 부엌에 과일을 가지러 들어온다. 과일 바구니에 사과와 바나나는 많은데 오렌지는 한 개뿐이다. 안타깝게도 둘 다 오렌지가 꼭 먹고 싶어서 다툼을 벌인다. 설왕설래 끝에 마리가 쓸 만한 제안을 한다. 자신이 오렌지를 반으로 가를 테니 리자가 어느 쪽을 먹을지 선택하라는 것이다. 매우 공정한 제안이다. 하지만 자매가 보지 못한 것이 있다. 대부분의 협상에선 대상을 분배하는 것(만)이 관건이 아니라는 사실이다. 순수 분배적 협상 말고도 통합적 협상이라는 것이 있기 때문이다. 오렌지 한 개와 그것을 가장 공정하게 나누는 방법을 둘러싸고 다투는 내내 마리도 리자도 서로의 진짜 의도를 묻지 않았다. 마리는 오렌지로 맛난 에이드를 만들어 먹고 싶다. 리자는 오렌지 케이크를 굽고 싶다. 마리는 즙을 낼 것이기 때문에 껍질을 버릴 것이고 리자는 과육보다 오렌지 껍질이 더 필요하다.

협상의 통합적 잠재력을 깨닫는다는 것은 곧 협상 당사자들의 이해관계를 통합한다는 의미이다. 살펴보면 양쪽 파트너의 욕구를 통합할 수 있는 경우가 적지 않고, 그렇게 되면 각자가 공정한 몫을 가지고 집으로 돌아가는 윈-윈 상황에서 멈추지 않고 윈-윈-윈 결과를 얻을 수 있다. 세 번째 '윈'은 협상의 대상인 파이(혹은 오렌지)가 갑자기 100% 이상으로 커질 때 가능하다. 리자와 마리의 경우 오렌지를 나누면 둘 다 원하는 것의 50%씩만 갖게 된다. 껍질도 반, 과육도 반. 하지만 현명하게 협상을 하여 통합적 잠재력을 찾는다면 마리는 과육 100%를, 리자는 껍질 100%를 가질 것이다. 그것을 합치면 100%의 오렌지만으로도 갑자기 만족이 200%로 커질 것이다.

이 사례를 듣고 나서 나는 좋은 협상이란 서로 대립하지 않고 힘을 합쳐 통합적 잠재력을 찾아 양쪽 모두가 최대한 많은 이익을 올리는 것이라고 생각하게 되었다.

협상 성공의 기본 규칙 두 번째. 네가 나한테 하는 대로 나도 너한테 한다. 전문 용어로 이를 팃포탯Tit for Tat이라고 한다. 협상에서 사용할 수 있는 팃포탯은 간단하면서도 효과가 크다. 이 방법의 목표는 한쪽이 이용당하지 않는 협력이다. 비유하자면 규칙을 약간 변형한 복싱이라고 생각해도 좋겠다. 복싱에선 곧바로 서로를 향해 달려들지만 협상은 양보로 문을 연다.

이런 상황을 상상해보자. 당신은 몇 년 동안 성실하게 일해 큰 성과를 올렸다. 따라서 사장에게 연봉 인상은 물론이고 승진과 해외연수, 혼자 쓰는 사무실을 받아내고 싶다. 어떻게 해야 할까? 협상을 협력의 방향으로 이끌어가고 싶다는 뜻을 전하기 위해 당신은 사무실은 포기하겠다는 제안으로 대화의 물꼬를 튼다. 이때 그 제안이 양보임을 명확히 전달해야 한다. 그런 다음 사장의 행동을 지켜본다. 당신의 협력 의지에 사장이 반응한다면 계속 이 방식대로 협상을 진행하면 된다. 양보한다고 해서 애초의 목표 리스트를 몽땅 다 지워야 할 필요는 없다. 하지만 비용이 많이 드는 해외 연수를 요구하는 대신 호텔 숙박은 포기하고 그 도시에 사는 지인의 집에서 묵을 각오를 해야 한다. 팃포탯의 가장 중요한 지점은 한 걸음씩 나아가는 단계적 진행이다. 복싱처럼 매 라운드가 결정적이다. 그 방법으로 착취를 피해 갈 수 있다. 사장이 당신의 양보에 반응하지 않을 경우에는 당신도 걸음을 멈출 것이기 때문이다.

팃포탯을 활용할 때는 항상 친절하고 양보하는 자세를 잃지 말아야 한다. 그리고 투명하게 행동해야 한다. 팃포탯은 공정하며, 공정하게 받아들여지기 때문이다. 물론 협상 전에 삭제할 수 있는 요구 사항과 그것을 대체할 수 있는 방법을 미리 정해야 한다. 당신이 포기한 요구 사항을 상대는 당신과 다르게 평가할 수도 있다. 예를 들어 사장은 늘 호텔에서만 묵기 때문에 당신이 호텔을 포기한다면 그 점을 높게 평가할 수 있다. 반대로 당신은 호텔을 포기한 덕분에 오랜만에 옛 친구를 만날 수 있어서 좋을 것이다. 사장은 당신의 그런 마음을 알 리 없다. 이렇게 하나씩 차근차근 양보해간다면 어떤 종류의 양보가 당신에게 득이 될지 매우 정확하게 가름할 수 있을 것이다.

협상 성공의 기본 규칙 세 번째. 당신이 가진 BATNA를 파악하라. BATNA는 약어이다. B는 Best, A는 Alternative, T는 To, N은 Negotiated, A는 Agreement이다. 해석하면 '협상을 통한 합의가 불가능할 경우 취할 수 있는 최선의 대안'이다. 그러니까 협상을 하기 전에, 만일 합의에 이르지 못할 경우 대안이 무엇일지 정확히 파악해야 한다는 뜻이다. 놀랍게도 이것이 마지막에 가서 합의를 도출하는데 큰 도움이 된다.

사장과 책상을 사이에 두고 마주 앉아 있다고 상상해보자. 당신은 많은 것을 요구할 테지만 사장이 당신의 모든 요구를 들어줄 가능성은 없다. 바로 이런 상황에서 현실적 대안을 아는 것이 중요하다. 대안은 협상 전에 미리 마련해야 한다. 최악의 경우를 가정해보자. 당신이 팃포탯으로 협상을 시작하려 하는데 사장이 거만하게 웃으면서 이렇게 말한다. "아, 그렇지. 우리 슈미트 씨는 일을 참 잘해. 하지만 다른 데 취직할 데 있어? 마흔이 넘었는데 우리 업계에서 누가 데려가겠어. 그냥 하던 대로 해. 내보내지는 않을 테니까. 연봉 인상이니 해외 연수니 하는 허튼 생각은 접고." 완벽한 거절이다. 이제 어떻게 할까? 미리 준비한 덕에 자신의 BATNA를 안다면 느긋하게 미소 지을 수 있을 것이다. 대안을 제시할 수 있을 테니까 말이다. 이 경우 마침 자리가 비었는데 당신의 노하우를 탐내는 경쟁사가 대안일 수 있다. 아니면 사장이 거절할 경우 사표를 내고 재교육을 받아 새 직장을 구할 결심을 사전에 했을 수도 있다. 그 각오를 사장에게 알리면 될 것이다. 그러고서 사장이 능력 있는 당신을 정말로 내보내고 싶은지 지켜본다. 사전 조사 결과 사표가 대안이 아니라고 판단했다면 그 역시 나쁘지 않다. 사장의 무례한 거절도 참고 삼킬 것이라고 미리 각오했을 테니까.

자신의 BATNA를 아는 것은 노동이요, 정말로 자신을 비판적으로 바라보겠다는 각오이다. 그러나 일단 각오를 하면 협상에서 무한한 힘을 발휘할 수 있다. 물론 그 전에 자신의 가능성은 물론이고 상대의 대안도 파악할 필요가 있다. 또 너무 성급하게 패를 던져버려서는 안 된다. 최악의 경우 사표를 던질 각오가 되어 있다 해도 사장에게 굳이 그 사실을 알릴 이유는 없다. 일단 협상이 어디로 진행되는지 추이를 지켜본 후에 말해도 늦지 않다. 나아가 BATNA는 협상에서 자주 목격되는 위험을 막을 수 있다. 협상을 안 하느니만 못해서 나중에 보니 가능한 대안에 훨씬 못 미치는 결과를 거둔 것이다. 이런 사태를 막기 위해서도 대안을 정확히 파악하고 자신을 비판적으로 평가할 필요가 있다.

심리학은 협상 성공에 필요한 여러 잠재적 도구들을 준비해두고 있다. 앞서 배운 닻 내리기 효과도 그중 하나이다. 협상을 할 때 닻 내리기 효과를 활용할 수 있다. 예를 들어 연봉 협상을 할 때 처음에 매우 높은 액수를 제시하면 상대의 역치도 따라 올라간다. 물론 모든 협상에는 내용 요인 이외에 사회적 요인도 작용한다. 애인과 어떤 영화를 볼 것인지 협상할 때는 두 사람이 최대한 만족할 수 있는 합의점을 찾을 것이다. 중고차 판매상이나 광고주와 협상할 때와는 전혀 다를 것이다.

지금까지 설명한 세 가지 규칙을 유념하여 조금만 훈련한다면, 최단 시간 안에 좋은 협상 결과를 얻어낼 것이라고 장담한다. 또 지금껏 전혀 생각하지 못했던 부분까지 협상하기 시작할 것이며, 생각보다 훨씬 많은 상황에서 협상이 필요하다는 사실을 깨달을 것이다.

그러나 전화번호가 틀린 메뉴판으로 인한 손해를 조정하기 위해 피자 가게로 달려갈 당시 나는 협상 심리에 관한 지식을 단 하나도 알지 못했다. 따라서 협상은 참담한 실패로 끝났다. 상대는 심리학을 공부하지 않았지만 냉정하고 경험 많은 장사꾼이었다. 따라서 나는 결국 사장의 아들과 함께 숫자 2를 프린터로 1만 장 뽑은 다음 오려서 메뉴판의 7 위에다 붙였다. 당시에 협상 성공의 기본 규칙을 알았더라면 아마 그런 고생은 면하지 않았을까?

20

즐기면 빠져든다

몰입이 필요할 땐 이렇게

「누가 백만장자가 될 것인가?」에 출연한 후 많은 사람들이 물어보았다. 거기 그 의자에 그렇게 오래 앉아 있으면 기분이 어떠냐고. 오래? 나는 눈 깜짝할 사이였다. 다들 집에서 소파에 앉아 그런 방송을 시청해보았을 것이다. TV로 보면 의자 두 개가 전부인 듯 작아 보이지만 실제로 거기 있으면 느낌이 다르다. 나도 스튜디오 한가운데로 나가 의자에 앉아보고서야 그 사실을 깨달았다. 스튜디오가 TV로 볼 때보다 훨씬 컸다. 게다가 구석구석에 카메라와 모니터와 케이블이 달려 있었고 개미집처럼 스태프들이 우글거렸다. 초반의 충격을 극복하고 마이크로폰을 달고 나자 고대 로마의 검투사가 떠올랐다. 당시의 원형극장처럼 스튜디오에도 방청객들이 저 위까지 자리를 메웠고 사나운 짐승처럼 질문이 튀어나왔으며, 진행자 귄터 야우흐는 엄지손가락을 세우거나 내려 검투사의 운명을 정하는 멋진 카이사르 같았다.

또 스튜디오는 음향이 다른 곳과 달라서 방청객이 박수를 치면 내가 하는 말이 안 들릴 정도로 시끄러웠고 방청석에 불이 꺼지면 정말 아무것도 안 보였다. 흥분은 별문제가 안 되었다. 팬티만 입고 준비한 것이 큰 도움이 되었다. 긴장을 풀기 위해 시작 전에 잠시 야우흐 씨와 대화를 나눈 것도 꽤 괜찮은 방법이었다. 그리고 마침내 출발했다. 첫 번째 문제. 이제부터는 완전히 집중해야 한다. 결승에서 틀리는 것보다 다섯 명이 함께 푸는 예선에서 떨어질까 봐 더 걱정이었다. 그렇게 떨어지면 엄청 창피할 테니까. 다행히 술술 풀렸다. 아무리 쉬운 문제도 나는 문제마다 잠시 시간을 내어 대답에 짤막한 설명을 곁들였다. 덕분에 나도, 방청객들도 계속 웃을 수 있었다. 모든 것이 즐거워지기 시작했다. 시간, 카메라, 방청객, 상금까지도 점점 뒷전으로 밀려났다. 나는 주변을 까맣게 잊었다. 진행자와 게임과 나만 남았다. 나는 흠뻑 몰입했다.

유명한 심리학 교수 미하이 칙센트미하이Mihaly Csikszentmihalyi는 '플로flow'라는 말에 '몰입'이라는 뜻을 부여했다. 플로는 원래 '흐르다, 순환하다, 흘러나오다'라는 뜻이다. 그는 맡은 일을 처리하는 동안 마음이 일을 향해 흐르는 상태를 그 개념으로 표현했다. 전 세계인이 느끼는 완벽한 심취와 몰입의 감정은 연령, 성별, 교육 수준을 막론하고 놀랍도록 닮았다. 심장 전문의이건, 산악인이건, 댄스 커플이건, 「누가 백만장자가 될 것인가?」의 출연자이건 상관없다. 누구라도 몰입의 순간이 찾아오면 똑같다. 주변 세상을 까맣게 잊는다. 눈에 보이지 않는 힘이 잡아당기기라도 하듯, 노력하지 않아도 에너지의 강물에서 헤엄을 치며 최고의 만족에 도달한다.

몰입은 매우 다양한 영역에서, 모든 감각으로 느낄 수 있다. 섹스가 잘될 때, 좋아하는 음악을 크게 들을 때, 등산을 하다가 숨이 막힐 듯 웅장한 풍경과 마주칠 때 우리는 몰입한다. 심리학자들이 몰입 같은 현상에서 관심을 갖는 지점은 두 곳이다. 이 현상을 어떻게 설명할 수 있을까? 이 현상은 어떻게 탄생하는가?

둘 중 첫 번째 질문부터 해결해보자. 봄이다. 날이 따스하니 문득 마음이 동해 진즉부터 벼르던 테라스 대청소에 착수하기로 마음먹는다. 일단 디스크샌더로 나무 바닥의 때를 벗겨보지만 잘 안 된다. 기계가 무거운 데다 사용법도 복잡하다. 게다가 기계에 붙은 연마지가 자꾸 미끄러져 떨어진다. 당신의 손재주로는 도저히 안 될 것 같다. 하는 수 없이 방법을 바꾸어 연마지를 잘라 손에 들고 바닥을 문지르기 시작한다. 하지만 겨우 0.5제곱미터를 닦은 후 그만 항복하고 만다. 앞으로 밀고 뒤로 밀고, 앞으로 밀고 뒤로 밀고, 너무 힘들고 지겹다. 그 순간 구원의 천사가 날아온다. 한구석에 고이 덮어두었던 고압세척기가 눈에 띈 것이다. 잠시 후 당신은 터미네이터 자세로 서서 진동하는 물줄기를 조준해 때를 벗겨내기 시작한다. 놀랄 정도로 환한 목재 마루가 드러난다. 청소가 힘들어 땀은 나지만 목표가 코앞이다. 호스에서 흘러나온 물의 양이 늘어날수록 반짝이는 테라스라는 꿈도 한 발 더 다가온다. 당신은 몰입의 순간에 들어섰다.

몰입은 요구와 능력의 이상적 균형이다. 과제가 능력을 넘어서면 실망을 느낀다. 반대로 요구가 능력보다 낮으면 따분함을 느낀다. 몰입은 그 둘이 조화를 이룰 때 찾아온다. 이쯤이면 당신도 몰입이 얼마나 중요한지 짐작했을 것이다. 기업의 입장에서는 업무에 몰입하는 직원보다 더 좋은 것이 없다. 몰입이 직원들의 능률과 만족을 깨우기 때문이다. 악기를 배우려는 사람에게도, 시험을 준비하는 학생에게도, 강의안을 외워야 하는 교수에게도 몰입은 매우 중요하다. 복잡한 동작과 역량이 요구되는 프로 운동선수들도 훌륭한 지도와 따뜻한 독려를 통해 몰입에 빠져야 한다. 그러니 한마디로 몰입은 과도한 요구와 따분함을 요리조리 피하며 균형을 맞추는 줄타기이다. 그리고 모든 것이 그렇듯 그 줄타기도 배울 수 있다.

어떻게? 제일 중요한 것은 뇌의 스위치를 끄는 것이다. 물론 당신은 그것이 불가능하다는 사실을 잘 안다. 자신에 대한 생각이 사라져야 몰입에 이른다는 칙센트미하이의 말은 결과를 생각하지 말고 감정을 따르라는 의미이다. 마리오 괴체•가 상대 팀 골문 앞에 섰을 때 발을 어떤 각도로 꺾어야 할지, 바람이 어느 방향에서 부는지 열심히 고민했다면 독일은 브라질 월드컵에서 우승하지 못했을 것이다. 물론 발의 각도와 바람의 방향은 골인을 결정하는 중요한 변수이다. 하지만 몰입할 땐 그런 것을 고민해서는 안 된다.

• Mario Götze, 독일 축구 선수

또 몰입을 경험하려면 성공으로 가는 각 단계의 목표를 확실하게 정할 필요가 있다. 단계의 목표가 확실하고 그것의 달성 여부를 검증할 수 있어야 의욕이 샘솟는다. '최고의 사원이 되고 싶다'는 식의 거창하고 모호한 목표는 안 된다. 그런 상위 목표를 작지만 확실한 부분 목표로 잘게 조각내야 한다. 그래야 자신의 행동이 올바른지, 목표에 유익한지를 점검할 수 있다. 그것 역시 몰입에 이르는 결정적인 요소이다.

몰입에는 가벼운 방해나 훼방도 해롭다. 몰입 상태에서 글을 쓰고 싶다면 인터넷을 차단하고 휴대전화를 꺼라. 미리 주변 사람들에게 방해하지 말라고 부탁하라. 몰입은 희귀종 새와 같다. 찾기도 힘들고 조그만 소리에도 날아가버린다.

무엇보다도 완벽한 몰입에 이르기 위해 가장 중요한 조건은 순간을 즐기는 능력일 것이다. 시간에 구애받지 말고 지금 여기에 최선을 다해야 한다.

마지막으로 하나 더 하고 싶은 말이 있다. 다음에 몰입을 경험하게 되거든 지금 이 내용을 아예 떠올리지 말고 흘러가는 에너지에 몸을 맡겨라. 물론 몰입을 배울 수는 있지만 몰입의 가장 좋은 점은 그것이 우리 모두에게 깃들어 있고 모두가 그것을 안다는 사실이다. 몰입은 어느 때보다 이론과 고민이 없을 때 제일 먼저 우리 곁으로 달려올 것이다.

21

우리에게 스트레스가 없다면

심리학을 이용해 스트레스에 대처하기

상금 100만 유로를 탄 뒤, 나는 친구와 파티용 보트 사업을 시작했다. 운이 좋게도 많은 사람들의 관심을 받아, 초반 몇 주 동안은 정신없이 바빴다. 쏟아지는 업무량에 지친 나머지 고양이 세수 말고는 용모 관리에 통 신경을 쓰지 못할 정도였다. 그러다 어느 날 스케줄이 비어 짬이 나자, 나는 당장 미용실로 달려갔다. 그러고는 미용사에게 스타일이고 뭐고 덥수룩한 머리카락만 잘라주면 여한이 없겠다고 말했다. 요구 사항이 워낙 간단하다 보니 미용사는 느긋하게 커트를 시작했다. 나 역시 몇 주 만에 잠시라도 쉬고 싶었다.

그런데 거울에 비친 내 얼굴을 보다가 문득 왼쪽 관자놀이에서 흰 머리카락을 한 올 발견했다. 녀석이 파렴치하게 광택을 뿜으며 쫑긋서 있었다. 당황한 나는 미용사에게 기념으로 보관하고 싶으니 내 첫 흰머리를 잘라달라고 부탁했다. 그녀가 말했다. "문제없어요. 근데 어떤 걸 원하세요? 여기 뒤에 무지 많은데." "아악!" 등골이 오싹했다. 이 나이에 벌써 흰머리라니. "요즘 스트레스 많이 받으시나 봐요?" 미용사가 물었다. '네에에에에!' 크게 외치고 싶었지만 흰머리의 충격에 녹초가 된 나는 그냥 손사래만 쳤다.

스트레스는 모호한 개념이지만 심리학자들이 큰 흥미를 느끼는 주제이다. 왜일까? 여러 상황에서 스트레스가 중요한 역할을 하기 때문이며, 스트레스가 부당하게 비난받기 때문이다. 또한 수많은 사람들이 '스트레스 없는 삶'을 새해 소망 리스트의 맨 위쪽에 적어 넣기 때문이며, 스트레스로 들어갔다가 다시 나오는 길이 너무나도 심리적이기 때문이다.

아마 당신도 스트레스를 자주 받을 것이다. 안 그런 사람이 어디 있겠는가? 요즘엔 초등학생들도 스트레스를 느낀다고 한다. 하지만 과연 스트레스가 정확히 무엇일까? 심리학 책을 들추어보면 우선 나쁜 스트레스와 좋은 스트레스를 구분할 필요가 있다고 한다. 스트레스라고 다 같은 스트레스가 아니기 때문이다. 좋은 스트레스는 결혼식이나 생일 파티 같은 행사를 준비해본 사람이라면 알 것이다. 기대가 크기 때문에 복잡하고 정신없는 준비 과정도 긍정적인 에너지원이 된다. 유명한 스트레스학자이자 스탠퍼드대학 정신의학과 교수인 피르다우스 다바르Firdaus Dhabhar는 한 걸음 더 나아가, 급성 스트레스는 우리 몸을 내리치는 채찍과 같고 자연이 준 놀라운 선물이라고 주장한다.

스트레스를 모르는 네안데르탈인을 상상해보라. 표범이 마을로 달려 들어와도 그는 태평스럽게 오두막 앞에 앉아 있을 것이다. 친구들은 (스트레스 덕분에) 최상의 컨디션이 되어 시력도 좋아지고 머리 회전도 빨라지고 행동도 잽싸지지만, 스트레스를 못 느끼는 우리 주인공은 느긋하게 있다가 잡아먹히고 말 것이다. 다행히 스트레스의 긍정적 특성은 진화를 거쳐 오늘날의 우리에게까지 전달되었다. 스트레스는 면역 체계를 자극하여 우리의 몸과 마음이 최고의 성적을 올릴 수 있게 도와주며 감각을 예민하게 만든다. 이 모든 것이 심리학자들이 유스트레스라고 부르는 좋은 스트레스의 선물이다. 그리스어 접두어 '유eu'는 '좋고 올바르다'는 뜻이다.

과학자들은 이런 식의 정확한 분류를 바라겠지만, 대부분의 사람들이 스트레스라고 말할 때는 나쁜 스트레스를 의미한다. 지난주에 스트레스가 심해 죽을 뻔했다고 호소할 때나 흰머리의 원인을 찾을 때는 다 나쁜 스트레스를 말하는 것이다. 나쁜 스트레스는 디스트레스라고 부른다. 그리스어 '디dis'가 나쁘다는 뜻이다. 반복해서 나타나거나 심한 경우 장기적으로 없어지지 않는 스트레스는 나쁘다. 그럴 때는 위협과 부담감을 느낀다.

바로 이럴 때 심리학이 도움을 줄 수 있다. 우선 나쁜 스트레스는 어떻게 생기는지부터 알아야 한다. 당신이 세 남자와 함께 엘리베이터에 갇혔다. 양복을 입은 남자는 짜증스러운 표정으로 자꾸 손목시계를 본다. 스케이트보드를 든 소년은 입이 찢어질 듯 웃으며 어떤 일이 벌어질까 궁금하다는 표정이다. 세 번째 남자는 손에 든 장바구니를 풀썩 떨어뜨리며 공포에 질려 얼굴이 백지장처럼 하얘진다. 당신의 기분은 양복 입은 남자와 장바구니 남자의 중간 정도이다.

이 사례는 상황은 같아도 사람마다 평가는 완전히 다를 수 있음을 보여준다. 그러니까 스트레스는 상황에 대한 개인의 평가를 통해 탄생한다. 양복 입은 남자는 엘리베이터에 갇혀서 짜증은 나지만 위험하다고 생각하지는 않는다. 스케이트보드 소년은 심지어 재미있는 상황이라고 판단한다. 하지만 장바구니를 든 남자는 정말로 겁에 질린다. 그에겐 엘리베이터에 갇힌 상황이 심각한 스트레스 요인이다. 스트레스 요인은 한 인간에게서 스트레스를 유발하는 모든 자극을 일컫는다. 여기서 장바구니를 든 남자를 좀 더 자세히 관찰해 상황의 평가가 어떻게 스트레스로 자라는지 살펴보자.

"나는 모든 언어에 새로운 단어를 선사했다. 바로 스트레스이다." 오스트리아 학자 한스 셀리에Hans Selye가 한 말이다. 그는 1700편이 넘는 스트레스 관련 연구 논문을 써 스트레스학의 창시자로 자리 잡았다. 셀리에는 스트레스의 탄생을 3단계로 설명한다. 첫 번째는 충격 단계이다. 이 단계에는 신체가 반응한다. 신체가 스트레스 해소에 온 힘을 동원한다. 저장한 에너지를 소모해 능률을 높이는 교감신경, 즉 신경 체계의 일부가 모터처럼 윙윙 돌아서 아드레날린의 분비를 재촉한다. 그로 인해 몸에 변화가 일어난다. 동공이 커지고 기관지가 확장되며 혈압이 오르고 맥박이 빨라지고 소름이 돋는다. 위와 장의 활동은 줄어든다. 활동을 할 필요가 없기 때문이다. 교감

신경은 이 모든 조치를 통해 신체 시스템의 능률과 저항력을 높인다. 그러니까 스트레스는 우리 몸이 제대로 작동하게 한다.

지금 바로 장바구니를 든 그 남자에게서 이 모든 일이 일어나는 중이다. 그의 머리에선 추락의 시나리오와 생존을 위해 장바구니 속 물건들을 써먹을 수 있는 방법과 공기가 없어지면 질식할지도 모른다는 두려움이 뒤섞여 뱅글뱅글 맴을 돈다. 어쩌면 저 히죽대는 스케이트보드 소년의 장딴지를 깨물면 어떨까 머릿속으로 생각하고 있을지도 모른다. 바로 이 순간 두 번째 단계가 시작된다. 저항 단계이다. 몸이 활성화한 모든 에너지가 커진 부담을 해소하는 데 사용된다. 문제는 그 상태가 너무 오래 지속될 경우이다. 스트레스가 너무 오래가면 썰물 현상이 일어난다. 세 번째 단계, 즉 탈진 단계가 시작되는 것이다. 신체 저항력이 다시 감소하면서 마치 100미터 달리기를 마친 뒤처럼 몸의 시스템이 녹초가 된다. 우리는 지치고 무기력해진다.

물론 대부분의 엘리베이터는 중간에 멈춘다고 해도 조금 있으면 다시 움직인다. 그럼 스트레스 요인이 사라질 것이고, 장바구니를 든 남자도 잠시 탈진할 수는 있겠지만 얼마 안 있어 다시 이전으로 돌아갈 것이다. 하지만 우리가 일상에서 만나는 스트레스 요인들 중에는 한시적이지 않은 것들도 많다. 소음, 속도, 성과 압력, 과도한 부담, 이 모든 것이 오래오래 우리의 삶을 옭아매는 스트레스 요인이다. 바로 그런 장기 스트레스가 생명을 위협한다.

셀리에는 이러한 3단계를 요약해 적응 신드롬이라고 불렀다. 초기 1~2단계에선 몸이 스트레스 상황에 대처할 준비를 갖추면서 효율적으로 반응한다. 그러나 스트레스 수위가 오랜 시간 떨어지지 않아 세 번째 단계로 접어들면 간단한 반응으로는 더 이상 대처할 수 없다. 시스템이 제대로 나서야 한다. 이 단계의 주연 배우는 무게가 10그램에 작은 모자처럼 생겼고 갈비뼈 뒤쪽 배에 웅크리고 앉은 부신피질이다. 스트레스 요인이 사라지지 않으면 부신피질이 나서서 호르몬 코르티솔을 생산한다.

코르티솔은 스트레스 1~2단계에서 분비되는 아드레날린과 비교하면 절름발이 오리(레임덕) 역할밖에 못 한다. 하지만 그 오리도 없어서는 안 될 존재이다. 코르티솔은 생존에 꼭 필요하다. 예를 들어 염증 완화 효과가 있고 혈당과 혈중 지질을 조절한다. 하지만 그런 유익한 코르티솔도 너무 많으면 생명이 위태롭다.

스트레스가 오래 지속되면 우리 몸은 과도한 부담을 이기고 무사히 작동하기 위해 온 힘을 쏟아붓는다. 그러자니 우리 몸의 대장인 뇌가 불쌍한 부신피질을 쉬지 않고 몰아붙인다. 결국 부신피질은 분비한 코르티솔에 파묻혀 한 치 앞도 내다볼 수 없다. 코르티솔은 혈당을 급속히 올려 에너지를 방출하고 면역 체계를 억압해 스트레스와 싸우는 데 필요한 에너지를 절약하려 한다. 그 결과는 엔진 오일도 없이 시속 180으로 달리는 자동차와 같다. 언젠가는 산산조각이 날 것이다.

셀리에의 가설은 수많은 동물 실험으로도 입증되었다. 대표적인 예를 보자. 동남아시아에 사는 불쌍한 나무두더지를 실험실에 가두어놓고 계속 스트레스를 주었다. 나무두더지는 자기 구역에서 짝을 지어 사는 동물이며 침입자가 있으면 수컷이 목숨을 걸고 싸워 물리친다. 따라서 짝을 지어 사는 한 쌍의 나무두더지 집에 낯선 수컷 한 마리를 들여놓으면 양쪽 수컷 모두 스트레스가 정점에 달한다. 격렬한 싸움은 한쪽의 굴복으로 막을 내린다. 패자는 구석에 숨어 지내며 먹이를 먹을 때만 나와서 허겁지겁 먹고는 얼른 다시 구석으로 숨는다. 승자는 패자를 없는 물건 취급한다. 그래서 더 이상의 싸움이 거의 일어나지 않는다. 그런데도 패한 수컷은 점점 상태가 나빠진다. 몸을 단장하지도 않고 급속하게 살이 빠지다가 결국 며칠 후 목숨을 잃고 만다.

죽음의 원인은 싸우다가 부상을 입었기 때문이 아니다. 힘센 수컷이 계속 옆에 있기 때문에 스트레스를 받아서 죽는다. 두 수컷 사이에 판자를 놓아 가리면 패자는 급속히 기력을 회복해 생명을 유지한다. 몇 주에 걸쳐 매일 잠깐씩 싸우더라도 어쨌든 죽지는 않는다. 하지만 판자 대신 창살로 둘을 갈라 서로를 볼 수 있으면 패자는 스트레스로 인해 죽는다.

나무두더지 실험은 장기 스트레스가 얼마나 위험할 수 있는지를 잘 보여준다. 우리가 지금 나무두더지처럼 목숨 걸고 싸워야 할 적과 한집에 사는 것은 아니지만 현대 사회가 주는 장기 스트레스는 그에 못지않은 악영향을 미칠 수 있다. 따라서 과도한 나쁜 스트레스에는 적극 대처해야 한다. 그 대처법을 심리학에서는 '코핑coping'이라고 부른다.

이 이름을 아는 사람은 극소수겠지만 우리는 모두 코핑 전략을 활용하며 살아간다. 코핑은 변화를 목표로 삼는다. 상황, 우리의 행동, 생각, 감정을 바꾸어 우리를 방해하는 스트레스에 대처하고자 한다. 전략의 종류는 매우 다양하지만 그중 두 가지가 대표적이다. 문제에 입각한 코핑과 정서에 입각한 코핑이 그것이다.

문제에 입각한 코핑은 가장 좋은 대처법이지만 항상 효과가 있는 것은 아니다. 이름에서 이미 짐작했겠지만 여기서는 '문제'가 관건이다. 더 정확히 말해 문제 제거가 관건이다. 그러니까 스트레스 요인을 발본색원해 잔디밭에서 자라는 귀찮은 잡초처럼 영원히 제거해버리는 것이 목표이다.

여기 사이가 안 좋은 부부가 있다. 파트너의 무시와 무관심을 몇 년 동안 참은 이유는 아직 미성년인 아이들 때문이다. 이 경우 이혼을 하면 스트레스 요인이 '제거'될 것이다. 이혼을 해서 다른 스트레스가 생길 수도 있겠지만 장기적으로 볼 때 '잡초'가 완전히 제거된다. 문제에 입각한 코핑은 3단계를 거친다. 첫째, 정확한 스트레스 요인이 무엇인지 100퍼센트 확신해야 한다. 어쩌면 문제의 뿌리는 파트너가 아니라 나 자신일지도 모른다. 내가 직장에서 힘들면 집에 와서 괜히 파트너에게 심통을 부리는 바람에 이런 사태가 일어났다. 스트레스의 원천을 찾는 1단계에선 처음부터 패를 다 까야 한다. 자신에게 솔직해야 하며 문제를 처음 발견한 그 방향만이 아니라 사방으로 더듬이를 뻗어봐야 한다.

그러나 설명을 쉽게 하기 위해 문제의 원인이 파트너였다고 가정해보자. 그럼 두 번째 단계로 접어들어 선택지를 찾아야 한다. 파트너가 나를 너무 괴롭혀서 이혼을 생각한다 해도 이혼이 유일한 선택지는 아니다. 부부 심리 치료를 받아볼 수도 있고, 당분간 별거를 해볼 수도 있으며, 허심탄회하게 대화를 나누어볼 수도 있다. 어떤 선택지가 최선이라고는 말할 수 없다. 어떤 선택지를 택하더라도 스트레스 요인으로 인해 상태가 좋지 않다면 계속 스트레스를 참고 사는 것보다는 변화를 꾀하는 편이 당연히 낫다. 물론 자신의 선택지를(단 하나밖에 없더라도) 정확히 파악할 필요는 있다. 협상을 할 때 자신의 BATNA를 아는 것과 비슷한 이치이다.

스트레스 요인과 선택지가 정해지면 마지막 단계로 나아간다. 행동이다! 너무 뻔한 소리 같지만 사실은 이것이 가장 어려운 걸음일지 모른다. 실제로 법원까지 가서 이혼 서류를 접수하려면 상당한 노고가 필요하다. 그러나 문제에 입각한 코핑에선 절대 피할 수 없는 단계이다. 스트레스 서적에선 이것을 '테이킹 액션taking action'이라고 부른다. 주도권을 거머쥐고 조준을 잘 해서 꼭 해야 할 일을 한다는 뜻이다.

문제에 입각한 코핑에는 아킬레스건이 있다. 스트레스 요인이 변할 수 있어야 한다는 것. 그러나 살다 보면 그렇지 못할 때가 많다. 암에 걸리면 암에 걸린 거다. 문제 해결에 착수해 항암 치료를 받을 수는 있지만 효과가 없으면 계속 암에 걸린 채 살아가야 한다. 어쩔 수가 없다. 경비원 월급으로는 자식의 수학여행비를 대줄 수 없어서 밤에 대리운전을 한다. 이중 부담이 고달픈 스트레스 요인이지만 어절 도리가 없다. 이런 식의 사례는 끝없이 많다. 이론으로만 봤을 땐 스트레스 요인을 제거할 탈출구가 있는 것 같지만 현실에선 불가능하다.

이렇게 스트레스 요인을 제거하거나 줄일 수 없고 돌아가는 것마저 불가능할 경우에는 정서에 입각한 코핑의 도움을 받아야 한다. 방법은 스트레스 반응을 변화시키는 것이다. 뇌에서, 그러니까 심리를 통해서 우리의 반응을 바꾸는 것이다. 정서에 입각한 코핑은 스트레스가 유발한 자신의 반응과 감정과 정서를 바꿔서 부정적 영향을 멈추거나 최소한으로 줄이는 것이 목표이다. 스트레스 요인 A가 지금껏 부정적인 감정 B를 불러일으켰다면 이제는 부정적 감정 B를 자제시키거나 거기서 더 나아가 아예 긍정적 감정 C로 바꾼다. 암에 걸리지 않은 사람들은 상상할 수 없지만 실제로 암에 걸린 사람 중에서 암 덕분에 많은 것을 얻었다고 생각하는 사람이 많다. 물론 처음 암이라는 선고를 받았을 때는 스트레스와 부정적 감정이 극심하다. 하지만 시간이 흐를수록 스트레스 요인을 대하는 자세가 달라지고 심지어 병을 통해 힘과 영감을 얻게 되는 것이다.

자, 이제 다시 멈춘 엘리베이터로 돌아가보자. 장바구니를 든 남자는 위험할 수도 있는 지금의 상황에 공포의 감정으로 반응했다. 그가 그 반응을 바꾸고 싶다면 다른 사람들에게 말을 걸어서 자신의 공포를 솔직하게 털어놓으면 된다. “솔직히 나는 겁이 나서 죽겠어요. 다들 어떻게 그렇게 태평해요?” 그 말에 스케이트보드를 든 소년이 뭐라고 한마디 농담을 던지고, 양복 입은 남자가 그 말에 하하 웃는다. 그 덕분에 겁쟁이 양반도 슬쩍 따라 입꼬리를 올린다. 아직 마음이 푹 놓이지는 않지만 그래도 일단 웃었다는 것이 중요하다. 바로 이것이 정서에 입각한 코핑의 시작이다.

방법은 실로 다양하다. 앞서 배웠던 '리프레이밍'을 떠올려보자. 우리 인식의 프레임을 갈아 끼우는 방법이었다. 스트레스에 대처할 때도 이 방법은 유효하다. 졸업 논문을 써야 하는 대학생의 스트레스는 실로 엄청나다. 이때도 틀을 바꾸어 논문이라는 스트레스 요인을 앞으로 잘 써먹을 수 있는 전공 지식을 쌓는 계기로 삼는다. 또 앞에서 배운 인지 왜곡도 활용할 수 있겠다. 하루 종일 직장에서 스트레스를 받고 나면 집에 가자마자 소파에 털썩 쓰러지고 싶은데 정작 집에 들어가면 같이 사는 사람이 들들 볶아서 직장 못지않은 스트레스를 준다. 이럴 때는 자기충족예언을 떠올리고 자기 행동의 어떤 부분을 바꾸어야 할지 고민한다. 스트레스 요인에 대처하는 우리의 방식 역시 다른 행동과 똑같이 사고의 오류와 지름길만 찾는 게으른 뇌의 영향을 받는다. 그 사실을 명심한다면 스트레스 요인을 바라보는 관점과 그것의 영향력을 완전히 뒤바꿀 수 있을 것이다.

이런 식으로 스트레스에 정서적으로 대처할 때는 주변 환경이 매우 중요하다. 나는 스트레스가 심하면 주변 사람들에게 허심탄회하게 털어놓는다. 솔직히 털어놓고 공유하기만 해도 부정적 감정이 상당히 줄어들기 때문에 여자친구, 가족, 동료들이 감정의 배출구 역할을 해줄 수 있다.

정서에 입각한 코핑은 비옷과 같다. 궂은 날씨는 어쩔 수 없지만 비옷을 입으면 젖지 않을 수 있다. 심지어 이런 말도 한다. 궂은 날씨는 없다. 나쁜 옷만 있을 뿐. 그렇다고 나쁜 스트레스가 없다는 말까지 하지는 못하겠지만 사실 우리의 미숙한 감정 탓에 스트레스가 나빠지는 경우도 허다하다.

안타깝게도 정서에 입각한 코핑은 여전히 의심의 눈초리를 받는다. 다들 문제에 입각한 코핑만 좋아해서 잡초를 아예 뿌리까지 뽑아버려야 속이 시원하다. 문제가 사라지면 스트레스 요인도 사라질 테니까 말이다. 괜히 정서적인 대처니, 틀을 바꾸라느니 핑계를 대봤자 마지못해 움직이는 것 같은 인상만 풍길 뿐이다. 하지만 그렇지 않다. 우리의 일상생활에 얼마나 많은 스트레스 요인이 우글대는지 한번 생각해보라. 나의 경우 정말 셀 수 없을 정도로 많다. 내 삶을 뒤덮는 이 스트레스 요인들을 모조리 뽑아내야 한다면, 아, 생각만 해도 그 스트레스 요인을 다 합친 것보다 더 스트레스가 쌓인다. 그러니 그냥 민들레 가득한 풀밭에 살면서 활짝 핀 민들레 씨앗을 훅 불어 바람에 날릴 수 있다면 그 또한 기쁜 일일 것이다. 그런다고 해서 흰머리가 다시 까매지지는 않겠지만 공부를 다 마치고 나면 조금은 더 지혜로워질 것이고, 그렇다면 그것 역시 좋은 일 아닐까.

PART 3

“의지력을 높이려면 어떻게 해야 할까요?”

강철 멘탈을 가진 사람들이 사용하는 심리 기술

22

흩어지면 살고 모이면 죽는다

팀 내 뺀질이를 잡아내는 법

팀 활동? 으으! 당신은 어떨지 몰라도 나는 팀이란 말만 들어도 절로 고개가 돌아간다. 어느 회사에 면접을 보러 가건 반드시 팀 활동 능력을 묻는다. "팀이 함께 문제를 해결한 특별한 경험이 있다면 들려주세요." 면접장에서 이 말을 듣는다면 명심하라. '팀'이라는 말이 떨어지기가 무섭게 반짝반짝 눈에서 광채를 발사해야 한다. 그리고 열정에 불타는 목소리로 이렇게 대답해야 한다. "아, 정말 많습니다. 그중에서 정말로 특별한 경험이 있었는데……" 그러면서 생각나는 팀 활동 경험담을 늘어놓는다. 이때에는 성공적인 협력을 통해서만 최고의 해결 방안을 찾을 수 있었고 바로 그것이 팀워크의 부가 가치라고 생각한다는 점을 강조해야 한다. 스스로를 진정한 팀

플레이어라고 생각하며 남들과 함께 일하는 것을 매우 좋아한다는 말을 슬쩍 추가해도 좋다. 그동안의 경험으로 나는 장담할 수 있다. 이제 그 자리는 따놓은 당상이다. 말도 안 되는 짓을 저지르지 않는 이상 그 자리는 당신의 것이다.

팀워크는 중요하다. 모두가 그렇게 말하고 그렇게 행동하므로 그 말이 분명 맞을 것이다. 그러나 팀워크가 반드시 효율성과 창의성과 능률을 높이는 건 아니다.

잘못 꾸린 팀워크는 능률의 킬러가 될 수 있다. 특히 모두가 '팀원'만 되고 일은 한 사람이 다 할 때 그렇다. 심리학에서는 이를 두고 '사회적 태만social loafing'이라고 부른다. 이와 관련된 최초의 실험은 프랑스 농업기술자 막시밀리앙 링겔만Maximilien Ringelmann이 실시했다. 링겔만은 19세기 말에 농업 생산 활동에 동원되는 모든 것, 즉 황소, 말, 사람, 기계의 효율성을 조사했다. 그중 사람의 효율성이 우리의 관심을 끈다. 유명한 한 실험에서 그는 젊은 남성 집단에게 밧줄을 당기라고 시켰다. 그리고 그들이 당긴 무게, 즉 효율성의 크기를 측정했다. 개인은 평균 85킬로그램을 당겼다. 일곱 명은 함께 455킬로그램을 당겼다. 그러니까 나누어보면 1인당 65킬로그램밖에 안 된다. 집단의 능률이 개인보다 4분의 1이나 적었다. 능률이 오르기는커녕 줄었다. 이런데도 힘을 모아 영차영차 하라고? 뭔 개떡 같은 소리!

물론 링겔만의 실험은 약점이 있다. 줄 하나를 여러 명이 잡아당기면 서로 발을 밟기도 하고 자세가 엉거주춤해서 능률이 떨어질 수 있다. 그럼에도 링겔만의 줄다리기 실험을 계기로 사회적 태만을 입증하는 여러 실험이 등장했다. 예를 들어 미국 학자들은 실험 참가자들의 눈을 안대로 가리고 집단 활동 중이라는 믿음을 주었다. 그랬더니 혼자였을 때보다 과제 해결 수준이 낮았다. 또 어떤 학자들은 자기 능력이 평균 이상이라고 생각하는 사람들일수록 집단 활동에선 더 손을 놓고 다른 사람들에게 일을 떠맡긴다는 사실을 입증했다. 똑똑한 인재들을 한 명씩 따로따로 두었을 때보다 한 방에 모아 놓았을 때 더 좋은 아이디어가 나온다는 생각도 착각이다. 800개 이상의 팀을 대상으로 조사한 결과를 보면 머릿수가 많을수록 오히려 창의적이고 좋은 아이디어는 줄었다.

물론 팀 활동이 반드시 필요한 과제는 수없이 많다. 일례로 수술을 혼자 하려면 거즈와 메스, 스프레더, 레이저, 인공호흡기, 할로겐 등을 다 쓸 줄 아는 멀티태스킹 괴물이 되어야 한다. 팀의 손발이 척척 맞지 않으면 돛단배는 전복되고 축구는 따분할 것이며 줄타기 곡예사들은 떨어져 죽을 것이다. 하지만 팀은 절대 혼자 알아서 작동하지 않는다.

팀장으로든 팀원으로든 다음번에 팀워크에 참가할 일이 있거든 사회적 태만을 최대한 불편하게 만들기를 권한다. 제일 좋은 방법은 신원 확인 가능성이다. 누가 어떤 부분에 기여하는지 쉽게 확인할 수 있으면 의욕과 참여 의식이 되살아난다. 잠재적 게으름뱅이도 집단의 익명성 뒤로 숨을 수 없어 사회적 압력을 느낀다면 팀의 진정한 일꾼이 될 수 있다.

23

퇴근 후 맥주 한 캔

중독은 어디서 오는가

심리학자로 산다는 것은 교사로 사는 것이나 파일럿으로 사는 것, 목수로 사는 것과 마찬가지다. 일단 지식이나 기술을 배우고 익혀야 나중에 전문가가 되었을 때 써먹을 수 있다. 따라서 대학을 졸업한 후에 심리치료사가 되고 싶은 심리학과 학생이라면 일찍부터 환자와 접촉해야 한다. 의사도 다르지 않다. 내가 잘 아는 의대생이 한번은 1학년 1학기 때의 경험담을 아주 생생하게 들려주었다. 그녀는 동기생들과 함께 1주일에 한 번씩 시신을(그녀는 그 시신에게 '베른트'라는 이름을 붙여주었다) 냉동고에서 꺼내, 교수님의 강의를 들으며 베른트의 심장, 폐, 신장 같은 각종 장기들이 어떻게 작동하는지를 배운다고 했다. 상당히 무시무시한 일이고 나는 절대로 하고 싶지 않은 일이지만, 의사가 되려면 피할 수 없는 시간이다.

심리학자는 의사와 똑같이 인간을 다루는 직업이다. 차이가 있다면 심리학과에서 하는 공부는 굳이 시신을 만나지 않고도 할 수 있다는 것이다. 심리학 공부는 다른 방식을 취한다. 역할극과 토론을 통해 진짜 환자와 접촉할 준비를 열심히 해야 한다. 의대생 친구가 베른트의 심장을 해부할 때는 좀 실수를 해도 괜찮다. 베른트는 죽었으므로 더 이상 '망가질' 것이 없다. 그러나 베른트가 살아서 심리 장애 환자 자격으로 우리 앞에 앉아 있다면 사정은 완전히 달라진다. 자칫하면 잘못될 수 있다. 그래서 학생들은 곧바로 환자에게로 직행하지 않고 광범위한 준비 과정을 거친다. 매우 다양한 장애의 병상에 대해 정말로 많이 공부하고 특수한 종류의 상담법을 익힌다. 또 사례 연구를 읽고 교육 영상을 시청하며, 역할극에서 치료사를 맡은 친구에게 현실에 가까운 토론을 제안하고 훈련한다. 수없이 훈련한다. 그렇게 공부와 훈련을 통해 매우 넓은 범위의 능력과 지식을 갖춘 후에야 비로소 실전에 들어간다.

실전은 강사의 지도하에 매우 작은 집단으로 구성된 세미나이다. 환자와의 상호 행동보다는 각 환자의 프로필을 파악하는 것이 우선이다. 환자들도 억지로 끌려온 이는 없다. 사전에 설명을 다 듣고 의도적으로, 자발적으로 온 사람들이다.

대학 시절 가장 인상 깊었고 가장 많은 것을 배운 세미나를 소개한다. 그 세미나는 약물 사용 장애에 중점을 둔 임상심리 기본 자질을 함양하는 데에 목표를 두었다. 그 세미나가 성공적이었던 건 한편으로는 학생들에게 복잡한 장애 증상을 객관적이고도 이해하기 쉽게 설명해준 강사 덕분이었고, 또 한편으로는 다양한 약물 사용 장애 환자들이 우리에게 와서 자신들의 사연을 들려준 덕분이었다. 알코올에서 코카인을 거쳐 대마초에 이르기까지 환자들의 입에서 나온 약물 이름들을 들으며 중앙역 뒤편 마약상의 외투 속이 떠올랐다.

그런 자리에서 내가 배운 모든 내용에는 당연히 엄격한 비밀 엄수 의무가 따라붙었다. 따라서 나는 여기서 이름과 성별을 바꾸고 내용도 알아볼 수 없을 정도로 변형해서 소개하려 한다. 그래도 내가 받은 전체적인 인상은 문제없이 전달될 것이다.

약물 소비와 관련된 심리 장애도 다른 많은 심리 장애와 다르지 않다. 장애 증상의 일부는 대부분의 사람들에게서도 발견된다. 따라서 독일 정부는 해마다 두꺼운 보고서를 발간해, 수백만 중독자들을 종류별로 깔끔하게 분류하고 수를 헤아려 다이어그램을 그려낸다. 중독 약물(물질 등)의 종류는 실로 다양하다. 헤로인, 코카인, 크리스털 메스(메타암페타민 가루), 암페타민, 알코올을 넘어 니코틴, 카페인, 스테로이드, 지방, 설탕, 도박, 일, 사랑, 섹스 등등까지.

우리의 세미나실로 처음 들어온 여성 환자를 주잔네라고 불러보자. 주잔네도 예전에는 남들처럼 직장에 다니고 결혼 생활을 잘 꾸려갔다. 하지만 남편이 바람이 나서 이혼을 했고 아이들도 남편이 데려가버렸다. 그 직후 회사에서 해고를 당했다. 그래서 술을 마시기 시작했다. 치료를 시작하기 전까지 그녀는 매일 와인 두 병을 마셨다. 어떤 사람이 하루 종일 와인 열 병을 마신다면, 그것도 하루도 빼놓지 않고 매일 마신다면 분명 그 사람은 중독이다. 알코올중독. 그런데 경계가 어디일까? 심리 장애 진단을 내릴 때 항상 중요하게 작용하는 경계치를 떠올려보라. 밤마다 와인 한 잔을 마시거나 퇴근 후 소파에서 맥주 한 캔을 마시면 그것도 중독일까? 휴대전화를 계속 쳐다보고 페이스북에 오르는 글을 쉬지 않고 읽으면 그것도 중독일까? 자꾸 옷을 주문하면 쇼핑중독일까?

심리학의 관점에서 말하는 공식적인 중독의 정의는 다음과 같다. 중독이란 임상적으로 유의미한 방식으로 피해나 고통을 일으키는 약물 사용의 부적절한 패턴이다. 그런데 임상적으로 유의미한 고통은 다양하게 나타난다. 나처럼 자꾸 휴대전화를 들여다보고 화면 위쪽 배터리 잔여량 표시가 한 토막밖에 안 남으면 신경이 곤두서는 사람을 대개는 휴대폰중독이라고 부른다. 하지만 나는 임상적으로 유의미한 정도로 고통받지 않으며, 길에서 휴대전화를 보느라 가로등과 충돌하지 않는 이상 휴대전화 사용으로 인해 제약을 받지도 않는다.

그러나 주잔네는 다르다. 그녀의 와인 소비는 그녀를 제약했고, 결국 그녀는 비참한 기분에서 헤어 나오지 못해 택시를 타고 자기 발로 병원을 찾았기 때문에 진짜 고통이라고 말할 수 있다.

공식적인 중독 진단을 내리려면 고통과 제약 이외에도 12개월 동안 다음 일곱 가지 판단 기준 중 적어도 세 가지에 해당해야 한다.

기준 1 약물 소비량에 관대해진다. 수위 측정기의 수치가 위로 밀려 올라간다. 몸과 마음이 약물에 의존하기 시작하고 더 많은 양에 관대해진다. 전문 용어로는 같은 용량에서 효과가 현격하게 줄어들거나 '도취intoxication'에 이르기 위해 더 많은 양의 약물이 필요해진다고 말한다. 우리 세미나에 왔던 미하엘도 처음에는 대마초를 두 대만 피워도 양탄자를 탄 알라딘을 추월할 듯이 기분이 좋았다. 하지만 3년 동안 쉬지 않고 대마초를 피운 뒤부터는 열두 대는 피워야 겨우 취할 수 있었다.

기준 2　금단 현상의 기미가 보인다. 존 레논은 약물의 효과가 떨어질 때 나타나는 고열, 소름, 전신 통증 같은 고통스럽고 괴로운 헤로인 금단 현상을 「콜드 터키Cold Turkey」의 가사에 담았다. 어떤 알코올중독자는 새벽 3시만 되면 몸과 뇌가 괴성을 지른다고 말했다. 잠든 사이 알코올 수위가 떨어졌기 때문이다. 그럼 이미 잠을 자기는 글렀다. 그는 주유소 편의점으로 달려가 술을 사 온다. 그마저도 서둘러야 한다. 수위가 더 떨어지면 운전조차 할 수 없다.

금단 현상은 비단 머리에서 울리는 고함 소리로 끝나지 않는다. 담배를 끊은 흡연자는 불안하고 초조하며, 모닝커피를 거른 카페인중독자는 변덕을 부리고 짜증을 낸다.

기준 3　의도보다 더 자주, 더 많은 양을 소비한다.

기준 4　살짝 중독의 기미만 보이는 사람들도 쉽사리 중독에서 헤어나지 못한다. 소비를 통제하거나 줄이려는 노력이 유혹 앞에 무릎 꿇는다. 주잔네의 경우 새로운 한 주를 시작할 때마다 술을 끊겠다고 다짐했지만 월요일 밤만 되면 허사로 돌아갔다. 그럼 다시 양이라도 줄여보겠다고 다짐하지만 그마저 다음 날 아침이면 헛일이 되었다.

기준5 약물을 구하고 소비하고 그 결과에서 다시 회복되는 데 너무 많은 시간이 든다.

기준6 중독 탓에 해야 할 일을 제대로 하지 못하고 사람들을 피해서 인간관계가 끊어지고 직장에서 쫓겨난다.

기준7 이 모든 행위가 자신의 몸과 마음에 부정적 영향을 미친다는 사실을 뻔히 알면서도 계속 약물을 소비한다.

내가 보기엔 마지막 기준이 특히 중요하다. 우리 세미나에 와서 중독을 고백했던 모두가 약물 소비의 부정적 영향은 물론이고 변화의 필요성도 잘 알았다. 그래서 치료를 받았다.

하지만 내가 아는 알코올중독자 중에는 도움의 손길을 거부하는 사람도 있다. 안 좋은 줄 뻔히 알면서 줄담배를 피워대는 흡연자들도 있다. 도움이 필요하다고 인정하지 못하는 행동중독자들도 있다. 예를 들어 쇼핑중독의 경우엔 '무언가를 구매하는 행동'이, 돈이 없어도 해야만 하는 강력한 내적 강제로 작용한다. 그래서 죄책감을 느끼게 되고 재정적 어려움과 인간관계에 문제를 겪는다. 일중독에 빠진 사람들도 비슷하게 강박적 행동을 보인다. 일에 완전히 꽂힌 데다 실패할지 모른다는 걱정이 심해서 여유 시간이 생겨도 그 시간을 의미 있게 쓰지 못한다. 골프 스타 타이거 우즈가 수많은 정사의 핑계로 들이댔던 섹스중독도 실제로 존재한다. 특히 남성들이 많이 겪는데, 성적 행위와 만족을 향한 극단적 욕망으로 나타난다.

중독은 매우 다양한 형태를 띤다. 밤에 마시는 와인 한두 잔이 걱정되어서 앞의 중독 기준들을 쭉 살펴보았다면 아마 당신은 일곱 가지 중 단 한 가지에도 해당한다고 표시하지 않았을 것이다. 실제로 대부분의 사람들은 일상의 작은 일탈을 진짜 중독이라고 생각하지 않는다. 하지만 중독의 원칙은 항상 동일하다. 헤로인이든 커피든 다르지 않다. 원인은 (늘 그렇듯) 우리의 뇌이다. 알코올을 예로 들면, 와인을 두서너 잔 마시면 기분 좋게 긴장이 풀리면서 마음이 편해진다. 주잔네도 처음에는 그랬다. 저녁을 먹으면서 와인을 한두 잔 곁들이면 뇌를 감싸는 기분 좋은 알코올의 안개 속으로 근심이 사라졌다.

바로 이것을 우리 뇌는 기억한다. 중독 물질은 우리 뇌로 들어와 행복과 평온을 담당하는 메커니즘을 침략하는 해적이다. 이런 좋은 감정들은 생존에 필수적이고, 또 의미 있게 사용되기만 한다면 우리를 독려한다. 그러나 중독이 되면 이 메커니즘이 무너진다. 하루아침에 그렇게 되는 것이 아니라 아주 서서히 진행된다. 순식간에 찾아오는 중독은 거의 없다. 하지만 일단 중독된 후에는 벗어나기가 무척 어렵다.

중독에서 벗어나려고 노력할 때 가장 큰 걸림돌은 의욕이다. 대부분의 사람들은 외부의 압력에 못 이겨 하는 수 없이 치료를 받는다. 파트너나 상사가 협박을 하고 관공서에서 운전면허증을 압수하고 몸이 말을 안 듣거나 병이 들어서야 마지못해 치료받을 의욕을 내본다. 이 의욕이 작은 성과를 거둔 후에도 계속 사라지지 않으려면 3단계를 거쳐야 한다. 첫째, 외부의 압력을 이기지 못하고 치료를 택한 환자에게 변화의 필요성을 일깨워주어야 한다. 둘째, 환자가 변화의 이득을 발견해야 한다. 셋째, 환자 스스로 변할 수 있다는 확신에 도달해야 한다. 3단계 모두 간단하지 않지만, 행동 변화 조치가 의미 있으려면 이 3단계를 다 거쳐야 한다.

일상의 '소소한' 중독은 스스로 통제할 수 있다. 하지만 그것 역시도 생각처럼 간단하지는 않으며, 이때도 첫걸음은 깨달음이다. 자신이 어떤 습관이나 물질에 중독되었는지 알아보려면 테스트 삼아 이런저런 것을 끊어보면 된다. 닷새 동안은 퇴근 후에 맥주를 마시지 않거나 페이스북에 들어가지 않는다. 처음엔 힘들겠지만 의미도 있고 불가능하지도 않은 방법이다. 내 개인적으로는 '잠깐!' 방법이 유용하다. 작은 중독들을 '잠깐!' 10회 중단하고 내가 중독의 기준에 해당하는지 살핀다. 아니면 좋고, 해당한다고 해도 이미 10회면 상당히 중독에서 멀어졌기 때문에 느긋한 마음으로 더 노력할 수 있다. 나의 경우, 나쁜 습관이 아주 약한 형태의 중독일 수 있다고 생각하는 것만으로도 많은 도움이 되었다.

끝으로 심각한 중독과 관련해 꼭 이런 호소를 하고 싶다. 아무리 심해도 전문가가 도움을 줄 수 있고 그 도움은 효과적이다. 전문적인 행동 치료를 받으면 자신에게 무슨 일이 일어나고 있는지를 환자 스스로 파악하고 이해할 수 있다. 주잔네의 경우도 자신의 중독에 대해 정확히 알고 있고 치료를 통해 든든한 버팀목을 찾은 것 같았다. 행동 치료는 욕망과 중독을 결정하는 자극들에 대응하는 방법을 바꿔준다. 중독을 장악하고 재발을 방지하며 저항력을 길러 뇌를 공략한 약물의 해적에게 더 이상 기회를 주지 않도록 도와주는 것이다.

24

공부하려고 앉으면 보이는 것들

미루는 습관을 고치려면

심리학과는 공부를 많이 해야 하는 학과이다. 1년에 두 번 시험 기간이 있다. 그 몇 주 동안 도저히 더는 안 들어갈 때까지 사실과 숫자와 공식과 정의를 머리에 집어넣어야 한다. 그랬다가 머릿속에 든 지식을 조금씩 쥐어짜내 시험 답안지에 적어 내려간다. 디플롬 학제가 없어지면서 졸업 시험의 부담은 사라졌지만 이제는 꾸준하게 지식을 습득하는 대신 폭식하듯 공부해야 한다. 일단 힘을 주어 억지로 집어넣었다가 그것으로 시험을 무사히 치고 나면 홀라당 다 까먹는다.

시험 기간이 시작되면 우리는 쓰러질 때까지 공부했다. '시험 기간'이라는 말에서 '기간'이 언제 시작해 어떻게 진행되는지는 오직 각자에게 달려 있다. 바로 그 점이 나처럼 미루는 버릇이 있는 사람들에게는 보통 큰 문제가 아닐 수 없다.

'미루는 버릇'을 심리학자들은 '지연행동procrastination'이라고 부른다. 라틴어 'pro'는 'for', 'cras'는 'tomorrow'를 의미한다. 그러니까 지연행동을 하는 사람은 "오늘 할 일은 내일로 미룬다"는 인생 모토에 따라 할 일을 자꾸만 뒤로 미루고 겨우 시작한 일도 작은 훼방꾼만 나타나면 얼씨구나 하고 놓아버린다.

내 경우도 마침내 미루고 미루던 일을 시작하려고 할 때마다 짠 하고 등장하는 세 가지 유혹의 악마가 있다. 인터넷과 어질러진 책상과 조깅화이다. 본격적으로 공부를 시작하기 전에는 일단 이메일을 체크하는 것이 좋다. 혹시 모르니까 두 번, 세 번 체크한다. 아무리 봐도 빠뜨린 것이 없다. 아, 잠깐. 인터넷뱅킹도 체크할 때가 되었다. 들어가 보니 다행히 100만 유로는 아무 데도 안 가고 그대로 있다. 허나 무릇 대학생이라면 세상이 어떻게 돌아가는지 정도는 알아야 하므로, 인터넷 뉴스도 잠시 들여다본다. 이 정도면 인터넷은 마쳤고 이제 본격적으로…… 아냐, 잠깐! 창문이 왜 저래? 책상은 왜 또 이 모양이고? 잠깐 청소를 하고 창문도 닦는다. 하다 보니 어느덧 '몰입'되어 화장실 타일까지 박박 문지른다. 같이 사는 친구들이 엄청 좋아할 것이다. 몇 주 만에 온 집 안이 반짝반짝해졌으니 드디어 공부를 시작할 수 있겠다. 아니, 잠깐! 건강한 몸에 건강한 마음이 깃든다고 했지. 그러니까 긴장을 풀기 위해 한 바퀴 뛰고 올까? 상쾌한 공기에 머리가 맑아졌다. 이제는 진짜로 공부할 수 있을 것 같다. 당신도 아마 비슷할 것이다. 나는 심지어 보험회사에 전화를 걸어서 30세 미만 대상 정기검진 서비스 문의까지 하고 있는 내 모습을 목격했다. 오로지 공부가 너무 하기 싫어서.

지연행동은 대학에만 널리 퍼진 현상이 아니다. 요즘엔 대부분의 직장이 고도의 자발성과 자제력과 조직력을 요구한다. 위에서 시키는 대로 하기만 하면 되는 업무는 거의 사라졌다. 이런 자유는 멋지지만 동시에 힘든 도전이기도 하다. 사방에 훼방꾼이 널려 있으니 말이다. 특히 하기 싫은 일이나 어려운 일을 해야 할 때는 훼방꾼이 더 자주 나타난다. 해야 하는 일 말고는 전부 다 재미있고 중요해 보인다. 책상을 정리하고 욕실을 청소한다. 하기 싫은 일을 하지 않으려고 대리 행위를 찾는다. 대가는 당연히 시간이다. 바로 여기에 심리의 덫이 깔려 있다. 우리는 자기통제력을 잃는다. 미루기에 대적하려면 반드시 필요한 그 자기통제력을.

미국 플로리다주립대학의 로이 바우마이스터Roy Baumeister는 자기통제 연구의 선구자이다. 유명한 실험에서 그는 실험 참가자들을 고문했다. 실험 장소가 조금 전 초콜릿 쿠키를 구운 방이었던 것이다. 방 안 가득 고소한 냄새가 퍼졌다. 그는 참가자들을 한 사람씩 그 방에 들여보낸 후 접시가 두 개 놓인 식탁에 앉으라고 시켰다. 접시 하나에는 고소한 냄새를 솔솔 풍기는 초콜릿 쿠키가 가득 담겨 있었고, 다른 접시에는 래디시•가 담겨 있었다. 바우마이스터

• 붉은색의 작은 무

는 자기 마음대로 두 가지 지시 중 한 가지를 골라 참가자들에게 따르도록 시켰다. 한쪽은 달콤한 쿠키를 먹어도 되지만, 다른 쪽은 래디시 두세 개밖에 먹을 수 없었다. 당연히 쿠키에는 손을 댈 수 없었다. 이제야 왜 내가 앞에서 고문이라는 표현을 썼는지 이해할 것이다. 이어 그는 모든 참가자들에게 도저히 풀 수 없는 이상한 퍼즐 문제를 내주고, 얼마나 걸리건 풀어보라고 지시했다. 래디시를 먹으며 고문당한 참가자들은 평균 8분 만에 포기했지만 초콜릿 쿠키를 먹은 참가자들은 거의 20분 동안 성실하게 노력했고 풀이를 시도한 횟수도 유의미하게 더 많았다.

바우마이스터의 결론은 이렇다. 자기통제력은 근육과 비슷하게 작동한다. 너무 많이 사용하면 기진맥진한다. 초콜릿 냄새가 풍기는 방에서 초콜릿 쿠키를 못 먹고 래디시만 먹으려면 어느 정도의 자기통제력이 요구된다. 그러니까 그 이후에는 풀기 힘든 퍼즐에 노력을 기울일 기력이 남지 않은 것이다. 자기통제력과 강한 의지는 우리의 바람보다 훨씬 빨리 소모되는 한정된 자원이다. 심리학에서는 이런 효과를 '자아고갈ego depletion'이라고 부른다. 자기통제력이 많이 요구될수록 빨리 고갈된다.

미루기 습관 때문에 괴로운 사람은 훈련으로 자기통제력 근육을 키워서 초콜릿 쿠키 정도는 거뜬하게 참아내며 진짜 과제에 에너지를 투입할 수 있어야 한다. 바우마이스터의 연구 결과 덕분에 우리는 그 방법을 알고 있다. 마라톤을 뛰고 싶다고 해서 훈련 첫날부터 42.195킬로미터 전 구간을 뛰는 것은 좋은 방법이 아니다. 그러기엔 너무 힘들다. 의미 있는 훈련은 소박하게 시작한다. 그러니까 자기 통제력을 훈련할 수 있는 자기만의 분야를 찾아라.

예를 들어 오른손잡이라면 간단한 일은 왼손으로 해보자. 지방에서 자라 사투리가 심하다면 표준말을 쓰도록 노력해보자. 의자에 앉을 때는 허리를 쭉 펴고 규칙적인 운동을 하면 자기통제 감각을 키워 통제력을 조금씩 늘려갈 수 있을 것이다. 그리고 그 훈련이 전혀 다른 분야와 업무에도 긍정적 영향을 미친다는 사실을 금방 눈치챌 것이다. 마라톤 선수는 자전거를 타거나 계단을 오르는 방법으로도 다리 근육을 훈련한다.

또 하나 중요한 지점은 자기통제력이라는 희귀 자원을 현명하게 나누는 것이다. 마라톤 선수들은 최고 기록을 올리기 위해 동원할 수 있는 에너지를 전 구간에 걸쳐 신중하게 분배한다. 앞으로 고도의 자기통제력을 요하는 과제를 만난다면 힘을 잘 분배해보자. 이렇게 자주 훈련하면 미루기 습관 때문에 마음이 울적해질 일도 없다. 유머와 좋은 기분은 자기통제력의 도핑과 같다. 또한 작은 보상과 구체적인 계획을 통해 더욱 의욕을 낼 수 있을 것이다. 다만 한 가지, 계획 세우기 자체가 미루기 행동의 일부일 경우엔 고양이 꼬리 물기 식의 악순환에 빠질 수 있다. 조심하라.

25

근거는 없지만 이게 맞아!

틀린 생각을 고집하는 이유

심리학과에 다니면서 계속 심리학 실험에 참가해 실험용 토끼가 되었던 경험도 영 의미가 없지는 않다. 당신이 스탠퍼드대학교 리 로스 교수의 실험에 참가했다고 상상해보자. 로스는 먼저 당신이 앉은 책상에 편지 한 묶음을 내려놓는다. 자살한 사람이 쓴 편지인데, 진짜와 가짜가 섞여 있다. 이 편지들 중에서 진짜와 가짜를 구분하라는 지시를 받은 당신은 의욕에 불타서 작업에 착수한다. 하나를 고를 때마다 로스는 맞았는지 틀렸는지 알려준다. 열 번째 편지까지 구분한 후 당신은 생각한다. '오오, 지금까지 다 맞혔어. 난 정말 인간에 관한 전문가야.' 신이 난 당신은 계속해서 분류 작업에 몰두한다. 결과는 놀랍다. 다른 이들이 평균적으로 진짜 편지 스물다섯 개

중 열여섯 개만 알아맞힌 데 비해 당신은 무려 스물네 개나 맞히는 놀라운 성적을 올렸다. 결과에 마음이 흡족해져 긴장을 풀고 의자에 기대려는 찰나, 로스 교수가 안쓰러운 표정을 지으며 말한다. 이 실험은 인간에 대한 지식이 아니라 성공과 실패에 대한 반응을 보려는 목적으로 진행한 것이며, 당신이 올린 성적은 사실이 아니라고. 그러니까 당신에게 전한 그의 피드백은 다 가짜였다고 말이다.

그의 말을 도저히 믿을 수 없는 당신에게 교수는 남은 실험을 마저 진행하자고 말한다. 짧은 설문지를 작성하라는 것이다. 질문은 두 개다. 1) "당신이 실제로 맞힌 진짜 편지는 몇 통일 것이라고 추정합니까?" 2) "다시 한 번 다른 편지들을 분류한다면 얼마나 좋은 성적을 올릴 것으로 예상합니까?" 당신은 뭐라고 대답하겠는가?

다음으로 당신의 친구가 같은 실험에 참가한다고 상상해보자. 당신과 달리 그는 스물다섯 개의 진짜 편지 중에서 열 개만 맞혔고, 따라서 평균에 훨씬 못 미치는 성적을 거두었다는 말을 들었다. 그는 실험 끝부분의 설문지에 뭐라고 대답할까? 당신과 당신의 친구가 대다수 사람들과 다르지 않다면 두 사람의 반응은 예정되어 있고, 두 사람 모두 로스 교수가 '버티기 효과perseverance effect'라고 부른 현상의 제물이 될 것이다. 우리는 자기 생각의 기반이 무너졌을 때도 자신의 생각을 고집하는 경향이 있다.

앞서 말한 실험에서 모든 참가자들은 로스의 피드백이 가짜였다는 말을 들었다. 그런데도 성적이 좋았다는 말을 들은 참가자들은 당신의 친구처럼 성적이 형편없다는 말을 들은 참가자들보다 거의

50% 정도 더 자신의 능력을 높이 평가했다. 실험을 한 번 더 할 경우 예상되는 성적을 물었을 때도 마찬가지로 좋은 성적을 거둘 것이라고 대답했다.

이유가 무엇일까? 다시 한 번 로스 교수의 실험실 문을 열고 들어가보자. 열심히 노력했더니 교수가 당신에게 성적이 좋다고 칭찬한다. 그 말을 들은 당신의 뇌에선 이런 과정이 진행된다. 처음엔 약간 놀랄 것이다. 편지들이 너무 비슷비슷해서 그냥 찍은 것도 많았는데……. 하긴 원래부터 당신은 자신이 공감을 잘하는 사람이라고 생각했고 친구들도 그런 말을 많이 했다. 당신은 교수의 칭찬을 받아들이기 시작한다. 능력을 인정받은 것 같아서 기분이 좋다. 그렇게 당신은 자신의 자아 인식 주변으로 서둘러 담을 둘러친다. 그리고 그 담은 참으로 튼튼하다. 로스 교수가 무슨 말을 했는지는 중요하지 않다. 당신의 생각은 오래전부터 성공의 파도를 타고 서핑을 했다. 그러니 한 번 더 실험하더라도 평균 이상의 성적을 올릴 것이고 당신의 선택은 대부분 옳을 것이다.

버티기 효과는 황소처럼 힘이 세지만 물리치기가 어렵지 않다. 로스 교수는 자살 편지 실험 후 많은 연구를 통해, 실험 참가자에게 버티기 효과의 존재를 알려주기만 해도 그 효력이 크게 줄었다는 사실을 입증했다. 그러니까 다음번에 근거 없는 자신감에 빠져서 자기가 천재라고 착각하는 상사를 만나거든 그냥 버티기 효과와 로스의 실험에 대해 들려주면 된다. 굳이 강조하지 않아도, 빈정대지 않아도 상사는 입을 다물 것이고 어쩌면 자아 성찰의 길로 나아갈 수 있을 것이다.

버티기 효과를 극복하기 위한 조금 더 실천적인 방법으로는 '거꾸로 생각하기'가 있다. 당신이 스물네 개가 아니라 한 개만 맞혔다고 상상해보라. 그럴 때 당신이 어떤 반응을 보일지 생각해본다면 당신의 머리에 쌓은 담도 무너질 것이다. 좀 더 비판적인 눈으로 자신을 객관적으로 평가할 수 있을 것이다.

26

뇌에 자동 완성 기능을 장착하라

더 빨리 더 효율적으로 목표를 달성하고 싶다면

내가 우승한 퀴즈 쇼의 예선전은 이런 식이었다. 다섯 명 중 제일 먼저 정답을 맞히는 사람이 뽑힌다. 정확하게, 제일 빠르게 컴퓨터에 정답을 기입하는 사람이 중앙으로 진출한다. 예선 준비는 힘들었다. 지식이 아니라 대답 속도가 승패를 가름하기 때문이다. 그 속도를 높이기 위해 나는 '프라이밍priming' 심리 메커니즘을 활용해 연습을 많이 했다.

프라이밍은 '길 내기'라는 뜻이다. 뇌에 길을 낸다는 뜻이다. 다시 말해 주변의 자극을 도구로 활용해 시냅스의 밀림에 특정 생각으로 가는 길을 잘 닦는 것이다. 원시림을 뚫고 나아가 아즈텍의 보물을 찾으려는 인디애나 존스와 마찬가지이다. 보물이 있는 곳에 도달하려면 가시덤불과 덩굴식물과 잡목을 헤치고 나아가야 한다. 다행히 영화 주인공은 날카로운 마체테•가 있어서 편하게 밀림을 헤치고 보물이 있는 곳에 도착한다. 프라이밍도 그 칼이 하는 일과 비슷하다. 프라임은 우리 기억에 저장된 내용을 향해 길을 내는 마체테이다. 다만 원시림이 아니라 시냅스의 밀림을 1초도 안 되는 시간 안에 헤치며 나아간다.

프라이밍의 대표적인 사례는 초등학생도 아는 바보 테스트 문제이다. 다음 질문을 큰 소리로 빠르게 읽어보자. 그리고 역시 큰 소리로 빠르게 대답해보자.

하늘에서 내리는 눈은 무슨 색깔?
설탕은 무슨 색깔?
웨딩드레스는?
종이는?
소는 뭘 마실까?

"당연히 우유지!" 프라이밍 된 당신의 뇌가 외친다. 전형적인 흰색 자극들(눈, 설탕, 웨딩드레스, 종이)의 연상이 우리 뇌에 흰색인 모든 것을 향해 길을 낸다. 그래서 프라이밍을 거친 후에는 소가 무엇을

• 열대 지방에서 가끔 무기로 사용하지만, 주로 길을 내거나 사탕수수와 같은 작물을 자르는 데 이용하는 외날의 큰 칼

마시느냐는 질문에 무색의 물보다 흰색 우유를 훨씬 빨리 떠올리게 된다. 프라이밍은 바보 테스트에서처럼 사고를 방해하는 훼방꾼이 되기도 하지만 전혀 다른 상황에서는 매우 유익할 수도 있다.

재미있는 사실은 프라임, 그러니까 길을 내는 자극들이 매우 다양한 형태를 띨 수 있다는 점이다. 한 실험에서 학자들이 참가자들에게 연필을 이(치아)로 물고 있으라고 요구했다. 그러면 참가자들의 얼굴 표정이 미소를 띠게 된다. 한번 직접 해보라. 연필을 이로 문 이 참가자들 외에 연필을 입술로 문 참가자들도 있었다. 연필을 입술로 물면 어쩔 수 없이 우울한 표정을 짓게 된다. 이 두 집단에게 똑같은 코믹 만화를 보여준 결과, 전자가 후자보다 그 만화를 더 재미있다고 평가했다. 얼굴 근육의 긴장도 특정 반응을 위한 프라임으로 작용할 수 있는 것이다.

예일대학교의 심리학자들이 주관한 다른 실험은 프라이밍으로 동작의 속도까지 바꿀 수 있다는 사실을 입증했다. '흰색', '지팡이'처럼 노인을 연상시키는 단어를 읽은 참가자들은 그러지 않은 참가자들보다 실험을 마치고 건물 밖으로 나가는 걸음의 속도가 훨씬 느렸다. 이렇게 재미난 프라이밍 실험의 사례는 무수히 많다. 프라이밍과 관련해 인상적인 연구 결과가 많이 나와 있지만, 실험실에서 입증된 프라이밍을 일상생활에 적용할 수 있는지를 둘러싼 논쟁은 여전히 진행 중이다. 아직도 답을 찾지 못한 질문들이 많다.

그럼에도 2000년 미국 대통령 선거에서 프라이밍을 이용해 민주당 후보 앨 고어를 쥐로 만들고자 했던 공화당 당원들은 아마도 한 번쯤 실험을 해볼 만하다고 생각했던 것 같다. 앨 고어의 정책을 비판하는 TV 광고에 고어의 얼굴 위로 'rats'라는 단어를 아주 짧은 시간 동안 비추었던 것이다. 광고를 만든 제작자는 나중에 전부 다 우연이었으며 'rats'는 원래 내보내려고 했던 자막 'bureaucrats(관료주의자들)'의 일부였다고 우겼지만, 프라이밍 효과를 악용하려 했던 것이 아니었느냐는 의심은 사그라들지 않았다.

그러나 이런 식의 어설픈 조작 노력은 별 의미가 없었다. 2006년 한 연구팀이 마케팅연구가 제임스 비커리James Vicary가 1950년대에 진행한 유명한 실험을 다시 한 번 실시해보았다. 당시와 똑같이 극장 스크린에 아주 짧은 순간 "팝콘을 먹어라, 콜라를 마셔라"라는 글자를 띄웠고 극장 안으로 음료 판매원을 들여보냈다. 그러나 콜라를 소비하라고 외치는 잠재의식의 호소는 목이 마른 사람한테만 통했다. 목이 마른 사람들의 경우에만 그런 글자를 보지 못한 비교 집단에 비해 더 많이 콜라를 샀다.

나는 퀴즈 쇼 예선에서 프라이밍 효과를 나름대로 활용했다. 방송을 준비하면서 그동안 방송된 수많은 예선전을 컴퓨터로 보았다. 보다 보니 많은 문제에 키워드가 있었다. 그 키워드로 다음에 나올 보기를 추측할 수 있었으므로 키워드가 프라임인 셈이었다. 나는 이 프라임을 남들보다 빨리 파악하는 훈련을 계속했다. 프라임을 찾으면 정답 찾기에 유리한 생각과 기억으로 들어가는 길을 낼 수가 있을 테니 말이다. 스튜디오에서 열린 첫 번째 예선에서 사회자는 "끝나가는 우정에 관한 속담"이라고 말했다. 나는 인디애나 존스의 마체테를 손에 쥐고 속담과 우정을 향해 길을 내기 시작했다. 덕분에 채 3초도 안 되는 짧은 시간 안에 보기 네 개 중에서 "눈에서 멀어지면 마음에서도 멀어진다"는 속담을 골라냈다. 그래도 의과대학생보다는 늦어서 그가 제일 먼저 의자에 앉았지만, 프라이밍을 적극 활용하지 않았을 때보다는 분명 훨씬 더 빨랐다.

글을 읽을 때에도 프라이밍은 실용적이다. 문장의 앞 단어들이 길을 내서 뒤따라올 가능성이 매우 높은 단어들에게로 인도하지 않는다면 평소 우리가 글을 읽는 속도는 훨씬 더딜 것이다. 따라서 더 빨리, 더 효율적으로 글을 읽고 싶다면 한 단어, 한 단어 읽을 것이 아니라 우리 뇌에게 프라이밍의 여지를 주어야 한다. 의미 있는 텍스트의 문맥에서는 단어의 앞쪽 철자를 쓱 훑어보는 것만으로도 충분하다. 나머지는 우리 머리가 자동적으로 완성한다. "기차를 타고 고향에 가려면 먼저 구매할 것이……" 이 문장에서 다음에 올 글자는 '기차표'일 확률이 매우 높다. 물론 과자나 선물이나 책일 수도 있다. 하지만 '기차를 타고'라는 프라임이 뇌를 곧바로 정해진 방향으로 툭 밀어버리기 때문에 그런 일은 일어나지 않는다.

프라이밍은 무의식적으로 일어나기 때문에 쉽게 조종할 수 없다. 하지만 한번 그 과정을 의식한 적이 있는 사람은(예를 들어 물이 아니라 우유를 마시는 소) 프라이밍을 일상에서 유익하게 활용해볼 수 있을 것이다. 특정 반응이나 대답을 바란다면 프라임을 먼저 파견해서 뇌에 그곳으로 가는 길을 닦는 것이 좋다. 특정 개념이나 냄새, 심지어 미소도 프라임이 될 수 있다.

27

남의 불행은 달콤하다

비교, 피할 수 없다면 이렇게

「누가 백만장자가 될 것인가?」에서 100만 유로를 딴 후로 나는 백만장자가 되었다. 사실 이 문장은 특별할 것이 없다. 그런데도 나는 그 문장을 무한 반복한다. 스물여섯 살에 갑자기 100만 유로가 생기면 짤랑대는 돈 소리가 천둥처럼 크게 들린다. 상당히 묘한 기분이다. 솔직히 지금까지도 내가 이 갑작스러운 재산을 제대로 소화했는지 확신이 안 선다. 나만 그런 것이 아니다. 내 주변의 모든 사람들도 도전을 받는다. 부모, 형제, 친구, 여자친구, 그들 모두가 하룻밤 사이에 나보다 가난한 사람이 되어버렸다. 그런데도 내 돈을 보고 질투해서는 안 된다. 질투는 좋지 않은 거니까. 하지만 또 사실 너무나 인간적인 것이기도 하다.

대부분의 사람들은 많은 시간과 에너지를 다른 사람들과 비교하는 데 쓴다. 우리의 자아는 진정한 비교 천재이다. 그건 다 그럴 만한 이유가 있기 때문이다. 비교는 자신을 현실적으로 판단할 수 있는 유일한 방법이다. 한번 상상해보자. 당신은 자신의 생활수준이 어느 정도인지 객관적으로 판단하고 싶다. 이 정도면 잘 사는 것인가? 못 사는 축에 들어가나? 판단을 내리기 위해 어떤 단위와 가치를 참작하고 어떤 기준에 따라 측정을 하겠는가? 이론적인 분석보다는 앞마당으로 잠깐 나가보는 편이 훨씬 간단할 것이다.

먼저 왼편의 이웃집을 쳐다본다. 작년에 저 집 남편은 아내에게 버림받았다. 이혼하면서 자동차도 빼앗겼고 아이들도 주말에만 겨우 볼 수 있다. 아마 지금쯤 하도 담배를 피워서 폐암에 걸렸을지도 모른다. 얼마나 다행인가. 당신의 배우자는 너무너무 다정하다. 당신은 얼마 전에 아담한 새 차를 구입했고 아이들은 좀 시끄럽기는 하지만 여전히 당신과 함께 살고 있다. 그 이웃과 비교한다면 당신은 상당히 잘 살고 있다. 오른편의 이웃만 없다면 말이다. 그도 얼마 전에 새 차를 구입했다. 검은색 아우디 A8이다. 그 고급 차가 행여 비에 젖을까 그는 지난주에 기술자를 불러 차고를 하나 더 지었다. 지금 그가 매력적인 아내와 팔짱을 끼고 아들의 손을 잡고 마당으로 걸어 나오며 인사를 한다. "우리 노아가 축구 연습하는 날이라서 데려다주려고요. 축구팀 주장이 되었거든요." 얼마 전에 휴가를 다녀왔는지 구릿빛 피부가 반짝인다. 당신은 웃으며 손 인사를 건네지만 기분이 참 더럽다. 저 인간과 비교하니 당신의 인생이 형편없어 보인다.

심리학은 사회적 비교가 갖는 의미를 열심히 연구했다. 비교는 기본적으로 두 가지로 나눌 수 있다. 왼쪽 이웃을 바라보는 시선은 전형적인 하향 비교이다. 위에서 아래를 내려다본다. 당신이 우월하다. 하향 비교는 자존감을 키우는 마약이어서 기분을 붕 띄워주지만 효과는 금방 사라지고 장기적으로는 오히려 불행을 안겨준다. 정반대로 도저히 따라잡을 수 없는 이웃을 올려다보는 시선은 상향 비교이다. 상향 비교는 자극을 받아서 자신의 가능성을 북돋우면 에너지원이 될 수 있지만 역시 문제가 없지 않다. 그런 비교가 너무나 자주 질투와 체념을 유발하기 때문이다.

비교의 상대는 이웃으로 그치지 않고 직장 동료, 파트너, 형제자매, 친구 등 살면서 만나는 모든 사람들을 아우른다. 비교의 대상 역시 자동차, 차고, 휴가뿐 아니라 우리의 자아상을 만드는 모든 것이다. 따라서 비교도 훈련이 필요하다. 훈련을 하지 않으면 고통이 생길 수 있다.

일본 신경학자 다카하시 히데히코高橋英彥는 사회적 비교의 효과를 연구하다가 놀라운 사실을 발견했다. 그의 실험 참가자들은 모두 취업을 앞둔 대학생들이었다. 그들에게 역시 취업을 준비 중인 가공의 인물을 소개하면서 그 순간 그들의 두뇌 활동을 측정했다. 실험 결과 참가자들은 자신과 매우 비슷하지만 자질이 더 우수한 사람들에게 가장 질투를 많이 느꼈다. 그들을 소개하는 순간 참가자들의 뇌에선 통증을 담당하는 뇌 부위가 강하게 반응했다. 이어 참가자들에게 1년 후 그 가공의 인물을 다시 만나는 장면을 상상하라고 부탁했다. 그런데 안타깝게도 그 가공의 인물이 그사이 아주 고약한 일을 겪었다. 심각한 중독에 걸리거나 연인이 바람을 피운 것이다. 다카하시는 실험 1부와 2부의 두뇌 활동을 비교하여 질투와 남이 못되어 느끼는 고소한 기쁨의 뚜렷한 상관관계를 발견했다. 실험 1부에서 가공의 인물에게 질투심을 많이 느꼈을수록 2부에서 더 확연히 측좌핵nucleus accumbens이 활성화되었다. 측좌핵은 단것을 먹거나 기쁨을 느낄 때 활성화되는 뇌 부위이다.

한번 솔직하게 되돌아보면, 당신의 측좌핵이 남의 불행을 보고 좋아했던 상황이 떠오를지도 모르겠다. 당신을 제치고 승진했던 동료가 상사에게 된통 야단을 맞거나 이웃집 아들 노아가 축구를 하다가 다리가 톡 부러졌다면 어떨 것 같은가?

만날 아래위를 보고 비교하며 잘된 사람을 질투하고 잘 못된 사람을 고소해하지 않는 사람이 되려면 어떻게 해야 할까? 일단 비교를 절대 하지 않는 것은 불가능하다는 사실을 알아야 한다. 대부분의 비교는 무의식적으로, 누가 시키지 않아도 저절로, 순식간에 일어난다. 그러니 무슨 대책을 세울 수 있을까? 자, 연못에서 헤엄치는 비단잉어를 떠올려보라. 그 연못에는 많은 비단잉어들이 우글거린다. 비단잉어는 누구랑 비교를 할까? 연못 속의 다른 비단잉어하고만 비교할 수 있다. 다행히 당신은 비단잉어가 아니기에 누구와 비교할지를 스스로 결정할 수 있다. 다음번에 다른 사람을 보고 내 신세가 한심하다는 생각이 들거나 질투심이 솟구치거든 그 비교 상대가 누구인지 정확히 따져보고, 그런 비교가 정말로 의미가 있는지도 고민해보라. 그럴 만큼 중요한 사람인지 말이다. 그저 비참한 기분에 젖어 있을 것이 아니라 비교 집단을 스스로 고를 수 있다는 사실을 늘 유념하라.

비교 현황을 파악해 통제하는 것도 좋은 방법이다. 다른 비단잉어들이 당신보다 더 반짝반짝 빛나거든 그 사실을 인정하라. 하지만 당신이 그들보다 헤엄을 빨리 치거나 더 많은 하루살이를 잡아먹는다는 사실을 잊지 말기를. 당신이 중요하게 생각하지 않는 분야에선 비교하지 말고, 질투를 앞으로 나아가는 계기로 삼아라.

28

심심함을 대하는 우리의 자세

창의력을 키우는 가장 쉬운 방법

내 유년기를 대표하는 감정은 심심함이었다. 얼마나 자주 심심했는지 모른다. 기다리는 버스가 15분 동안이나 안 온다? 심심했다. 병원에서 기다린다? 심심했다. 심심하고 또 심심했다.

요즘이라고 해서 심심한 적이 한 번도 없다는 말은 아니다. 하지만 심심함을 대하는 방식이 완전히 달라졌다. 설문 조사를 해보니 우리네 직장에도 따분한 사람이 어찌나 많은지, 번아웃 신드롬 말고 보어아웃boreout 신드롬이란 것이 생겼다고 한다. 아마도 심심함을 대하는 우리의 자세가 원인일 것 같다. 우리는 건강한 방식으로 심심할 줄을 모른다. 버스가 안 와서 심심하다? 요즘 사람들에게 그런 일은 있을 수 없다. 휴대전화가 항상 손에 있으니까. 그런데 심리적 관점에서 보면 바람직하지 않다. 심심함이 진짜 기적을 낳을 수 있기 때문이다.

심심함은 근본적으로 불쾌한 감정 상태이다. 우리가 얼마나 그 상태를 못 견뎌 하는지는 「사이언스」지에 발표된 흥미로운 연구 결과만 보아도 잘 알 수 있다. 미국에서 한 연구인데, 학자들이 진짜 실험을 하기 전에 참가자들에게 전기 충격을 가했다. 참가자들은 그 전기 충격을 매우 불쾌하게 느껴서, 이후 충격을 받지 않는 조건으로 5달러를 지불하겠느냐는 물음에 흔쾌히 그럴 뜻을 비쳤다. 이 준비 단계를 마친 후 진짜 실험이 시작되었다. 참가자들이 빈 방에 들어간다. 방에 있는 물건이라곤 좀 전에 자신을 괴롭힌 전기충격기뿐이다. 참가자들이 할 일은 그 방에 그냥 있는 것이다. 15분 동안 심심해하며 시간을 보내는 것이다. 그러자 우리 인간이 정신적 무위 상태를 얼마나 싫어하는지 드러났다. 많은 실험 참가자들이 심심하다는 이유만으로 자기 몸에 전기 충격을 가하기 시작한 것이다. 남성의 67%가 실험이 끝날 때까지 한 번에서 네 번까지 자기 몸에 전기충격기를 갖다 댔다. 여성의 25%도 조금 전만 해도 돈을 주면서까지 피하려던 전기 충격을 택했다. 그러니까 아무것도 하지 않으면서 심심하기보다는 불쾌한 것이라도 무언가를 하는 편이 더 낫다고 여긴 것이다.

우리는 심심한 상태를 좋아하지 않는다. 참 유감스러운 일이다. 심심함이 우리의 뇌를 껑충 뛰어오르게 할 수 있기 때문이다. 다양한 실험이 그 사실을 입증했다. 나는 그와 관련된 글을 읽었고 또 내가 직접 실험해보기도 했다. 목표를 사전에 알면 결과가 완전히 달라지는 실험도 많다. 그러나 효과가 너무 강렬해서 설사 실험 목표를 사전에 안다 해도 효과가 줄지 않는 실험도 있다. 나에게는 샌디 맨Sandi Mann과 레베카 캐드먼Rebekah Cadman이 실시한 실험이 그랬다. 먼저 인쇄된 전화번호부를 한 권 마련한다. 타이머를 15분에 맞추고 그동안 아무것도 하지 않고 전화번호부의 숫자만 읽는다. 타이머가 울릴 때까지. 아마 몇 분만 지나도 벌써 죽을 만큼 따분할 것이다. 그러니 시간이 다 되었다는 타이머의 알람이 구세주의 음성처럼 들릴 것이다. 하지만 본격 실험은 이제부터이다. 이상한 질문을 하나 던진다. 플라스틱 컵 두 개로 할 수 있는 것을 모두 적으시오. 주어진 시간은 3분이다. 실제로 내 머리에는 상당히 많은 아이디어가 떠올랐다. 특히 나의 뇌가 나의 손에게 "컵 전화기를 만든다"라고 쓰라는 지령을 내렸을 때가 제일 기분이 좋았다.

이런 종류의 아이디어 찾기를 심리학에서는 '확산적 사고divergent thinking'라고 부른다. 창의적 사고를 최대한 키우는 방법이다. 이때 관건은 두 가지이다. 아이디어의 순수한 양 그리고 독창성 차원에서 따져본 아이디어의 질. 유감스럽게도 맨과 캐드먼은 실험 참가자들이 어떤 아이디어를 냈는지 기록하지 않았다. 하지만 그 연구에는 훨씬 더 흥미로운 부분이 있었다. 전화번호부를 읽는 따분한 과제를 모든 참가자에게 시키지 않았다는 사실이다. 몇 사람에게는 곧바로 플라스틱 컵 문제 같은 다양한 창의력 문제를 풀게 했다. 그랬더니 사전에 심심해했던 참가자들의 창의력 측정값이 훨씬 높았다. 이 결과의 원인을 학자들은 백일몽으로 보았다.

나도 그걸 경험했다. 전화번호부를 읽는 동안 나는 생각이 떠돌게 내버려두었다. 온갖 생각이 저절로 떠오르고 사라졌다. 바로 이것이 대청소를 하듯 우리 머리를 한바탕 쓸고 닦는 것 같다. 새로운 아이디어가 들어올 수 있게 환기를 시키는 것이다. 연구 결과를 보면 심심할 때 우리의 두뇌 활동은 불과 5%밖에 줄지 않지만 바로 그 5%와 그때 활성화되는 다른 뇌 부위가 큰 효력을 발휘하는 듯하다. 그래서 새로운 아이디어가 번쩍 떠오르는 것이다.

다른 실험에선 참가자들에게 2분 동안 벽돌로 무엇을 할 수 있을지 고민하라고 시켰다. 이어 이들을 세 집단으로 나눈 후 첫 번째 집단에는 휴식 시간을 주었다. 두 번째 집단에는 집중을 요하는 어려운 기억력 문제를 풀게 했고 세 번째 집단에는 누가 해도 따분할 수밖에 없는 매우 단조로운 과제를 내주었다. 12분 후 이들에게 다시 창의력 문제를 풀게 했다. 그랬더니 '심심파'가 '노력파'는 물론이고 '휴식파'까지 무찌르고 1등을 차지했다. 학자들은 심심할 때 우리 뇌가 자유를 얻어 창의력이 높아진다고 설명한다. 이를 '생각의 방황'이라고 부른다. 휴식만으로는 충분하지 않다. 실제로 심심해야 한다. 그래야 이와 같은 효과가 나타나고 창의력이 높아진다.

심심함은 창의력에만 필요한 존재가 아니다. 심심함을 연구한 미국 철학과 교수 안드레아스 엘피도루Andreas Elpidorou는 심심함은 우리가 진정으로 무엇을 원하는지 깨닫게 도와준다고 말한다. 일종의 심판처럼 우리 행동의 조절을 돕는 것이다. 심심하지 않거나 불쾌감을 느끼지 않을 경우 우리는 지금의 상황이나 행위가 만족스럽지 않아도 그냥 그곳에 머물러 있을 것이다. 심심함이라는 심판이 레드카드를 내밀면 그제야 지금 하고 있는 행위가 원하는 것이 아니므로 행동해야 한다고 깨닫게 된다. 심심함은 우리를 밀어붙인다. 변화의 방향으로 밀어댄다.

지금은 자극이 넘쳐나는 시대이다. 진짜로 아무것도 하지 않아 본 적이 언제인가? 나는 아무리 생각해봐도 떠오르지 않는다. 우리는 자극에 중독되어 있다. 그리고 모든 중독이 그러하듯 너무 빨리 그것에 길든다. 심심하지 않으려면 자극의 강도가 점점 세져야 하고 언제 어느 때라도 손에 잡히는 곳에 있어야 한다. 출연자들을 망신 주고 울리는 오디션 프로그램으로는 더 이상 시청자의 눈길을 끌 수 없다. 정글에서 캥거루 고환을 먹어치우고 홀딱 벗고 섬에서 짝짓기라도 해야 눈길을 줄까 말까이다.

우리 자신이 변해야 한다. 우리부터 자신을 믿고 심심한 시간을 허락해야 한다. 심심한 것이 섹시하지는 않다. 하지만 머리의 공회전이 얼마나 중요한지는 연구 결과로도 명확히 입증되었다. 심심하지 않으려고 몸부림칠 것이 아니라 심심함을 자주 만나 알아가야 할 것이다. 컴퓨터도, 휴대전화도 없던 시절로 돌아간 듯 정기적으로 멍을 때려야 한다. 창의적이기를 바란다면 세상의 온갖 자극을 막아줄 벙커와 시간을 확보하자. 이 벙커가 바로 심심함이다. 아무리 노력해도 벙커를 못 찾겠거든 무작정 우체국으로 달려가서 전화번호부를 읽어보라. 도움이 될 것이다. 진짜로.

29

난 착하니까 이래도 괜찮아

내 속의 악마를 잠재우는 법

내가 사는 도시 뮌스터에는 세 가지 죽을죄가 있다. 첫째는 뮌스터에서 태어나지 않은 것. 둘째는 가톨릭 신자가 아닌 것. 셋째는 자전거를 안 타는 것. 1번과 2번은 무시하면 그뿐이지만 3번 죄는 나의 환경 양심을 갉아먹는다. 뮌스터에는 자전거 길이 많고, 구시가지 전체를 빙 두르는 가로수 길도 자전거를 타기에 그만이며, 뮌스터의 자동차 교통 상황은 지옥이 따로 없다. 그런데도 나는 환경 의식을 갖고 페달을 밟기보다 덜컹대는 낡은 BMW를 고집한다. 양심의 가책을 느끼지 않으려면 어떻게 해야 할까? 아주 간단하다. 채식주의자가 되면 된다. 그게 무슨 상관이냐고? 당연히 당신은 물을 것이다. 심리학자들은 알고 있다. 그것이 바로 '도덕적 셀프 면죄' 현상이다.

도덕적 셀프 면죄는 예전에 있었던 전화 선불카드와 비슷하다. 카드를 사서 충전하면 그만큼 전화를 할 수 있다. 나는 고기를 거의 안 먹기 때문에 동물과 환경에 선행을 하여 내 도덕 계좌를 충전한다. 그것을 양심의 가책 없이 자동차 배기가스로 사용할 수 있다. 말도 안 되는 소리 같고, 사실 말도 안 된다. 하지만 우리 뇌는 그런 말도 안 되는 것에 특별한 매력을 느낀다. 장담하건대 당신도 선행을 이용한 면죄부 거래를 알고 있을 것이다. 아마 다이어트를 하면서 벌써 써먹어 봤을 것이다. 정해진 식단에 따라 착실히 다이어트를 하다가 어느 시점이 되면 꼭 이런 생각이 스멀스멀 올라온다. 이제 웬만큼 목표에 도달했으니 내 몸에 작은 보상이라도 해주어야겠다고, 초콜릿 케이크 한 조각 정도는 먹어도 괜찮겠다고.

이렇듯 긍정적이고 올바른 행동을 통해 나쁘고 잘못된 행동의 허가증을 얻는 것이 바로 도덕적 셀프 면죄이다. 재미있는 점은 우리 뇌가 한 분야의 선행을 보상하기 위해 전혀 다른 분야에서 비도덕적인 행동을 해도 좋다는 면죄부를 발행한다는 사실이다. 다양한 과학적 연구가 이런 효과를 입증한다.

브누아 모냉Benoît Monin과 데일 밀러Dale Miller가 실시한 고전적 실험에서는 남성 참가자들에게 여성에 대해 부정적으로 쓴 글을 읽으라고 시켰다. 그리고 이 글이 옳은지 그른지를 판단해달라고 부탁했다. 글의 내용은 "대부분의 여성은 정말 머리가 나쁘다"처럼 누가 봐도 성차별적이었다. 참가자 다수가 틀렸다고 대답했다. 이렇게 (성평등 의식을 입증하여) 도덕적 선행의 계좌를 가득 채운 이들은 실험의 2부에서 새 직원을 뽑는 시멘트 회사 사장의 입장이 되었다. 신입 직원의 구비 조건은 다음과 같았다. 협상에 강하고 경쟁이 치열한 시장에서 살아남아야 하며 기술 능력이 뛰어나야 한다. 자, 당신이라면 다음 질문에 뭐라고 답할 것인가? 남자와 여자 중 어느 쪽이 이 자리에 적합할까? 당연히 둘 다 적합하다. 당신은 성차별주의자가 아니니까. 과연 그럴까? 실험 참가자들의 대답은 그렇지 않았다. 성차별적 발언을 읽고도 틀렸다고 대답하지 않은, 그래서 도덕적 면죄부를 받지 못한 남성 비교 집단에 비해 "남성이 더 적합하다"는 대답을 훨씬 더 많이 했다.

다른 실험에선 효과가 더 극명했다. 스위스에서 대학생들에게 몸에 좋은 사워크라우트• 주스와 설탕이 많이 들어간 아이스티 중 하나를 마시게 했다. 이어 우익 단체의 슬로건에 얼마나 공감하는지 물었다. 결과는 사워크라우트 주스를 마신 참가자들이 우익 선전에 훨씬 취약했다. 건강에 이로운 음료를 마신('난 몸에 좋은 일을 했다') 후에는 자동적으로 비도덕적 행동의 허가증이 발급되는 듯이 말이다.

역으로, 우리 인간은 잠시 후 나쁜 행동을 할 것이라는 사실을 알 경우 매우 의도적으로 도덕 계좌를 충전한다는 사실도 입증되었다. 도덕적 행위를 반드시 행동으로 옮겨야 할 필요도 없다. 그냥 도덕적으로 올바른 행동을 입에 올리거나 생각하는 것만으로도 충분하

• 잘게 썬 양배추를 발효시켜 시큼한 맛이 나는 독일식 양배추 절임

다. 실험한 예를 들면, 착한 행동을 하는 상상만 해도 비싼 사치품의 구매 의도가 더 많아졌다.

물론 당신더러 성차별주의자나 신나치주의자나 환경파괴자가 되라는 말은 절대 아니다. 당신이 앞으로 마트에서 물건을 훔치거나 아이를 때리거나 주차 금지 구역에 차를 세울 계획이 있을 때에만 도덕적으로 올바른 행동을 한다면 그것도 심히 유감일 것이다. 그럼에도 도덕적 셀프 면죄 현상을 알고 적극 활용하고 통제할 수 있다면 매우 유익할 것이다.

수많은 선행이 다음에 따라올 악행의 변명으로 이용된다는 사실을 이제 당신은 알았을 것이다. 앞으로도 그 사실은 달라지지 않을 것이고 또 반드시 달라져야 할 필요도 없다. 선행을 플러스로, 악행을 마이너스로 계산한 계좌가 마지막에 흑자가 된다면 그것으로 족하고 또 모두에게 이로울 것이다. 결국 중요한 것은 계좌의 플러스이고, 그 플러스가 최대로 크면 될 테니까 말이다.

30

새해 결심은 왜 반복되는가

작심삼일을 확실히 끊어내는 비결

해가 바뀔 때면 대다수 사람들이 새로운 결심을 하고 계획을 세운다. 하지만 그렇게 작심한 내용 대부분은 사흘을 넘기지 못한다. 지난 몇 년 동안 독일인의 작심 베스트 10은 변함이 없다. 순서대로 몇 가지 적어보면, 스트레스를 줄인다, 가족과 함께하는 시간을 많이 갖는다. 운동을 한다, 자신과 건강한 식생활에 시간을 투자한다, 등이다. 이 순위가 몇 년째 그대로인 걸 보면 작심이 작심으로 머문 게 틀림없다.

변화에 성공한 사람들은 성공하기까지 평균 5~6번 새롭게 마음을 먹는다고 한다. 그만큼 작심한 것을 실천으로 옮기기가 쉽지 않다는 얘기다. 그렇게 번번이 작심만 하다 끝날 거면서 우리는 왜 작심을 반복하는 것일까? 캐나다의 심리학자 재닛 폴리비Janet Polivy와 피터 허먼Peter Herman이 그 이유를 찾았다. 바로 '헛된희망증후군false-hope syndrome'이다. 두 사람은 변화의 실패와 관련한 수많은 실험을 분석했고, 결국 실패의 원인이 전형적인 비현실적 기대 4종 세트라는 결론에 도달했다.

첫째, 우리는 만성적으로 우리가 바꿀 수 있는 것을 과대평가하는 경향이 있다. 비만이었던 사람이 몇 주 내에 몸무게 절반 감량에 성공한 사례를 TV에서 본다. 또는 단칼에 담배를 끊었다는 체험담을 읽는다. 거기서 희망을 본 우리는 객관적으로 가능한 것보다 훨씬 많은 것을 이룰 수 있다고 기대한다. 적당히 괜찮은 수준은 성에 차지 않는다. 완벽하고 싶다. 거만해진다. 3~4킬로그램 감량은 목표라고 할 수도 없다. 바로 10킬로그램은 뺄 것이다. 하루 20개비 피우던 담배를 10개비로 줄이는 정도로는 안 된다. 아예 싹 끊어버려야 한다.

두 번째 덫은 속도를 향한 우리의 탐욕이다. 의욕에 들떠서 원하는 변화에 필요한 시간을 너무 빠듯하게 잡기 때문에 단시간 안에 답보 상태에 빠진다. 목표로 한 시간에 이루지 못하니 의욕을 잃고 힘이 빠지는 것이다.

세 번째 문제점은 도전에 대한 과소평가이다. 장애물의 높이를 잘못 가늠한 경주마처럼 자신의 능력을 과대평가하고, 성공으로 가는 길의 어려움을 과소평가하기 때문에 그만 실패의 가로대에 걸려 넘어지고 만다. 담배를 피우면 니코틴에 중독된다. 그것을 모르는 사람은 없다. 하지만 흡연자에게 그 사실을 지적하면 뭐라고 대답하던가? "걱정 마. 나는 언제든지 끊을 수 있어." 자신의 변화 능력을 이보다 더 과대평가할 수 있단 말인가?

네 번째로 우리는 변화에 너무 많은 것을 기대한다. 다이어트를 하는 이유를 물었을 때 건강 때문이라는 대답은 거의 안 나온다. 다이어트를 하면 애인이 생길 것이고 승진을 할 것이며, 나아가 자아상도 지금과는 완전히 달라질 것이라고 기대한다.

자신을 한 움큼이라도 개선하려는 모든 노력은 일단 세상만사를 내 뜻대로 할 수 있다는 기분을 선사한다. 처음엔 그 노력이 성공적일 때가 많다. 하지만 시간이 흐를수록 노력을 유지하기가 힘들어진다. 노력은 더 하지만 추가 성과는 없고, 빠듯하게 잡은 기한은 이제 곧 코앞으로 들이닥칠 참이며, 냉장고의 달콤한 유혹은 날로 버텨내기가 힘들다. 결국 체념하고 항복을 선언한다.

여기서 악순환이 시작된다. 실패했으니 예전보다 더 기분이 나쁘다. 하지만 실패를 솔직히 인정하기도 쉬운 일은 아니다. 그래서 핑계를 찾는다. 인간은 핑계 찾기의 귀재다. 실패의 원인은 절대 자신한테 있지 않다. 어디 다른 데 있다. 앞서 살펴본 '기본적 귀인오류'를 생각해보라. 자기 행동의 원인을 자신이 아닌 외부 상황으로 설명하는 우리의 성향을 떠올려보라. 이유만 그럴듯하게 둘러대면 심지어 실패가 성공으로 변신할 수도 있다. 예를 들어 도박에 미친 사람들은 돈을 잃어도 절대 실패라고 말하지 않는다. "거의 땄다"고 우긴다. 그래야 계속 도박을 할 수 있다. 변화의 노력이 실패했어도 우리는 실패의 원인을 바꿀 수 있다고 생각한다. 그래서 도박꾼은 파친코 기계를 바꾸고 다이어트에 실패한 사람은 다이어트 책을 바꾸면서 역시나 맹목적으로 다시 돌진하는 것이다.

그렇다면 이제 어떻게 해야 할까? 뚱뚱한 채로 도박에 돈을 갖다 바치고 소파에 누워 담배를 피워대야 할까? 절대 그렇지 않다. 폴리비와 허먼이 해결책을 제시한다. 우리는 헛된희망증후군을 무찌를 수 있다. 제일 중요한 묘책은 비현실적인 기대 대신 현실에 가까운 기대를 키우는 것이다. 다이어트가 불가능한 것이 아니라 1주일에 10킬로그램을 감량하는 다이어트가 불가능하다. 경계가 분명하고 구체적이며 달성할 수 있는 목표를 정하라. 성공을 계측하라. 실패하거든 핑계를 찾지 말고 원인을 비판적으로 캐물어라. 주도권은 당신 손에 있다. 자신을 인정하라.

우리는 자신에게 사랑과 이해를 쏟아야 한다. 자녀에게 자전거 타는 법을 가르치는 부모처럼. 너무 가혹하게 자신을 몰아치면 실패할지 모른다는 두려움 때문에라도 실패하기 쉽다. 새로운 자아로 향해 가는 기나긴 행군 길에서는 반드시 휴식을 허락해야 한다. 특히 한 번 실패했다고 금방 낙담하여 다 집어치우자고 포기해서는 안 된다.

변화는 등산과 다르지 않다. 가다 보면 운동화 끈이 풀릴 때도 있고 화장실이 없을 땐 급한 볼일도 처리해야 하고, 주룩주룩 비도 내릴 것이다. 그런 소소한 일을 겪는다고 해서 길에 철퍼덕 주저앉아 짜증만 부려서야 되겠는가? 변화로 가는 길에서 실패는 정상적인 일이다. 포기의 핑곗거리가 아닌 것이다.

PART 4

“아쉬운 소리는 그만하고 싶어요”

거절당하지 않는 사람들이 사용하는 심리 기술

31

나는 욕망한다, 내게 금지된 것을

내가 좋아하는 저 사람을 안달 나게 하려면?

퀴즈 쇼에서 100만 유로를 따면 돈 많은 부자가 되는 것으로 그치지 않고 살짝 유명세도 누리게 된다. 방송이 나간 다음 날 아침, 나는 귄터 야우흐가 경고했던 미디어의 물결을 기다렸다. "빵집에 들어가서 빵을 사도 다들 당신을 주시할 거예요." 야우흐는 탈의실에서 팬티 바람으로 내게 예언했다. 그의 예언은 맞았다.

어느 날 당신의 사진이 잡지 표지에 대문짝만 하게 실리고, 방송 나간 지 몇 주가 지나도 웹 포털에 당신의 기사가 뜨며, TV 토크쇼에서 당신을 게스트로 초대한다면 아마 고개를 갸웃하게 될 것이다. 왜들 이러지? 나는 '그저' 100만 유로를 땄을 뿐인데 말이다. 처음엔 그런 야단법석이 신기하기도 하고 흥분도 되었지만 얼마 못 가 나는 유명해진다는 게 얼마나 끔찍한 일인지 절감했다. 나처럼 유명세란 것을 쥐꼬리만큼이라도 경험해본 사람이라면 이해할 수 있을 것이다. 슈테판 라프* 같은 사람이 왜 공개석상에 가족을 데리고 나오지 않는지, 올리버 포허**가 왜 파파라치를 고발했는지, 귄터 야우흐가 왜 사생활의 경계를 침범하는 언론을 법정에 세우는지, 그 심정을 충분히 헤아릴 것이다.

하지만 그렇게 차단벽을 치면 칠수록 그들에게 다가가고 싶은 욕망은 더욱 커진다. 스타들은 원치 않겠지만, 노출을 줄여 더 큰 욕망을 일깨우려는 작전은 환상적인 사랑의 세계에선 여전히 널리 통하는 전략이다.

선도적인 마케팅 심리학자이자 조작의 대가인 로버트 치알디니 Robert Cialdini 교수는 대부분의 사람들이 희귀하고 얻기 힘든 것을 특히 더 욕망한다는 사실을 밝혀냈다. 지금 당장 홈쇼핑 채널을 틀어보라. 잠시만 보고 있어도 금방 치알디니가 말한 전략의 제물이 될 것이다. "이제 5분밖에 안 남았습니다." "얼른 전화하세요. 기회는 오늘뿐이에요. 오늘만 강아지 무늬 쿠션 커버에 진짜 보석까지 얹어 드립니다." 치알디니는 희소성의 원칙을 주장한다. 욕망의 대상이 희소해지거나 더 이상 갖지 못할 것 같은 기분이 들면 그 물건에 대한 관심이 치솟는다. 어린 시절이 기억나는가? 하면 안 되는 것이 얼

* Stefan Raab, 독일 코미디언이자 사회자
** Oliver Pocher, 독일 배우이자 코미디언, 사회자

마나 많았는가? 예를 들어 나는 차에서 앞좌석에 앉을 수 없었고 콜라를 먹으면 안 되었으며 TV도 조금밖에 못 봤다. 그래서 내가 제일 하고 싶었던 것이 무엇이었을까? 바로 그 세 가지였다.

거절을 흔쾌히 받아들이거나 자유의 제약을 좋아할 사람은 없다. 좋은 것을 놓치거나 얻지 못할 것 같은 생각이 들면 우리는 적극적이 된다. 희소성의 원리이다. 이 원리를 이용할 줄 아는 부모는 아이들에게 일단 시금치를 못 먹게 금지하고, (그래서 시금치가 희소해져서 아이들의 마음에 욕망이 일면) 맛없는 시금치를 마구 먹인다.

사랑의 고수들도 홈쇼핑 쇼호스트나 시금치를 먹이려는 부모 못지않게 희소성의 원리를 이용한다. 오스트레일리아의 사회학자 피터 요나슨Peter Jonason과 싱가포르의 심리학자 노먼 리Norman Li가 바로 사랑에서 나타나는 전략적 희소화 현상을 추적했다. 그 결과, 매우 다양한 행동 방식이 존재한다는 사실을 밝혀냈다. 초등학생 때 나는 입학한 첫날부터 졸업식 날까지 내내 안나라는 이름의 여자아이에게 홀딱 빠져 있었다. 안나는 희소성 원리를 완벽하게 마스터하여, 두 학자가 확인한 행동 방식의 거의 모든 레퍼토리를 활용할 줄 알았다. 어느 정도의 폐쇄성과 자신감을 함께 갖춘 아이였다. 감정을 드러내는 일이 거의 없었고 어쩌다 쉬는 시간에 몸이 닿으면 얼른 뒤로 물러났다. 누가 봐도 우리 사이에 뭔가 오가는 감정이 있었음에도 안나는 보란 듯이 정기적으로 다른 남자아이와 운동장에서 만났다. 내가 젖 먹던 용기까지 다 짜내서 말을 붙이면 짓궂게 놀리거나 무관심한 척했고 아예 대답조차 안 할 때도 많았다. 안나를 비난하고 싶지는 않지만 그녀는 정말로 나를 미치게 만들었다. 당연히 결과는 요나슨과 리의 주장과 다르지 않았다. "자신의 가치를 올리고 싶으면 희소하게 만들어라."

이 작전에 성공하기 위해 그들이 일러준 주요 전략 다섯 가지는 다음과 같다. 접근을 엄격하게 제한한다. 무지 인기가 많다는 인상을 준다. 손에 잡힐 듯 잡히지 않는다. 주목을 끈 다음 다시 외면한다. 잠시 관심을 보이다가 금방 다시 시들해진다. 아마 몇 가지는 당신도 직접 이용해봤거나 이용당해봤을지 모르겠다. 요나슨과 리의 설문 조사에 응한 사람들의 답변이 사실이라면 희소화의 이유는 두 가지이다. 첫째, 파트너의 관심을 자신에게로 돌려서 상대가 더 많이 원하도록 만들기 위해서이다. 둘째, 상대가 지금 이 관계를 얼마나 구속력 있다고 생각하는지, 얼마나 사랑에 헌신할 각오가 되어 있는지를 테스트하기 위해서이다.

이것이 완벽한 희소화의 작동 원리이다. 하지만 이것으로는 아직 부족하다. 목표에 도달하려면 희소의 정도도 중요하다. 요나슨과 리는 이성애 성향의 대학생들을 대상으로 어느 정도의 희소화가 어떤 종류의 미래 관계에 가장 효율적인지 조사했다. 참가자들에게 가공의 이성 세 명을 소개했다. A는 누구와도 금방 친해지고 데이트에도 쉽게 응한다. B는 약간 내성적이지만 데이트에는 관심이 있다. 물론 A처럼 개방적이지는 않다. C는 보아 하니 한 번도 데이트를 해본 적이 없는 것 같다. 몹시 내성적이다. 대학생들의 대답은 명확한 동시에 실용적이었다. 부담 없는 섹스는 A와 하겠다고 대답했다. 하지만 진짜 데이트나 진지한 관계는 B를 택했다. 소심이 C는 아무도 좋아하지 않았다. 이런 패턴은 남녀가 동일했다.

우리 모두는 희소화 게임과 희소성 원리의 득을 볼 수 있다. 연애를 하는 중이라면 파트너가 보는 자리에서 살짝 다른 상대와 시시덕거리거나 침대에서 슬쩍 거부를 해보자. 다시 불길이 타오를 것이고, 당신은 상대가 당신을 진지하게 생각한다는 확신을 얻을 수 있을 것이다. 하지만 도를 넘어서면 안 된다. 여기서도 조심조심 줄을 타야 한다. 너무 지나치면 최악의 경우 상대가 실망해 당신에게 등을 돌릴 수 있다. 현재 비자발적 싱글이라면 사랑을 찾아 나설 때 학자들의 연구 결과를 참조하면 좋겠다. 가벼운 관계 이상을 바란다면 오늘 배운 희소화의 전략을 적극 시험해보고, 이때에도 달인은 하늘에서 떨어지는 것이 아니라는 사실을 반드시 명심해야 한다.

32

도와주세요! 거기 바로 당신

도움이 꼭 필요할 때

1964년 3월 13일 새벽. 뉴욕시 퀸스 지역 큐가든스에서 28세 키티 제노비스가 등을 여러 차례 칼로 찔렸다. 그녀를 찌른 자는 사이코패스에 연쇄살인범인 윈스턴 모슬리였다. 그는 범행 후 다시 차를 몰고 왔다. 길모퉁이를 돌아 핏자국을 따라가서는 거의 의식을 잃은 키티를 찾아냈다. 그러고는 그녀가 가지고 있던 몇 푼의 현금을 훔쳤고 그녀를 잔인하게 강간했으며 다시 여러 번 칼로 찔렀다. 키티는 잠시 후 숨을 거두고 말았다.

처음엔 아무도 키티의 운명에 관심을 기울이지 않았다. 그 사건은 뉴욕에서 해마다 일어나는 636건의 살인 사건 중 하나에 불과했으니까. 하지만 「뉴욕 타임스」에 "38명이 살인 사건을 목격하고도 아무도 경찰에 신고하지 않았다"라는 제목의 기사가 실리면서 상황은 돌변했다. 기사를 쓴 사람은 범행이 30분 이상 지속되었고 목격자가 수없이 많았는데도 아무도 도와주려 하지 않았다고 주장했다. "괜히 엮이고 싶지 않았어요"라고 말한 이웃 남자의 인터뷰 내용도 실었다. 경찰, 언론, 시민들은 제노비스 사건이야말로 도덕이 무너졌고 뉴욕 시민들이 냉혹하다는 증거라고 입을 모았다.

젊은 두 심리학자 존 달리John Darley와 빕 라타네Bibb Latané는 이런 식의 성급한 결론에 만족하지 않았다. 그러잖아도 그들은 두 가지 가설을 세운 상태였다. 바로 '책임의 분산'(우리는 다른 사람이 곁에 있으면 도와주어야 한다는 책임감을 덜 느낀다)과 '정의definition의 문제'(다른 사람들이 돕지 않으면 그 상황이 비상사태라고 확신하지 못한다)가 그것이었다. 끔찍한 키티 제노비스 사건이 발생하자 두 사람은 그 가설의 검증에 착수했다.

검증을 위해 그들은 간단하면서도 천재적인 두 가지 실험을 생각해냈다. 첫 번째 실험에선 참가자를 긴 복도에 늘어선 여러 개의 방 중 하나에 데리고 들어갔다. 그리고 설명하기를, 개인적인 문제를 주제로 집단 토론을 할 텐데 참가자 대부분이 사생활 공개를 원치 않으므로 토론은 서로 얼굴을 보지 않은 상태에서 헤드폰과 마이크를 이용해 진행될 것이라고 했다. 토론을 질서 있게 진행하기 위해 우선 한 사람이 자기 문제를 털어놓는다. 그때엔 그 사람 말고는 모두가 듣기만 할 뿐 말을 할 수 없다. 이어 순서대로 참가자 전원의 마이크를 켤 것이고 그러면 각자 자기 의견을 말할 수 있다. 그 후 다음 순번의 사람이 자기 문제를 털어놓는 식이다. 참가자들이 솔직한 의견을 개진할 수 있도록, 실험을 주관한 학자는 개입하지 않고 토론 내용을 듣지도 않는다.

여기서 참가자들이 모르는 사실이 하나 있었다. 다른 방에는 다른 참가자들이 앉아 있는 게 아니라 녹음기가 돌아가고 있었다. 1번 순서로 참가자는 녹음기에 녹음된 한 남자의 사연을 들었다. 뉴욕에 정착하지 못해 힘들다는 그 남자는 몹시 조심스러워하며, 또 부끄러워하며 간질 발작 때문에 힘들다고 고백했다. 이어 참가자는 다른 참가자들이 각자의 방에서 이 남자의 문제에 대해 내놓는 의견들(물론 전부 다 녹음된 내용이었다)을 들었고 자기 의견도 직접 말했다. 그런데 다시 그 남자 차례가 돌아왔을 때 그가 갑자기 말을 더듬기 시작했다. "어, 어, 나, 어, 어, 나 좀, 으, 으, 누가, 으, 으, 나 좀, 발작, 아, 죽을 거, 으으, 같아." 이어 구역질하는 소리가 들리더니 잠잠해졌다. 처음 "어, 어" 하고 신음을 내뱉은 순간 학자는 스톱워치를 눌렀다. 실험 참가자가 방을 나와 도움을 청할 때까지 걸린 시간은 얼마일까? 결과는 충격적이었다. 자신 말고 한 사람만 더 토론에 참가할 것이라고 들은 참가자들은 모두 뛰어나와 도움을 청했고 걸린 시간은 평균 52초였다. 하지만 토론 참가자의 숫자를 한 사람 더 올리자 62%만 도움을 청했고 걸린 시간도 평균 93초로 길어졌다. 토론 참가자의 숫자를 여섯 명으로 올리자 상황은 위험할 정도로 악화되었다. 단 31%만 반응했고 평균 166초가 걸렸다.

이로써 첫 번째 가설인 '책임의 분산'이 실제로 일어난다는 사실을 입증한 후, 달리와 라타네는 두 번째 가설을 입증하기 위해 또 한 번 실험을 실시했다. 이번에는 방에 참가자를 앉힌 후 설문지를 나누어 주었다. 그런데 갑자기 환기구에서 시커먼 연기가 솟구쳤다. 참가자가 혼자인 경우 모두가 매우 합리적으로 행동했다. 4분의 3이 단시간 안에 문제를 알렸다. 그런데 아무 반응을 하지 않는 다른 참가자 두 명과 함께 있는 경우엔 행동이 달라졌다. 열 명 중 한 명만 반응을 보였다. 나머지 아홉 명은 연기가 너무 짙어서 손으로 휘저어야 겨우 설문지를 알아볼 수 있을 때까지 그냥 계속 설문지만 작성했다. 기침을 하고 눈을 비비고 창문을 열면서도 아무런 대응을 하지 않았다. '다른 사람들이 반응하지 않는 걸 보니 비상사태가 아닐 수 있잖아.' 대부분은 이렇게 생각했다. 다음 단계의 사고, 즉 '모두가 저렇게 생각하니 비상사태를 깨닫지 못한다'는 생각으로 나아가지는 못했다. 이로써 두 번째 가설인 '정의의 문제' 역시 입증되었다.

시간이 조금 더 흘러 제노비스 사건에 대한 조사 결과가 발표되었다. 즉 목격자는 30명보다 적었고 그중 몇 사람은 상황을 오판했으며, 다수는 경찰에 연락하려 했다는 것이었다. 그러나 지금까지도 소위 '방관자 효과'의 위험을 입증한 연구 결과는 수없이 많다. 다수의 잠재적 구조자가 비상 상황을 목격할 경우, 결국 아무도 돕거나 나서지 않고 모두가 가만히 보기만 한다. 그것이 방관자 효과이다. 그동안의 분석 결과, 목격자들이 서로 소통하거나 서로 아는 사이여서 함께 힘을 합쳐 범인을 물리칠 수 있다고 생각하는 경우에는 효과가 훨씬 줄어든다고 한다.

그러니까 키티 제노비스의 비극적 이야기에서 우리가 배워야 할 점은 명백하다. 혹시라도 당신이 위험에 처했는데 주변에 여러 사람이 있다면? 그중 한 사람을 콕 집어서 도움을 청해야 한다. 그 사람을 똑바로 쳐다보며 당신이 지금 여기에서 그에게 정확히 도움을 바란다고 밝혀야 한다. 사람이 얼마나 많든 그건 중요하지 않다. 시내에서 황급히 화장실을 찾건, 당이 떨어져서 포도당 한 모금이 필요하건, 전철에서 성추행을 당하건 상관없다. "나는 지금 바로 당신이 필요하다." 이런 메시지만이 책임 분산의 위험을 막을 수 있다.

다음과 같은 상황이나 그 비슷한 상황을 당신도 알 것이다. 친구 스무 명에게 단체 문자를 보내서 부탁을 한다. 그게 무슨 부탁이건 책임 분산 효과가 나타나서 결과는 실망스러울 것이다. 조금 더 노력을 기울여 스무 통의 메일을 따로 보내보자. 개인적으로 호명하는 것이 제일 좋은 방법이다. "안녕 파울, 나 토요일에 이사하는데 너 혹시 시간 있어?" 그럼 도움의 손길을 내밀 확률이 급격히 높아질 것이다. 전철표를 사려는데 동전이 몇 개 모자란다? 용기를 쥐어짜내서 큰 소리로 누가 나 좀 도와달라고 고함지를 필요 없다. 한 사람을 콕 집어 부탁하면 성공 확률이 훨씬 커진다.

또 한 가지, 당신의 문제가 문제로 인식되도록 행동해야 한다. 그러니까 진짜로 위급한 경우엔 자신의 상황을 정확히 설명해서 누가 들어도 위급 상황이라고 생각할 수 있게 해야 한다. 굳이 길게 설명할 필요 없다. "예전에 심장마비가 일어난 적이 있습니다. 아무래도 심각한 것 같아요. 도와주세요." 이 정도 설명이면 충분하다.

입장을 바꾸어 당신이 목격자가 되었다 해도 마찬가지이다. 아무도 행동하지 않는데 상대가 정말로 위급한 상황일까 고민하기 전에 행동에 나서라. 어떤 상황이라도 과민 반응이 무반응보다 낫다. 미국의 수상 안전 요원들은 정확히 그런 훈련을 받는다. 해변에 있는 다른 사람들이 어떤 행동을 하건 상관없다. 누군가 바다에서 위험에 처한 것 같으면 도와라.

키티 제노비스를 살해한 범인은 50년 이상 감옥에서 살다가 최근에 죽었다. 당시 목격자 중 단 한 사람이라도 방관자 효과의 위험성을 인식했더라면 어땠을까. 그 사건은 무관심이 낳은 참담한 결과의 증거가 아니라, 도움과 시민의 용기가 얼마나 중요한지를 입증한 찬란한 증거가 되지 않았을까.

33

네가 나에게 하는 대로 나도 너에게 한다

공짜가 이렇게 무서운 겁니다

당신도 이미 눈치챘겠지만 우리 심리학자들은 실험을 할 때 참가자들이 실험의 의도를 알아차리지 못하도록 꾀를 부려야 한다. 그래야 참가자들이 실험실 밖에서와 똑같이 행동할 테니 말이다. 그러니까 앞으로 당신이 혹시라도 심리 실험에 참가했는데 그 방에 어떤 사람이 들어오거든 경계를 늦추지 말기 바란다. 실험실 측의 주장과 달리 그는 분명 평범한 참가자가 아니고 정확한 지시를 받은 연기자일 테니까. 그의 존재와 행동을 이용해 당신의 반응을 테스트하려는 실험실 측의 계략인 것이다. 데니스 로건Dennis Rogan 역시 '호혜의 원칙'을 입증한 실험에서 똑같은 방법을 사용했다.

실험 참가자인 당신이 방에 있는데 A라는 사람이 들어온다. 두 사람은 함께 방에 앉아 실험실 팀장이 오기를 기다린다. 잠시 후 나타난 팀장은 두 사람을 휑한 방으로 데려간다. 그리고 책상에 놓인 그림 몇 점을 평가해달라고 부탁한다. 하지만 과제가 뭔지는 중요하지 않다. 수학 문제를 풀거나 도토리로 인형을 만들어도 된다. 진짜 과제는 몇 분 후 그것과 전혀 관계없이 주어질 거니까. A가 방을 나가더니 콜라 캔 두 개를 들고 돌아온다. 실험실 팀장에게 물어봤더니 괜찮다고 했다고, 그래서 자동판매기에서 자기 것 하나, 당신 것 하나, 두 개를 뽑아왔다고 말하며 캔 하나를 당신에게 건넨다. 당신은 사실 별로 목이 마르지 않지만 캔을 건네받고서 다시 그림을 양심껏 평가하기 위해 노력한다.

그때 A가 당신에게 쪽지 한 장을 건넨다. 이 방에선 말을 하면 안 된다. 팀장이 그렇게 지시했다. 쪽지에는 큰 글씨로 이렇게 적혀 있다. "부탁 하나 해도 될까요?" 무슨 부탁? 바로 밑에 그 내용이 적혀 있다. A는 자기가 자기 대학교에서 발행하는 복권을 팔고 있는데 당첨금이 꽤 크다고 했다. 복권 가격은 1유로밖에 안 되지만, 이제 몇 장만 더 팔면 보너스로 50유로를 받을 수 있다. 그러면서 당신이 몇 장을 사건 상관없지만 많이 사줄수록 좋으니까 원하는 숫자를 쪽지에 써서 보여달라고 한다. 자, 여기까지! 몇 장을 사겠다고 적어야 하나 고민에 들어가기 전 일단 다음 글을 읽어보자.

A는 이날 똑같은 내용의 쪽지를 열 명에게 내밀었다. 하지만 이 중 절반만 (당신처럼) 그에게 콜라를 얻어먹었다. 나머지 절반은 콜라를 받지 못했다. 어떤 집단이 A의 부탁을 더 많이 들어줄 것 같은

가? 콜라를 얻어먹은 쪽? 못 얻어먹은 쪽?

당신이 대부분의 사람들과 다르지 않다면, 상대가 사전에 당신에게 선의를 베풀었을 경우 당신 역시 그에게 선행을 베풀 마음이 훨씬 커진다. 로건의 실험에 참가한 사람들 역시 A에게 콜라를 얻어먹은 경우 그러지 않은 사람들보다 거의 두 배 더 많이 복권을 구입하겠다고 했다.

이유는 호혜의 원칙이다. 당신이 누군가를 도우면 그 사람은 나중에 그 도움을 만회하려고 노력할 것이다. 여기서 콜라 얻어먹고 딴데 가서 콜라 사주는 식의 간접적 교환도 일어난다. 진입로에서 오토바이를 탄 청년이 나오는 모습을 보고는 차를 멈추고 그를 먼저 보낸다. 조금 전에 실버카를 밀던 할머니가 친절하게도 횡단보도에서 내게 먼저 가라고 손짓했기 때문이다. 나는 할머니에게 고마움을 느꼈고, 청년은 내게 고마움을 느껴서 다음 주 버스에서 할머니에게 자리를 양보한다.

호혜의 원칙은 우리 사회 시스템이 잘 돌아가게 하는 윤활유 역할을 한다. "네가 나에게 하는 대로 나도 너에게 한다." 이런 식의 행동은 진화론적으로 보아도 의미가 깊다. 네가 내 몸의 이를 잡아주면 나도 네 몸의 이를 잡아줄게. 호혜는 사회를 결합하는 규범이다. 우리 사회에는 너무도 단단하고 중요해서 보편적이라고 부르는 규범들이 있다. 근친상간의 터부도 그런 규범 중 하나이다. 유명한 미국 사회학자 앨빈 굴드너Alvin Gouldner의 주장대로라면 호혜의 원칙 역시 우리 인간에게 그런 규범만큼 큰 의미가 있다.

그러나 안타깝게도 호혜가 악용되는 경우도 있다. 하레 크리슈나 교단의 삭발 수도승들은 지나가는 행인에게 기부를 받아내기 위해 바로 이 호혜의 원칙을 이용한다. 곧바로 기부를 요구하기 전에 일단 미소를 지으면서 행인에게 장미를 건네는 것이다. 마트의 시식 코너도 비슷한 원리이다. 다정하게 건넨 치즈 조각은 마트 점장의 착한 마음이 아니다. 이런 판매 전략들은 수도승들과 똑같이 호혜의 원칙을 이용하여 받은 선행을 (아직) 갚지 못했다는 부채감을 일깨운다. 장미나 치즈를 선물로 받은 우리가 그것을 갚아야 한다는 의무감을 느끼게 되는 것이다. 이런 잔꾀를 간파하고 이겨내려면 어느 정도의 연습이 필요하다.

무언가를 선물로 받거나 공짜로 받았다면 그 선물에 숨겨진 의도가 무엇인지 정확히 점검하라. 선물을 준 사람이 정말로 당신에게 선행을 베푸는 것일까? 아니면 당신의 뇌에 부채감을 심어서 결국 견디지 못한 당신이 지갑을 열어 말도 안 되게 비싼 크리슈나 경전이나 치즈 한 팩을 사게 만들려는 것일까? 거꾸로 당신도 호혜의 원칙을 이용해 득을 볼 수 있다. 앞서 배웠던 거래의 전략 '팃포탯'을 떠올려보라. 당신은 양해로 시작한다. 그 양해는 마트의 판촉 사원이 건네는 치즈 조각과 비슷하다. 당신의 '선물'이 받아들여지면 당신은 보답을 기다릴 수 있다.

"네가 나에게 하는 대로 나도 너에게 한다"는 호혜의 원칙은 사회의 결속을 위해 너무나도 중요한 원칙이므로 모두가 참여하는 것이 바람직할 것이다. 그렇다고 당장 계약서에 서명할 필요는 없겠지만 어쨌든 상대를 친절하게 받아주고 그에게 기회를 주는 것은 절대 잘못이 아니다. 그럼에도 나는 장기적으로는 '친절하되 신중하게' 주고받는 게 좋다고 확신한다. 여기서 '친절'하다는 건 가급적 '먼저 베풀라'는 뜻이다. '신중'하다는 건 '누군가 내게 베푼다면 그 사람을 조금 더 조심하라'는 의미이다.

34

줄 것이냐, 말 것이냐

정의로움은 이렇게 탄생했다

당신은 지금 신규 편성된 게임 쇼에 출연했다. 탁자에 지폐가 한 무더기 놓여 있다. 정확히 100만 유로이다. 당신은 이 돈을 갖고 싶다. 방법은 간단하다. 맞은편에는 조금 전 대기실에서 만나 인사를 나누었던 다른 출연자가 앉아 있다. 그의 이름을 디터라고 하자.

진행자가 문제를 설명한다. 당신은 디터에게 100만 유로 중 일부를 떼어서 나누어 줄 수 있다. 디터가 그 액수를 받아들이면 나머지는 전부 당신이 가진다. 하지만 거절하면 두 사람 다 빈손으로 돌아가야 한다. 당신은 디터에게 얼마를 나누어 줄 것인가? 잠깐 시간을 두고 고민을 좀 해보자. 한두 푼이 아닌 거금이니까.

다음과 같은 경우를 상상해보자. 당신이 잠깐 고민한 후에 디터에게 100만 유로 중에서 1000유로를 건넨다. 그가 황당하다는 표정으로 당신을 빤히 쳐다보다가 버럭 고함을 지른다. "고작 이 푼돈으로 날 구워삶으려고? 당신 미쳤어? 난 안 받아." 협상은 깨졌다. 둘 다 빈손이다.

왜 디터는 1000유로를 거절했을까? 거절하면 한 푼도 못 건진다. 이성적으로만 따졌을 때는 1유로도 0유로보다는 낫다. 물론 지금 이 책을 읽는 당신은 우리의 심리가 이성적인 것하고는 거리가 멀다는 사실을 간파했을 것이다. 당신과 디터가 오직 이성에 따라 움직이는 사람이라면 당신은 1유로를 제안할 것이고 디터는 그 금액을 받아들일 것이다. 하지만 디터도 당신도 소위 '호모에코노미쿠스'가 아니다. 객관적으로 항상 이익의 극대화를 노리며 이성적으로만 행동하지 않는단 얘기다. 이성적으로 따져본다면 당신은 디터에게 최소의 금액을 줄 때 가장 큰 이익을 볼 것이고 디터는 아무리 적은 액수라고 해도 한 푼도 못 건지는 것보다는 득이 된다.

하지만 인간은 금액의 많고 적음을 떠나 자기 이윤의 극대화 원칙만 좇는 존재가 아니다. 앞의 사례에서도 디터는 당신의 몰지각한 제안을 거절하는 것이 1000유로의 가치가 있다고 생각했다. 설사 물질적인 손해를 본다고 해도 말이다. 디터와 당신의 게임은 '최후통첩 게임ultimatum game'이라는 이름으로 알려진 사고 실험이다.

이 게임(금액이 더 적거나 다른 자원을 이용한다고 해도)을 활용한 매우 다양한 실험을 평가한 광범위한 학술 연구 결과를 보면 이렇다. 제안을 하는 쪽, 그러니까 당신 역할을 맡은 사람들은 대부분 나누어 가져야 하는 금액의 평균 40~50%를 제안하고, 제안을 받는 쪽, 그러니까 디터 역할을 맡은 사람들은 제안 금액이 총액의 30% 이하인 경우 거절한다. 이 결과는 참가자의 연령, 성별, 지능과 관계가 없고, 금액이 커도 변함이 없다. 실로 놀랍다. 우리가 고귀한 정의의 기사처럼 부정과 맞서 싸운다는 결론이 절로 나올 것이기 때문이다. 하지만 최후통첩 게임을 살짝만 변형해보면 이야기가 달라진다. 평균적으로 고르게 나타나는 이런 결과의 원인이 정의 하나만은 아닐 수 있다는 실험 결과가 나오기에 그렇다.

상상을 해보자. 당신은 독재자이다. 외국과 수교를 거부하고 고립된 나라에서 오래 살다 보니 너무 따분해져서, 독일에서 방송하는 「위대한 최후통첩 게임」이라는 TV 쇼를 베끼기로 한다. 덕분에 매주 토요일이면 TV에서 쇼가 방송된다. 독일과 조금 다른 점이 있다면 매번 당신이 출연한다는 점이다. 물론 돈을 나누어 주는 역할이다. 독재자답게 당신은 평소 당신의 말을 조금이라도 거역하는 인간은 곧바로 처형해버리기 때문에 이 쇼도 금방 따분해진다. 당신이 얼마를 나누어 주건 상대 출연자는 무조건 받아들여야 한다. 당신의 나라에서 감히 누가 당신의 말을 거역하겠는가?

실제로 행동연구가들은 최후통첩 게임을 살짝 변형한 이런 독재자 게임을 실험에 이용한다. 그리고 실제로 무조건 제안을 받아들여야 한다는 규칙이 정해지자마자 실험 참가자들의 제안 금액이 줄어든다. 의미가 있어 보인다. 원래의 최후통첩 게임에서 균형을 잡아주던 중요한 심리 지렛대가 힘을 잃었기 때문이다. 그래도 사람들은 평균적으로 전체 액수의 30% 가까이는 나누어 준다. 상대가 거절할 수 없는 만큼 빈손으로 집에 돌아갈 염려가 없어졌는데도 말이다.

심리학을 많이 접하다 보면 어느 순간 인간을 나쁘게 평가하는 지점에 이를 수 있다. 특수한 경우의 개별적인 인간이 아니라 모두를 약간씩 나쁘게 보게 된다. 모두가 그리 청렴하지는 않으며, 우리의 뇌는 계속 실수를 저지르고, 인간 행동의 곳곳에서 심리가 작용할 것 같기 때문이다. 내 동료 몇 사람도 그렇게 생각한다. 하지만 나는 최후통첩 게임이야말로 정반대의 증거를 제공하는 매우 멋진 현상이라고 생각한다. 우리 인간은(적어도 대부분의 사람들은) 선하다. 물론 그것 역시 우리 뇌가 가진 문제와 결점 덕분이다. 잘 따져보면 이기적인 것이 합리적일 것 같지만 우리 인간은 호모에코노미쿠스 식의 이기주의자가 아니다. 우리 뇌는 최후통첩 게임에서(그리고 다른 상황에서도) 공정한 제안을 하라고 우리를 채근한다. 아마 상대의 뇌 역시 완벽하지 않아서 불공정한 제안은 절대 받아들이지 않을 거라는 사실을 아는 것도 한 가지 이유일 것이다. 어쨌든 이렇듯 부족한 합리성 탓에 우리 머리에서 자동적으로 합리적 정의가 탄생한다.

35

뭘 위해서 사나 싶을 때

삶의 의미가 의미 있는 이유

삶의 의미는 무엇인가? 어떤 것들이 삶을 의미 있게 하는가? 엄청나게 오랜 역사를 자랑하는 질문이다. 그에 비하면 심리학은 엄청나게 젊은 학문이다. 물론 심리학이 있기 전에도 모든 학문은 '심리학'이었지만 학문으로서 심리학의 역사는 1879년 라이프치히에서 심리 현상 탐구 연구소가 창설되면서 시작되었다. 그래서 철학자들과 작가들, 신학자들의 기나긴 전통에 비하면 심리학자들에겐 삶의 의미를 고민할 시간이 거의 없었다. 그럼에도 답이 없을 것 같은 질문, 이게 다 무슨 의미인지를 묻는 질문에 한 번쯤 심리학적으로 접근해본다면 매우 흥미로울 것이다.

심리학적으로 바라본 삶의 의미는 빅터 프랭클Viktor Frankl과 더

불어 시작한다. 프랭클은 빈 출신의 정신과 의사이자 신경학자였다. 유대인이었던 그는 제2차 세계대전이 발발하면서 2년 6개월 동안 테레지엔슈타트의 게토에서 생활했고 그 후로도 아우슈비츠, 카우퍼링, 튀르크하임의 강제 수용소에 감금되어 있었다. 세계사에서 가장 암울했던 이들 장소에서 프랭클과 다른 수용자들은 인간을 경멸하는 나치의 이데올로기를 몸으로 겪으며 살아남아야 했다. 그리고 바로 그곳에서 프랭클은 삶의 의미를 물었다. 임상 분석을 통해 그는 많은 수용자들이 약해진 체력과 질병, 추위와 배고픔을 견디고 누구도 예상치 못했던 강인함을 키워가는 과정을 추적했다. 그들은 지옥 같은 수용소에서도 생명력을 잃지 않았고, 나아가 저항력을 키워 생존의 의미를 지켜냈다.

프랭클은 살아남았고 훗날 우리 인간은 의미를 향한 보편적 의지를 갖는다고 주장했다. 삶의 의미는 창조적 향유에만 있는 것이 아니라 고통의 순간에도 있다고 말이다. 수용소에서 당한 고통은 수용자들에게 주어진 과제였고, 그들은 그 과제의 유의미성을 외면하지 않고자 했다. 따라서 프랭클은 삶의 의미가 가장 중요한 인간 욕구의 일부라고 확신했다.

하지만 의미를 찾기란 쉬운 일이 아니다. 동물과 달리 우리 인간은 본능이 시키는 대로 따르는 존재가 아니다. 게다가 방향등이 되어줄 많은 것들이 하루가 다르게 사라져간다. 세계관과 종교관과 가족관이 빠르게 변하고 전통적 관습이 사라진다. 우리는 더 이상 무엇을 하고 싶은지, 무엇을 해야 할지 알 수가 없다.

50년 전 알프스산의 오두막에 사는 농부를 찾아가 삶의 의미를 물었다면 그는 아마 황당하다는 표정으로 빤히 당신을 쳐다보다가 담배를 뻑뻑 피우며 저리 가라고 쫓아버렸을 것이다. 그에게 삶의 의미란 의문의 여지가 없었다. 교회와 계절이 내려주는 지침을 따르기만 하면 모든 것이 의미 있었다. 하지만 오늘날엔 사정이 다르다. 의미 연구계의 스타, 인스부르크대학교의 심리학 교수 타차나 슈넬Tatjana Schnell은 삶의 의미를 묻는 것이 고통스러울 수 있다고 말한다. 최악의 경우 아무 의미도 없다는 답이 나올 테니까 말이다.

의미의 불확실성을 느끼고 자기 삶에서 아무 의미를 찾지 못할까봐 두려워하는 사람들 못지않게 아예 의미 문제에 무관심한 사람들도 많다. 이들은 삶이 의미 있다고 느끼지 않지만 그 사실로 인해 고통스러워하지도 않는다. 의미에 관심이 없으면 이유와 방법을 찾는 고단한 질문에도 그냥 눈을 감아버린다. 슈넬 교수는 이를 두고 '실존적 무관심existenzielle indifferenz'이라고 부른다. 대규모 설문 조사의 결과를 보면 독일 국민의 3분의 1 이상이 이런 집단에 포함된다고 한다. 이 사람들은 삶이 의미로 충만하다고 답한 사람들만큼 삶에 만족하지는 않았지만, 공포와 우울증과 관련해서는 양쪽 집단이 차이를 보이지 않았다.

그럼에도 장기적으로 볼 때는 의미 문제를 외면하는 것이 건강한 출발은 아니다. 살다 보면 누구나 의미를 묻지 않을 수 없는 사건이 일어나기 마련이다. 의미에 초연하던 사람들도 의미를 물을 수밖에 없는 그런 일들이 일어난다. 모양새는 다를지 몰라도 대부분은 우울한 일들이다. 가까운 사람이 죽었다든가, 중병이 걸렸다는 진단을 받거나 해고를 당하거나 사랑하는 파트너를 잃게 되면 제아무리 무관심하던 사람들도 삶의 의미가 무엇인지 묻게 된다.

그러니 삶의 의미를 잘 담아냈다고 장담하는 자기계발서들이 베스트셀러가 되어 몇백만 부씩 팔리는 것도 놀랄 일은 아니다. 그러나 나는 그런 책은 백날 읽어봤자 소용없다고 생각한다. 한 가지 이유만 떠올려봐도 충분하다. 우리 모두는 각자 다른 것을 중요시하기 때문이다. 어떤 사람은 결혼식을 올릴 때까지 정조를 지키며 성경의 말씀대로 사는 것이 의미 있는 삶이라고 생각하지만 또 어떤 사람은 술에 취해 클럽에서 춤을 추며 지새우는 밤이 의미 있다고 생각한다. 따라서 어디를 가면 삶의 의미를 찾을 수 있으며 그 모습은 어떤지 알려주기보다는 사람들이 자신의 삶에 어떻게 의미를 부여하는지를 심리학적으로 살피는 것이 훨씬 더 흥미로울 것이다.

이 지점에서 타차나 슈넬은 의미를 경험하게 해주는 네 가지 중요한 특징을 소개한다. 첫째는 통일성이고, 둘째는 유익성이며, 셋째는 방향성이고, 넷째는 소속감이다.

통일성이란 우리가 하는 일이 수미일관하다는 뜻이다. 즉 우리가 하는 일이 일관된 이미지를 전달한다는 뜻이다. 인간은 자신의 인생 목표와 가치에 충실해야 하며, 어떤 상황에서도 그래야 한다. 그러자면 자신의 입장을 분명히 하고 자신이 지지하는 일을 열정적으로 추진하고 옹호해야 한다. 예를 들어 이웃 사랑과 민주주의를 기본 가치로 삼는 사람이라면 길거리에서 외국인 혐오 현장을 목격하면 적극 맞설 것이고 난민 캠프 급식 봉사에도 힘을 보탤 것이다.

유익성이란 우리의 행동이 중요하다는 뜻이다. 자신뿐 아니라 남들에게도 중요함을 뜻한다. 의미를 느끼고 싶다면 자기 행동이 유익하다고 느껴야 한다. "내가 이렇게 해서 남는 게 뭐지?" "내 결정이 어떤 도움이 될까?" 그 질문에 답할 수 있어야 한다. 우리의 행동이 꼭 객관적 입장에서 효력을 발휘해야 하는 것은 아니다. 미국 대통령이 정치적 결정을 내리거나 노벨상 수상자가 연구 결과를 발표하면 그 영향력은 엄청 클 것이다. 그런 사람들의 행동은 그들이 세상을 떠난 후에도 수많은 사람들에게 영향을 미칠 수 있다. 하지만 우리 같은 평범한 사람들은 굳이 그래야 할 필요가 없다. 훨씬 작은 범위에서도 유익하다는 기분을 느낄 수 있다. 자신이 큰 기계를 움직이는 작은 바퀴라고 생각한다면 그 바퀴가 객관적으로 얼마나 작은지는 중요하지 않다. 그저 유익하다는 느낌이 의미를 만들어낸다.

방향성은 자신의 길을 똑바로 간다는 의미이다. 어디로 가고 싶은지를 정확히 알면 결정을 내리기도 쉽고 목표를 일관되게 추구하기도 훨씬 쉽다. 길을 잘못 들거나 미로를 헤매다 보면 의미를 느낄 수가 없다. 방향이 없으면 북쪽을 가리키는 침이 빠진 나침반을 들고 망망대해를 헤매는 것처럼 진퇴양난의 처지가 될 것이다.

마지막 기준인 소속감은 자신을 '무리'의 일부로 생각하는 집단의식이다. 국가대표팀이 월드컵 결선에 진출하면 온 국민이 열광의 도가니에 빠지는 이유도 바로 그것이다. 그런 승리는 온 국민을 하나로 단결시키며 가족, 친구, 동료 같은 기존의 사회 집단을 넘어 더 거대한 '우리'에 소속된다는 감정을 안겨준다. 자신을 상위 사회 체계의 일부로 인식하면 책임감이 생기며 자신이 소용 있는 존재라고 느낀다. 그리고 그 모든 것은 삶에 의미를 선사한다.

의미 충족의 이 네 가지 기준을 다 채울 수 있다면 충만한 삶이 될 것이다. 삶에 의미를 부여하기란 쉽지는 않지만 노력할 만한 가치가 있는 일이라고 나는 확신한다. 과학적 연구 결과들도 그렇다고 말한다. 의미는 건강과 행복을 준다. 의미에 눈을 감으면 그만큼의 행복도 우리 곁을 지나쳐버린다. 또 여러 기준을 충족할 때 의미가 생겨난다는 사실을 명심하면 의미를 찾아다니는 것이 무의미하다는 사실도 깨닫게 될 것이다. 그래봤자 나올 것이 없기 때문이다. 자기 인생의 의미는 스스로 만들어가야 한다.

36

업무 스트레스에서 탈출하기

머릿속의 스위치를 끄는 법

나는 일을 좋아한다. 지금 하는 일이 정말로 재미있기 때문에 즐거운 마음으로 일을 한다. 솔직히 이전에 거쳤던 온갖 즐겁지 않은 직업들을 생각하면 지금 내 일은 호사에 가깝다. 아이디어를 구상하고 실행하느라 고군분투할 때면 주변 세상을 까맣게 잊고 완전히 빠져든다. 그 재미가 제법 쏠쏠하다. 그렇지만 일은 일이다. 어떤 직업이건 고되다. 조금 더하고 덜한 차이는 있겠지만 하루가 끝날 무렵이면 고단하다. 일을 하는 모든 유기체에겐 휴식이 필요하다.

심리학자들은 휴식을 부담과 연계해 관찰한다. 이런 관점을 설명하기 위해 일단 당신을 비행에 초대해야겠다. 당신은 지금 초음속 비행기를 몰고 음파 벽을 넘어 하늘을 날아간다. 원심력이 당신을 조종석으로 밀어 누르는 통에 머리와 사지가 납처럼 무겁다. 매초의 비행이 고도의 집중력과 육체적 긴장을 요한다. 비행기 연료가 바닥을 보이면 연료 등에 불이 들어오고, 당신은 착륙 준비를 서두른다. 격납고에 도착하면 일단 달아오른 뜨거운 기체를 식혀야 한다. 그래야 정비사가 정비를 하여 다음 비행 준비를 마칠 수가 있다.

당신도 비행기와 마찬가지이다. 당신은 땀에 흠뻑 젖었고 몹시 피곤하다. 당신의 연료 탱크도 바닥을 보이고 몸은 긴장으로 뜨겁다. 다시 비행하려면 열을 식히고 연료 탱크를 채워야 한다. 휴식은 에너지 충전이다. 스위치를 끄고 긴장을 푸는 것이다. 휴식이 없으면 안 된다. 연료가 떨어져 비행기가 추락하듯 당신의 몸과 마음도 곤두박질칠 것이다.

스트레스 요인을 만날 때도 이와 비슷하다. 긴장하면 우리 뇌가 신체를 힘의 모드로 전환한다. 그럼 에너지가 동원되고, 우리는 능력을 발휘해 눈에 띄는 성과를 올릴 수 있다. 하지만 그것도 언젠가는 끝이 있다. 퇴근해 집에 돌아와서도 스트레스 수위를 낮추지 못하면, 계속 머리에서 일 생각이 맴돌아 심장 박동이 잦아들지 않고 결국엔 병이 들고 말 것이다. 면역 체계에 구멍이 숭숭 뚫려서 최악의 경우 몸은 말할 것도 없고 마음까지 병이 들 것이고 수면장애, 집중력 상실, 우울증에 시달릴 것이다. 이러면 악순환이 시작된다. 피로를 회복하지 못한 채 출근하거나 학교에 가면 능률이 오를 수 없다. 그럼 다시 성과에 대한 압박감에 시달릴 것이고 점점 더 스위치를 끄기가 힘들 것이다.

암담한 이야기는 여기까지만 하자. 직장 스트레스를 훌훌 털어버릴 효과적인 방법은 많다. 조금만 찾아보면 스트레스를 차단할 스위치를 사방에서 발견할 것이다. 일단 인간은 정말로 다양한 방식으로 휴식을 취한다는 사실을 명심해야 한다. 우리 아버지는 퇴근해 집에 오시면 스도쿠 문제를 풀었다. 그것도 초급 수준이 아니라 최고 난이도의 문제들이었다. 나로선 도저히 이해가 안 된다. 퇴근 후 스도쿠라니, 그것보다 더 고단한 일은 없을 것이다.

나에겐 나만의 스위치가 두 개 있다. 첫 번째 스위치는 라디오 드라마 「세 탐정The Three Investigators」이다. 침대에 누워도 내일 일로 머리가 복잡해서 도통 쉴 수가 없을 때 이 드라마 시리즈 카세트를 하나 골라 오디오에 집어넣는다. 얼마나 많이 들었던지 시리즈 전부를 거의 외울 정도로 나는 이 드라마의 광팬이다. 그래서 오프닝 주제가만 나와도 벌써 내 머리에선 스위치가 탁 켜진다. 휴식이다! 또 하나의 스위치는 현관에 있고 냄새가 좀 고약하다. 나처럼 많은 시간을 의자에 앉아서 보내는 사람에겐 운동이(나의 경우 조깅과 스쿼시가) 하루의 긴장을 풀어줄 완벽한 대안이다.

언뜻 생각하면 굉장히 모순이다. 지쳐서 집에 오면 소파에 벌러덩 드러눕고 싶은 마음뿐인데 다시 몸을 일으켜 냄새 나는 조깅화를 신고 아스팔트 길로 달려나가다니 말이다. 하지만 바로 그것이 올바른 방법이다. 일을 완전히 잊어버릴 수 있는 가장 효과적인 방법은 소파에 앉아 몽롱한 정신으로 TV를 보는 것이 아니라 활동을 하는 것이다. 화물차의 브레이크와 흡사하다. 당신이 하루 종일 시속 120킬로미터의 속도로 고속도로를 달린다. 이제 날이 저물어 고속도로를 벗어나야 해서 시속 120을 정상 속도로 돌리려면 브레이크를 걸고 기어를 내려야 한다. 그 모든 일은 또 한 번 에너지를 요한다.

심리학의 관점에서 보면 직업과 전혀 다른 활동에 적극 참여하는 것이 가장 큰 브레이크 효과를 낸다. 그리고 그 활동은 사람마다 천양지차다. 나는 달리기이고, 우리 어머니는 텃밭이며, 아버지는 스도쿠이다. 직업과 충분한 거리를 취하지 않을 경우 다시 직장으로 끌려갈 위험이 높다. 나는 음악을 들으려고 휴대전화를 가지고 나갔을 경우 그런 일이 벌어진다. 전화나 이메일이 한 통만 와도 조깅은 금방 뒷전으로 밀려나고 휴식은 막을 내린다.

스위치를 완전히 끄고 싶다면 심리를 공회전시키지 말아야 한다. 그냥 두면 심리는 직장으로 되돌아가버린다. 직업과는 전혀 다른 방식으로 심리의 관심을 끌 수 있는 활동을 찾아라. 퇴근 후에 작은 텃밭을 가꾸려면 보통 힘든 게 아니다. 배춧잎을 다 갉아먹는 저 달팽이는 어떻게 퇴치할 것인가? 물과 비료는 언제 주어야 할까? 직업이 농부가 아니라면 원래의 직업과 전혀 다른 노력과 역량이 필요할 것이다. 그것이 마음을 내려놓게 하고 머리를 쉬게 할 것이다.

한편, 내 생각에는 실패해도 괜찮은 활동을 찾는 것이 중요하다. 나는 달리기를 할 때 속도에 구애받지 않는다. 어떤 때는 의욕에 불타서 최고 기록 수립을 목표로 삼기도 하지만 어떤 때는 할머니도 날 추월할 정도로 느릿느릿 달린다. 매번 결정은 내가 하고, 그날 내게 맞는 속도로 정한다.

37

뭔가 느낌적인 느낌이 와

직관의 말에 귀 기울여야 하는 이유

얼마 전 혼자서 기차역까지 걸어가다가 겪은 일이다. 별로 빠르지 않은 걸음으로 작은 도로를 걷고 있는데 문득 기분이 묘했다. 뭔가 찜찜한 것이, 누가 나를 쳐다보는 듯한 느낌이 들었다. 걸음을 멈추고 조심스레 고개를 돌렸다. 이리저리 살피다 보니 정말로 내 느낌이 맞았다. 얼굴이 백지장처럼 하얀 할머니가 허름한 집 2층에서 창문으로 나를 내려다보고 있었다. 얇은 커튼에 가려 얼굴은 제대로 볼 수 없었지만 나를 향한 할머니의 강렬한 시선이 느껴졌다.

다들 제6의 감각을 알 것이다. 갑자기 온몸으로 퍼져나가는 예감, 직감을 말이다. 듣고 보고 맛보고 냄새 맡고 만지는 평범한 오감과 달리 이 여섯 번째 감각은 오묘한 매력을 발산한다. 결론부터 말하자면 분명 육감은 존재한다. 다만 대부분의 사람들이 생각하는 것과는 전혀 다르다. 보통 사람들은 제6의 감각을 초월성이나 종교와 연관 지어 생각한다. 나처럼 커튼 뒤에 숨은 할머니의 시선을 느꼈다면 자신에게 특별한 능력이 있다고 착각하기 쉽다. "뭔가 찌르르한 거야", "뒤통수가 따가웠어", "파장이 느껴졌다니까" 같은 식이다. 신기하지만 사실은 전부 다 가짜다. 두통수가 따가운 느낌이나 전화벨이 울리기 전부터 전화가 올 것이라는 느낌은 초자연적 힘과는 아무 상관 없는 세 가지 메커니즘 때문이다.

첫 번째 이유는 감각과 인지의 차이이다. 우리의 오감은 쉬지 않고 수많은 인상을 받아들이지만 그 대부분은 거름망에 걸려 도로 버려진다. 집중력의 곰젤리를 떠올려보라. 감각기관의 어떤 신호를 의식으로 들여보낼지는 뇌가 결정한다. 감각의 세계로 잠시만 여행을 떠나보아도 금방 알 수 있는 사실이다.

지금 입안에 어떤 맛이 감도는가? 침을 꿀꺽 삼키고 어떤 맛이 느껴지는지 살펴보라. 입에 아무것도 없어도 맛이 인식될 것이다. 이 맛은 내내 입안을 맴돌았다. 혀의 미각세포 역시 내내 거기에 있었다. 그런데도 지금까지 당신이 느낀 맛의 감각은 인식으로, 의식으로 들어오지 못했다. "이봐, 너는 못 들어가!" 우리 뇌의 문지기가 인식으로 들어가는 문을 지킨다. 사냥개처럼 철저하게 지키지만 그래도 문지기가 다 막지는 못한다. 우리를 에워싼 감각의 작은 부분이 의식으로 슬쩍 숨어 들어간다. 그날 기차역으로 가는 동안 내 눈은 수많은 정보를 뇌에 전달했을 것이다. 대부분은 문지기가 못 들어오게 잘 막았지만 커튼 뒤편의 미세 움직임은 그만 놓치고 말아서 나의 인식으로 들어가게 된 것이다.

두 번째 이유는 여섯 번째 감각을 입증하는 상황들이 우리 기억 깊은 곳에 아로새겨지기 때문이다. 전화벨이 울려서 받았더니 오래 통화를 하지 못한 친구이다. "와, 텔레파시가 통했나 봐. 나도 지금 막 너한테 전화하려던 참인데." 텔레파시는 무슨. 말도 안 되는 소리다. 그냥 우연이었다. 다만 이 사건은 매일 우리가 주고받는 수많은 다른 통화들보다 훨씬 오래, 훨씬 생생하게 기억에 보관된다. 다른 통화들은 예감하지 못했거나 우리의 예감을 입증하지 못했기 때문이다.

세 번째 이유는 진부하다. 커튼 뒤에 숨은 할머니가 당신이라고 상상해보라. 당신은 매일 창밖 세상을 구경한다. 그런데 어느 날 한 젊은이가 길을 가다가 인도에 멈춰 선다. 당신은 당황한다. 왜 저러지? 그가 천천히 고개를 돌려 당신의 눈을 똑바로 쳐다본다. "별일 다 보겠네. 뭐 하는 녀석이야?" 당신은 이렇게 중얼거릴 것이다. 우리가 여섯 번째 감각 탓으로 돌리는 인간 사이의 경험들은 우리가 여섯 번째 감각의 존재를 추측하기 때문에 생겨난다. 특정한 방식으로 행동해 여섯 번째 감각과 일치하는 경험을 부추기는 셈이다.

그러니까 인간에게 초자연적인 여섯 번째 감각이 있다는 우리의 인상은 지극히 다양한 이유로 설명할 수 있는 것이다.

하지만 직관은 단순한 인상의 수준을 넘어선다. 직관의 원천은 우리 뇌다. 뇌에는, 간단히 말해서 두 가지 운영 체계가 있다. 1번 체계는 빠르고 정서적이며 본능에 좌우되고 무의식적이다. 2번 체계는 느리고 분석적이며 논리적이고 계산적이다. 2번 체계는 거만하다. 다 자기 손안에 있다고 믿는다. 하지만 진짜 스타는 1번이다. 이곳에서 직관이 탄생한다. 그리고 직관은 대다수 사람들이 믿는 것보다 훨씬 더 우리 삶에 큰 영향을 미친다.

「사이언스」지에 발표된 유명한 연구 사례를 보자. 실험 참가자들이 특별한 카드 게임을 했다. 목표는 이윤의 극대화이다. 목표를 달성하기 위해 참가자들은 네 무더기 중 한 무더기에서 카드를 뽑아야 한다. 무더기 A와 B에는 100달러를 딸 수 있는 카드가 들어 있지만 C와 D에는 기껏해야 50달러짜리 카드가 들어 있다. 각 무더기에는 벌금 카드도 숨어 있어서 그것을 뽑으면 돈을 잃는다. 그런데 A와 B의 벌금 카드가 C와 D의 벌금 카드보다 액수가 훨씬 크다. 그래서 장기적으로 보면 A와 B 무더기에서 카드를 빼면 손해다. 물론 참가자들은 이 사실을 모른다. 그냥 카드를 빼야 한다. 게임을 하는 동안 참가자들의 몸에는 계측기를 붙여둔다. 피부의 땀구멍으로 땀이 조금만 흘러도 그 양을 측정해서 피부의 전기 저항을 기록하는 기계 장치이다.

스무 번을 뽑고 나서 참가자들에게 게임이 어떻게 돌아가는지 물었다. "미안하지만 모르겠어요!" 다들 한목소리로 그렇게 대답했다. 50회가 되자 모호하지만 첫 의견이 나오기 시작했고 80회가 되어서야 겨우 그들의 머리에서 2번 체계가 움직이기 시작했다. 그들이 카드 무더기의 정체를 꿰뚫어보기 시작한 것이다.

하지만 이 실험의 매력적인 결과는 사실 훨씬 이전부터 나타났다. 계측기가 10회 때 벌써 움직이기 시작한 것이다. '나쁜 무더기'(A나 B)를 택한 사람들이었다. 10회부터는 그들이 좋은 무더기의 카드를 택하는 횟수가 늘어났다. 하지만 누가 봐도 완벽한 무의식이었다. 아무리 캐물어도 참가자들은 게임의 원리를 전혀 파악하지 못했다. 그러니까 원인은 참가자들의 두뇌를 작동시킨 1번 운영 체계였다. 직관이 활동을 개시했다. 직관이, 희미한 예감이 그들의 행동에 영향을 미친 것이다.

심리학자 로베르트 지글러Robert Siegler는 초등학교 2학년 학생들을 대상으로 절묘한 실험을 실시하여 직관의 중요성을 입증했다. 아이들에게 간단한 수학 문제를 내주었다. "18+24-24는?" 'X+Y-Y=X'의 공식을 따르는 문제를 평균 다섯 개 풀고 나자 아이들의 속도는 두 배 빨라졌다. 하지만 아이들이 규칙을 말로 설명한 것은 다시 다섯 문제를 더 풀고 났을 때였다. 논리적 설명보다 원리의 본능적인 간파가 먼저였던 것이다.

초자연적인 여섯 번째 감각은 없어도 좋다. 직관이 존재한다는 사실을 깨닫고, 그것을 적극 활용할 수 있다면 그것만으로도 큰 도움이 된다. 「누가 백만장자가 될 것인가?」에 출연하기 위해 나는 앞서 말한 대로 몇 달 동안 하루 열 시간 이상 혹독한 훈련을 했다. 덕분에 정말로 많은 지식을 습득했다. 그런데 그 프로그램의 문제 형태는 주관식이 아니라 네 개의 보기 중에서 정답을 고르는 객관식이었다. 이 형태에 적합한 지식을 효과적으로 기억에서 불러내기 위해 나는 직관 활용 훈련에 매진했다. 아마 다들 '이거 어디서 들어봤는데' 하며 고개를 갸우뚱한 경험이 있을 것이다. 하지만 어디서 들었는지 어떻게 들었는지, 세세한 부분은 기억나지 않는다. 그것을 어중간한 지식이라고 부른다. 그럴 때 특히 직관을 올바르게 해석해 활용할 필요가 있다. 출연 준비를 하면서 1000개 가까운 문제를 풀었는데 정말 너무나 자주 '어디서 들어봤는데'라는 생각을 했다. 100퍼센트 확신이 안 서면 추측을 한다. 이때 몇 퍼센트인지, 그러니까 추측이 얼마나 확실한지는 본능이 말해준다. 따라서 훈련 도중 그렇게 어중간하게 아는 문제가 나오면 최대한 마음의 소리에 귀를 기울였다. 처음에는 잡음이 많지만 시간이 가면 차츰 잡음이 줄어든다. 그렇게 나는 언제 나의 성향을 믿어야 할지 판단하는 법을 배웠다. 100퍼센트 확신한 적은 없었지만 적중률이 날로 높아졌다. 그리고 훈련은 톡톡히 제값을 했다.

진행자가 읽은 50만 유로 문제는 이랬다. "엘로 평점Elo ratings•이 높으면 좋은 것은?" 처음엔 감도 잡히지 않았다. 뇌의 저 밑에서 무언가가 서서히 깊은 잠에서 깨어나고 있다는 느낌만 들었다. 엘로 평점이라…… 어디서 들어봤는데……. 보기가 주어졌다. ① 포뮬러원 모터 ② 식기세척기 ③ 무선공유기 ④ 바둑. 내 직관이 70~80%의 확신으로 "바둑"이라고 말했고, 나는 직관이 시키는 대로 4번을

• 엘로 평점 시스템은 물리학자 아르파드 엘로가 만든 우열 판정 공식으로, 양자 간 대결에서 실력 측정 및 평가 산출 방법으로 활용된다.

선택했다. 귄터 야우흐가 정답이라고 외쳤다. 그 대답이 틀렸다면 나는 50만 유로가 아니라 500유로로 떨어졌을 것이다. 하지만 혹독한 훈련을 거친 덕분에 직관의 소리를 들을 수 있었고 나아가 그 뜻을 이해할 수 있었다. 때로 직관의 가치는 돈으로 환산할 수 없을 만큼 크다.

38

늘 먹던 걸로 주세요!

변화가 두려운 사람에게

지금 혼자 이 책을 읽고 있는가? 그렇다면 편안하게 계속 읽어도 된다. 혼자가 아니라면 옆에 있는 사람에게 몇 분 동안 이 챕터를 읽어달라고 해보자. 당신은 소파나 침대에 누워 눈을 감는다. 그러면 이제 시작할 여행이 훨씬 더 인상적일 것이다. 자, 다음 부분부터 낭독을 부탁하자.

당신 앞에 정방형 기계가 놓여 있다. 컨테이너보다 더 크지는 않다. 전체가 알루미늄이다. 당신이 지금 서 있는 곳은 이 기계 말고는 아무것도 없는 큰 홀이다. 조용하다. 빛도 희미하다. 갑자기 홀의 저 끝에서 작은 문이 벌컥 열리며 60대 신사가 들어온다. 베이지색 재킷을 입고 그 안에는 검은색 터틀넥 스웨터를 받쳐 입었다. 10미터

떨어진 곳에서부터 지성이 뿜어져 나온다. 그가 거침없이 당신을 향해 걸어온다. 백발과 검은 눈동자가 배우 숀 코너리를 닮았다. “하버드에 오신 것을 환영합니다. 저는 로버트 노직 교수입니다. 오시는데 불편한 점은 없었나요? 드디어 오늘 시작합니다. 선생님의 위대한 날이죠.” 그의 인사 한 마디 한 마디에서 기쁨이 묻어난다. 그가 손짓으로 알루미늄 기계를 가리킨다. “우리는 녀석을 ‘100만 달러 행복 건강 머신’이라고 부른답니다.” 그러면서 반짝이는 그 기계를 부드럽게 쓰다듬는다. “물론 학술명은 아니지만 선생님 같은 일반 사람들에게는 이 명칭이 훨씬 이해하기 쉬울 겁니다.” 교수는 기계 옆면의 작은 문을 열고 당신더러 그 안으로 들어가라고 한다. “조심, 고개를 숙이세요. 좁아서요.” 기계 안쪽은 로켓 조종실 같다. 사방에 호스와 이상한 설비, 모니터, 레버, 스위치가 널려 있다. “멋지죠?” 노직이 묻는다. 기계 중앙에 SF 영화에나 나올 법한 눕는 의자가 놓여 있다. “자, 누워보세요.” 교수가 의자를 가리키며 말한다. 당신이 의자에 눕자마자 그가 당신의 두피에 젤을 바른다. “이래야 요오드가 잘 통과됩니다.” 그가 수많은 유리섬유 케이블이 뻗어 나온 헬멧을 당신의 머리에 씌운 후 턱에서 끈을 고정한다. “다시 한 번 우리 팀 전체와 동료 학자들 전체를 대신해 진심으로 감사드립니다. 절대 후회하지 않으실 겁니다. 법적 의무 사항이기 때문에 시작하기 전에 다시 한 번 정리를 해드리겠습니다. 승낙하시면 바로 출발합니다.” 노직이 격식을 갖추어 설명을 시작한다.

“이 기계는 하버드의 최신 발명품입니다. 소수의 선도적인 신경학자, 심리학자, 물리학자 들이 수십 년간 비밀을 엄수하며 연구한 끝에 마침내 100만 달러 행복 건강 머신을 개발하였고 이제 그 첫 시험 운행을 할 수 있게 되었습니다. 선생님께서 승낙해주신 덕분이죠. 이 기계는 선생님의 신체를 꿈의 상태로 바꿀 것입니다. 그 꿈은 끝나지 않을 것이고요, 선생님 수명이 다하는 그날까지 계속될 겁니다. 선생님은 앞서 우리에게 원하는 삶을 정확히 말씀해주셨습니다. 선생님은 엄청난 부자가 되실 겁니다. 당연히 건강할 것이고 가족, 친구들과 함께 행복하고 신나는 인생을 사실 겁니다. 직장 생활도 즐겁고 지능도 지금보다 높아질 겁니다. 또 운동도 잘하고 카리스마도 넘치며 유머 감각도 풍부한 사람이 될 겁니다. 실험 조건은 이미 아시는 대로입니다. 이제 실험을 시작하면 평생 그만둘 수 없습니다. 절대로. 기계가 작동하면 선생님은 멋진 꿈을 꾸실 겁니다. 영원히. 자, 그럼 시작할까요? 레버를 돌릴까요? '네'라고 말씀하시기만 하면 됩니다."

낭독은 여기까지다. 이제 책을 돌려받아도 된다.

'100만 달러 행복 건강 머신'은 실제로 존재한다. 하지만 알루미늄 상자가 아니고 미국 철학과 교수 로버트 노직Robert Nozick이 개발한 '경험 머신'이라는 이름의 사고 실험이다. 그는 실제로 하버드에서 학생들을 가르친다. 당신이 이 사고 실험의 참가자라면 친절한 교수에게 뭐라고 대답하겠는가? 작동하라고? 아니면 그만두라고? 현실과 똑같이 느껴지는 꿈에서 돈 걱정 없고 행복과 기쁨이 넘치는 삶을 살겠는가? 아니면 지금 이대로 살겠는가? 나라면 고민하고 자시고 할 것도 없다. 지금 이대로 살고 싶다.

이런 반응은 자연스러운 것 같다. 가장 많은 사람이 나와 같은 대답을 했으니까. 대부분의 사람들은 계좌에 큰돈이 없어도 멋진 꿈보다 현실을 택한다. 인간적인 선택이다. 진짜 삶을 버리고 평생을 기계 안에서 보내고 싶은 사람이 어디 있겠는가? 하지만 펠리페 드 브리가드Felipe de Brigard가 기발한 실험들을 통해 입증했듯 심리학의 관점에서 보면 이런 생각은 절반의 진실이다. 드 브리가드는 노직의 실험을 뒤집었다. 경험 머신에 들어갈 것인가 밖에 그대로 있을 것인가를 선택하지 않고, 나올 것인가 그 안에 그대로 있을 것인가를 선택하게 한 것이다. 그는 자신의 기계를 이렇게 소개했다.

자, 상상해보자. 토요일 아침이다. 당신은 아직 잠을 자고 있다. 느닷없이 초인종 소리가 들린다. 문을 여니 검은 선글라스를 끼고 검은 외투를 입은 신사가 서 있다. "우리는 지난 몇 년 동안 당신을 기계에 연결했소. 그때부터 당신은 가상의 세계에서 살고 있소. 그러니까 당신이 아는 당신의 삶은 전부 꿈이오. 이제 선택할 수 있소. 여기서 계속 살 것인지, 아니면 이제 그만 꿈에서 깰 것인지. 결정을 하기 전에 미리 말하지만 당신은 현실에서 감옥에 갇힌 죄수였소."

이번에는 뭐라고 대답하겠는가? 드 브리가드의 실험에 참가했던 대학생들의 대답은 명확했다. 87%가 기계에 그대로 있겠다고 했다. 현실의 삶이 감옥에 갇힌 죄수가 아니라 모나코에서 호화롭게 사는 백만장자라고 해도 절반의 참가자는 그냥 살던 대로 기계 속에 있겠다고 대답했다. 그러니까 우리가 100만 달러 행복 건강 머신을 거부한 이유가 오로지 현실과의 끈을 놓치기 싫어서만은 아니었다. 만일 그랬다면 드 브리가드의 실험에선 모두가 기계에서 나와 현실로 돌아가야 했을 테니까 말이다.

실제로 앞서 설명한 실험의 결과는 우리 대부분이 변화를 원치 않는다는 사실을 입증한다. 지금 이대로 유지된다면 삶은 아름답다. 우리 모두는 결정을 앞둔 상황에서 아무 짓도 하지 않거나 기존의 길을 계속 걸어가려는 성향을 갖고 있다. 심리학에선 이를 '현상유지편향status quo bias'이라고 부른다. 모든 것이 지금 이대로, 늘 그래왔던 대로 유지되기를 바라는 인지 왜곡이다. 인간은 놀랄 만큼 집요하게 오래 지속된 것을 좋아한다. 하지만 오래된 것이 무조건 입증된 것은 아니라는 사실을 간과한다. 늘 지금처럼 해왔다고 해서 그것이 의미 있다는 뜻은 아니다. 물론 전통과 관습을 따르는 것이 좋은 경우도 많다. 음식 레시피가 대표적이다. 효모를 활용하는 방법은 수세대를 거치며 이어져왔다. 교량 건설에서도 궁형 건축법은 오래전부터 사용되어왔고 그 효과가 입증된 방식이다. 하지만 일상에서는 '현상유지편향'이 불리한 결정을 낳는 경우가 적지 않다.

우리는 더 좋은 조건이 있다는 것을 알면서도 인터넷 업체를 바꾸지 않는다. 길모퉁이 인도 식당에 가면 늘 '중간' 정도의 매움을 선택하고 헬스클럽을 통 안 가면서도 한번 회원권을 끊으면 절대로 환불하지 않는다. 인간은 습관의 동물이다. 그것도 상당히 게으른 동물이다.

심리학자들은 이런 행동의 원인을 두고 논란을 벌인다. 추정되는 한 가지 이유는 상실에 대한 거부감이다. 우리는 투자를 하지 않아서 2000유로를 잃었을 때보다 위험한 투자를 해서 2000유로를 잃었을 때 더 속상해한다. 또 한 가지 이유는 이케아 효과와 비슷한 성향이다. 우리는 우리가 직접 만든 물건만 좋아하는 것이 아니라 우리 수중에 있는 모든 것을 좋아한다. 어떤 물건이 내 것이 되는 순간 그 가치가 엄청나게 올라간다. 그리고 일단 수중에 들어온 것은 그보다 더 좋은 것과 바꾸자고 해도 망설이거나 마지못해 내어놓는다. 이 두 가지 효과가 수갑처럼 변화의 손길을 가로막는다.

현상유지편향에서 탈출하고 싶다면 결정에 앞서 전체적으로 대안을 살펴야 한다. 정말로 내게 중요한 것이 무엇인가? 어떤 것이 좋고, 어떤 것이 나쁜가? 결정과 그 결과가 복잡하고 까다로울수록 우리 뇌는 있는 그대로 유지하자고 칭얼댄다. 따라서 나의 일상과 환경에서 바꿀 수 있는 것이 무엇인지 쉼 없이 살펴야 한다. 그래야 우리의 심리가 모든 것에 익숙해지듯 변화에도 길이 들 것이다. 약간의 훈련으로도 도움이 많이 된다. 새로운 길을 과감하게 선택할 마음도 커질 것이고 그 새로운 길을 더 빨리, 더 정확하게 평가할 수 있을 것이다.

39

아픈 게 대수냐, 창피해 죽겠는데!

당신의 걱정이 전혀 근거 없다는 증거

살면서 다들 창피한 순간이 있었을 것이다. 버스를 타려고 뛰다가 꽈당 넘어졌다거나, 결혼식 뷔페에서 다른 하객과 부딪쳐 블라우스에 와인을 쏟았다거나, 첫 데이트 날 아침에 눈을 뜨니 이마에 거대한 뾰루지가 돋아났다거나……. 창피해서 죽고 싶었던 기억을 적어보라면 꽤 많이 적을 수 있을 것이다. 사실 따지고 보면 그렇게 큰일도 아니다. 그 광경을 지켜본 사람들만 없었다면 말이다. 대부분의 경우 실수 그 자체에 대한 걱정보다는 모두가 보는 앞에서 바보가 되었다는 걱정이 훨씬 크다.

하지만 이런 걱정은 전혀 근거가 없다. 심리학자 토머스 길로비치 Thomas Gilovich가 간단하지만 인상적인 실험을 통해 입증한 사실이다. 그는 실험 참가자들에게 가수 배리 매닐로Barry Manilow의 사진이 크게 박힌 티셔츠를 입게 했다. 「맨디Mandy」라는 곡으로 유명한 이 미국 가수는 노래는 어떨지 몰라도 잘생겼다고는 차마 말할 수 없는 인물이다. 당연히 그의 얼굴을 가슴에 떡하니 새긴 채 돌아다녀야 하는 참가자들은 창피했을 것이다. 하지만 길로비치가 노린 것도 바로 그것이었다. 참가자들은 같은 과 친구들이 가득 앉아 있는 강의실에 그 옷을 입고 들어가서 평소와 다름없이 강의를 들었다. 그런 다음 강의실에 함께 있던 친구들에게 참가자의 티셔츠에 어떤 사진이 인쇄되어 있었는지 물었다. 실험 참가자들 절반이 그 티셔츠의 사진을 친구들이 알아차렸을 것이라고 추측했다. 하지만 완전한 오해였다. 실제로 눈여겨본 친구는 4분의 1이 채 되지 않았다.

우리 인간은 자신을 사건의 중심으로 인식하는 경향이 높다. 길로비치 교수가 발견하고 그의 뒤를 이어 다른 학자들이 입증한 이 사실을 심리학에서는 '스포트라이트 효과'라고 부른다. 다른 사람들이 하루 종일 우리만 쳐다볼 리 없다. 그걸 모르는 사람은 없다. 그런데도 일이 잘못되는 순간 우리는 그 사실을 홀랑 잊어버린다. 그래서 생각한다. '아이고 창피해 죽겠네. 다들 봤을 텐데.' 흥미롭게도 스포트라이트 효과는 창피한 순간에만 일어나지 않는다. 길로비치는 다른 실험에서 참가자들에게 집단 토론의 리더를 맡겼다. 그 결과를 보면 참가자들은 자신의 기여도를 실제보다 훨씬 더 인상적으로, 훨씬 더 의미 있다고 평가했다. 그러니까 우리는 창피한 일을 하거나 특별히 멋진 일을 했을 때는 늘 자신이 스포트라이트를 받는다고 인식한다. 하지만 실제 그 빛의 밝기는 손전등 불빛 정도밖에는 안 된다.

스포트라이트 효과는 어디서 오는 것일까? 인간의 집중력은 무한하지 않다. 그리고 그중 대부분은…… 자신에게로 향한다. 우리는 자신이 하는 일을 정말로 꼼꼼하게 살핀다. 특히 (좋은 쪽이건 나쁜 쪽이건) 평범하지 않은 행동을 할 때면, 다른 사람들도 각자 자신에게 너무 집중한 나머지 남의 행보에 별 관심이 없다는 사실을 까맣게 잊는다. 그래서 우리의 인상을 손쉽게 타인에게 전가한다. 그러니 다음번에 혹시 창피스러운 일을 겪는다면 스포트라이트를 생각하라. 그 빛이 실제로는 손전등에 불과하다는 사실을 기억하라. 당신이 학교 식당에서 음식이 가득 든 식판을 와장창 떨어뜨리는 바람에 모두가 잠깐 걸음을 멈추었다고 해도 아무도 당신의 실수에 주목하지 않는다. 당신이 쪼그리고 앉아서 떨어진 음식을 주워 담는다 해도 대부분은 무관심할 것이다. 그러니 얼굴이 벌게져서 쿵쾅거리는 심장을 부여잡고 어쩔 줄 몰라 할 이유가 없다. 당신의 실수를 아무도 모르는데 무엇 하러 혼자서 창피해할 것인가. 실수를 무마하려고 괜히 농담을 던지거나 애써 쿨한 척하는 사람도 많은데 오히려 역효과만 난다. 아무도 모를 일을 들쑤셔 스포트라이트를 자신에게로 돌리는 꼴이 될 테니까 말이다. 또 당신이 천재적인 아이디어를 냈는데 아무도 박수를 안 쳐서 놀랍거든 스포트라이트 효과를 거꾸로 생각해보라. 나의 말과 행동이 내 생각만큼 언제 어디서나 주목받는 것은 아니다.

40

이유만 대면 오케이

당신은 반드시 내 부탁을 들어주게 될 거야

내가 우승한 「누가 백만장자가 될 것인가?」가 방송에 나간 뒤, 나는 몇 주 동안 끊임없이 편지와 이메일, 전화를 받았다. 누구나 원하면 큰 수고 없이 내 개인정보를 알아낼 수 있었던 것이다. “우리 집 지하실이 좁아서 물건이 넘쳐나요. 돈이 필요해요.” “로또 시스템을 풀었어요. 매주 3만 3000유로만 있으면 여섯 자리 숫자를 정확하게 맞힐 수가 있어요. 정말이에요. 이제 로또 회사는 망할 거예요.” “뭐든 처음이 제일 힘들다고 하죠. 100만 유로도 마찬가지예요. 처음이 힘들어서 그렇지 그다음부터는 식은 죽 먹기죠. 100만 유로를 더 따고 싶으세요?” 그러면서 자기가 주식 로봇을 만들었는데, 그 로봇이 내가 잠든 사이에 주식을 거래해서 엄청난 돈을 따줄 것이라고 주장했다. 농담이 아니다. 정말로 일어난 일들이다. 하룻밤 사이에 더 부자가 되는 황당한 아이디어와 믿을 수 없는 애걸과 부탁이 이런저런 경로로 내게 도착했다. 역대급으로 뻔뻔했던 이메일은 매우 단도직입적이기까지 했다. "생명보험회사에 속아서 급히 25만 유로가 필요합니다. 돈이 많으실 테니 돈 좀 부쳐주세요." 그러고는 떡하니 계좌번호를 적어놓았다.

이런 말도 안 되는 이유에 넘어갈 사람이 있을까? 아마 거의 없을 것이다. 나도 마찬가지였다. 어이없다고 생각하고 싹 무시했다. 하지만 일상의 사소한 일에선 사정이 전혀 다르다. 말도 안 되는 이유라도 산을 옮길 수 있다. 심리학에서는 이를 두고 '생각 없는 순응'이라고 부른다. '생각 없다'는 말을 쓴 것은 우리의 뇌가 너무나 약한 불에도 그냥 익어버리기 때문이며, '순응'이라는 표현을 쓴 것은 올바르고 정상적으로 행동하고 싶은 소망에 우리가 휘둘리기 때문이다. 별생각 없이 정상적인 행동을 하려는 이런 노력은 그것을 이용하려는 인간이 있을 경우 불행을 낳을 수 있다.

사회심리학자 엘렌 랭거Ellen Langer는 이제는 유명해진 복사기 실험을 통해 그 사실을 인상적으로 입증했다. 그는 대학교 도서관 복사기 옆에 진을 치고선 제물을 노렸다. 한 학생이 복사를 하려고 복사기 쪽으로 걸어오면 똑같이 종이 몇 장을 손에 든 학자가 그쪽으로 다가간다. 그러고는 학생이 복사하기 직전에 이렇게 부탁한다. "죄송하지만 제가 먼저 해도 될까요?" 친절하게도 60%는 부탁을 들어주었다. 그런데 학자가 "제가 먼저 해도 될까요? 좀 급해서요"라고 한마디를 덧붙이자 무려 90%가 양보를 해주었다. '그게 왜 놀랍지?' 당신은 이렇게 생각할 것이다. 상대가 급하고 나는 안 급하면 양보를 해야지. 얼핏 보면 처음 부탁과 두 번째 부탁은 급하다는 사실을 언급했다는 단 한 가지 차이밖에 존재하지 않는다.

그렇지 않다. 차이는 '이유'이다. 세 번째 실험에서 랭거는 다음과 같이 말도 안 되는 이유를 갖다 붙였다. "제가 먼저 해도 될까요? 복사를 해야 해서요." 무려 93%가 이 근거 제시 효과의 덫에 걸려들었다. 복사기에 복사를 하러 오지 술을 마시러 오겠는가? 마트의 계산대에 사람들이 길게 줄을 서 있는데 거기서 당신이 이렇게 말한다고 상상해보라. "제가 먼저 해도 될까요? 먼저 하고 싶어서요."

아마 이런 황당 그 자체인 부탁도 소득이 없지는 않을 것이다. 이것이 바로 '이유'의 힘이다. 우리에겐 우리 행동의 근거가 너무나 중요하기 때문에 이유 그 자체에는 (거의) 관심이 없다. 상대가 이유를 대기만 하면 우리는 정해진 시나리오대로 움직이는 배우처럼 거의 자동적으로 상대의 말을 따른다. 우리는 이유를 갈망한다. 이유에 저항할 수 있는 사람은 거의 없다. 물론 결정적인 조건이 있다. 우리 뇌가 선잠에서 깨지 않아야 하고, 어지간해야 한다. "생명보험이 깨졌으니까 25만 유로를 줘요"는 안 통한다. 돈이 남아돌아서 주체를 못 한다면 이런 부탁을 듣고도 잠시 고민에 잠기겠지만 어떤 경우에도 이유가 충분치 않다는 결론에 도달할 것이다. 그렇게 되면 근거 제시 효과의 득을 보려던 상대의 꼼수는 실패로 돌아간다. 복사기 실험도 마찬가지였다. 랭거의 실험에서 학자가 원래 다섯 장이던 복사지를 스무 장으로 늘리자 무의미한 근거 제시 효과는 사라지고 말았다.

이 점만 염두에 두고, 다음번에 부탁할 일이 생기거든 뒤에 슬쩍 이유를 덧붙여보라. 무슨 이유건 상관없다. 이유의 힘이 당신의 목적 달성을 도와줄 것이다. 파이팅!

PART 5

“어떻게 이 많은 일을 현명하게 결정할 수 있을까요?”

통찰력이 뛰어난 사람들이 사용하는 심리 기술

41

애매함은 견딜 수 없어

불확실성과 건강한 관계 맺기

나로서는 부부 교사의 자식으로 사는 것이 좀 고단할 때가 있었다. 초등학생 때를 떠올려보면 당시 쿨한 애들은 이스트팩을 메고 다녔다. 쿨하지 않더라도 최소한 스카우트 가방은 메고 다닐 수 있었다. 그런데 나의 걱정 많은 교사 어머니는 입학식 날 내 어깨에 그린피스가 만든 친환경 면 소재의 회색 배낭을 걸쳐주었다. 앞면에 커다란 형광색 고래가 그려져 있었는데 만면에 미소를 띠고서 머리에서 멋진 분수를 뿜어 올렸다. 아침마다 그 배낭을 짊어지고 이스트팩을 멘 반 친구들을 만날 때면 나의 소망은 단 하나로 축약되었다. 지나던 화물차 기사가 내 등에서 들썩이는 형광 고래를 미처 보지 못해서 그 40톤 차를 몰고 가방과 나를 깔고 지나가버렸으면 하는 소망 말이다.

부모가 어떤 것을 사랑하면 그것은 확신이 된다. 그 확신은 학생 가방에 그려진 형광 고래에서 시작해 "얘야, 대학은 나와야지"로도 끝나지 않는다. 공무원이 최고야. 안정적이잖아. 가능하면 너무 늦지 않게 결혼해. 보험료도 꼬박꼬박 납입하고. 그러다가 고대하던 손주가 태어나면 아이들은 순식간에 부모가 되고, 이제는 그들 스스로가 확신이라는 달콤한 마약을 찾기 시작한다.

우리 마음 깊은 곳에는 불안을 피하려는 욕망이 숨어 있다. 하지만 요즘 같은 세상에서 불안을 피하기란 정말로 보통 힘든 일이 아니다. 세상은 날이 갈수록 흉흉하고 불안하다. 여기선 무차별 총격을 가하는 미치광이가, 저기선 소아성애 사제가 우리를 노린다. 게다가 우리가 직업이라고 생각했던 전통적인 직업은 날로 줄어든다. 이러다가는 전 세계인이 소셜 미디어 관리자나 유튜브 스타가 될 것 같다. 세계화도 불안의 화재에 기름을 끼얹는다. 우리는 방글라데시에서 아이가 잽싼 솜씨로 붙여 만든 나이키 스니커즈를 신고 스타벅스 커피를 마신다. 영국이 유럽연합에서 탈퇴한다. 한마디로 확고한 구조가 사라져가는 것이다. 우리 뇌의 입장에서는 이런 현실이 도통 마음에 들지 않는다.

불안이야말로 이 시대가 맞닥뜨린 가장 힘겨운 도전이다. 우리는 매일 뭐가 어떻게 돌아가는지도 모른 채 온갖 결정을 내려야 한다. A가 더 나을까, B가 더 나을까? 어쩌면 C가 더 나을까? D도 있지 않을까? 마트 판매대에 진열된 17종의 딸기잼 앞에 서 있을 때도, 자신에게 맞는 직업을 찾아 헤맬 때도 우리의 판단 기준은 하나일 때가 거의 없다.

심리학자들은 이를 두고 '애매함ambiguity'이라고 부른다. 애매함 분야의 스타 학자는 아리에 크루글란스키Arie Kruglanski이다. 사회심리학자인 그는 몇 년 전 '인지적 종결 욕구need for cognitive closure'라는 개념을 개발했다. 복잡하게 들리지만 간단히 설명할 수 있는 개념이다. 크루글란스키는 우리 모두에게 혼란과 애매함을 피하려는 욕구가 있다고 가정했다. 뇌는 확신을 부르짖는다. 그래서 정확하되 복잡한 대답보다는 간단명료한 대답을 선호한다. 우리는 혼란을 차단하여 최대한 신속하게 결정을 내리고 그를 통해 뇌에 종결과 질서를 선사하고자 한다.

간단한 실험으로 그 사실을 입증할 수 있다. 돈이 오가는 실험이지만 당신은 손해 볼 일이 없다. 내가 두 가지 제안을 할 것이다. 당신은 그 둘 중 하나를 고르기만 하면 된다. 첫 번째, 내가 당신에게 7000유로를 선물로 준다. 그냥 준다. 약속! 두 번째는 동전을 던져서 그림이 나오면 당신이 이긴다. 내가 당신에게 2만 유로를 줄 것이다. 숫자가 나오면 꽝이다. 당신은 한 푼도 못 받는다. 대부분의 사람들은 안전한 7000유로를 택하지, 모험을 하지 않는다. 하지만 뇌의 저 안쪽에서 확률 계산의 기초를 끄집어내 50대 50의 확률을 2만 유로에 대입해보면 평균치가 1만 유로라는 사실을 깨닫게 될 것이다. 내가 당신에게 같은 제안을 100번 하더라도 당신은 100번 다 안전한 7000유로를 택할 것이다. 얼마나 멍청한 짓인가? 그런데도 우리는 혼란스러운(혼란스럽게 느껴지는) 세상의 스트레스에 진이 빠져서 그 사실을 외면한다.

심리학자들은 불확실성을 향한 인간의 공포에 무지하게 관심이 많아서 전 세계에서 연구가 진행 중이다. 인지적 종결의 욕망이 얼마나 큰지 확인하기 위해 과학적으로 개발한 설문지가 있다. 특정 진술에 대한 동의 여부를 묻는 설문지이다. 그 설문지 문항 중에서 몇 개를 뽑았다. 읽어보고 자신이 해당하는 정도를 점수로 매겨보자. 1점은 '전혀 그렇지 않다', 10점은 '완전히 그렇다'이다.

____ 하루 일과가 딱 정해져 있는 계획적인 생활이 내 체질에 맞다.

____ 문제가 발생하면 무조건 최대한 빨리 해결책을 찾고 싶다.

____ 의외의 행동을 하는 사람과는 어울리고 싶지 않다.

____ 무엇을 해야 할지, 어떻게 해야 할지 분명한 활동을 선호한다.

____ 문제를 다양한 관점에서 생각하면 혼란만 가중된다.

____ 논란의 소지가 많고 명확하지 못한 주제를 토론하는 자리에는 보통 잘 끼지 않는다.

여섯 문항이었다. 점수를 더해보자. 40점이 넘으면 좀 고민할 필요가 있을 것 같다.

아이를 키우는 사람들이 항의할 수도 있으니 미리 말하지만, 나는 절대 자전거 헬멧이나 가방에 새긴 형광 고래, 안정적인 일자리에 반대하지 않는다. 하지만 불확실한 것에 너무 공포가 심하면 장기적으로 손해가 크다. 그래서 나도 몇 해 전부터는 불확실한 것과 건강한 관계를 맺는 법을 배우고 위험을 참아내는 인내의 한계치를 조금씩 높이려 노력 중이다. 심리학 연구 결과를 보아도 그편이 훨씬 더 낫기 때문이다.

인지적 종결의 욕망이 강한 사람은 협상 성적도 좋지 않다. 많은 노력을 투자해 중요한 정보를 빠짐없이 검토해야 할 상황에서 아예 그럴 의욕이 없기 때문이다. 그래서 그냥 선입견에 근거해 상대를 판단한다. 자동차 판매원이 양복을 잘 차려입었다? 좋아, 저 남자는 잘 알 거야. 또 불확실성에 대한 공포가 클수록 나와 다른 것을 받아주는 포용력은 떨어진다. 문화나 종교 등의 다양성을 외면하고 단일성을 고집한다. 이를테면 동성애자는 질서와 조직을 어지럽힐 위험분자라고 보는 식이다. 안전주의자들은 권위적 지도자의 공허한 구호에도 취약하다. 떠들어대는 논리의 질보다는 양을 더 중요시한다. 아는 것이 없어도 서둘러 평가하고 성급하게 판단한다. 일단 판단을 내리고 나면 반대되는 의견이 아무리 많아도 좀처럼 판단을 바꾸려 하지 않는다. 지구는 평평하다. 끝!

다행히 대부분의 사람들은 그 정도로 극단적이지 않다. 그럼에도 우리 모두의 저 깊은 속마음에는 많건 적건 불확실성을 향한 공포가 숨어 있다. 그 공포를 제압할 수 있는 첫걸음은 자신의 공포가 조금 과도하다는 걸 인정하고, 모험이 곧 재앙은 아니며 오히려 기회가 될 수도 있다는 사실을 직시하는 것이다. 나아가 불확실성, 미지의 것, 위험한 것에 익숙해지려는 의식적인 노력도 도움이 된다. 쉬지 않고 새로운 상황을 모색하라. 그래야 머리도 건강해지고 공포 면역 체계도 강해진다. 개인적으로는 외국에서 보낸 시간과 다른 문화권 사람들과의 교류가 진짜 공포 킬러인 것 같다.

불확실성에 대한 공포가 크면 앞으로 나아가지 못한다. 세상의 속도는 날로 빨라지고 사회는 날로 다채로워진다. 낡은 조직은 흔들리고, 아예 사라진 것들도 많다. 그러나 내가 보는 미래는 암울하지 않다. 나는 두근거리는 심장으로 다가올 불확실성을 기대하고 있다.

42

정신 승리는 어디서 오는가

상대를 천천히 하지만 확실하게 설득하는 법

초등학교, 중학교, 고등학교, 대학교를 다닌 사람들이라면 내 심정을 알 것이다. 살면서 한 번도 써먹을 일 없는 그 많은 쓸데없는 것들을 왜 힘들여 배워야 하는 것일까? 수학이 가장 대표적이다. 계산기가 있는데 소수점 이하 나누기를 굳이 할 줄 알아야 하는 이유가 뭘까? 그런 무용성 말고도 문제는 더 있다. 배운 내용에 깊은 인상을 받아 오래오래 머릿속에 남는 것이다. 나의 경우 심리학 수업 시간에 배운 인지 부조화 이론이 그랬다.

이 이론은 유명한 사회심리학자 레온 페스팅거Leon Festinger에게서 시작됐다. 대학에 들어와서 첫 시험을 준비하면서 나는 인지 부조화를 접시 두 개가 달린 양팔 저울로 상상했다. 왼쪽 접시에는 입장이, 오른쪽 접시에는 행동이 놓여 있다. 페스팅거의 이론에 따르면 평상시 그 저울은 평형 상태이다. 그렇게 주장한 배경은, 우리 모두에게는 나름의 입장, 의견, 관점이 있으며, (이상적인 경우) 그 입장이 행동과 맞아떨어지기 때문이다.

입장과 행동이 완벽한 조화를 이루는 경우는 이를테면 이런 경우다. 네오나치 10대 청소년 닐스는 머리를 빡빡 밀고 군용 점퍼를 입고는 사냥개를 데리고 공원을 어슬렁거리다가 외국인을 만나면 괜히 시비를 걸고 폭력을 행사한다. 늙은 히피 야콥은 공정무역 면 후드티를 걸치고 샐러드에 넣을 아마씨를 사러 자전거를 타고 생활협동조합에 간다. 그리고 귄터 야우흐. 나는 새 사업을 시작할 때 귄터 야우흐와 함께 베를린에서 뮌스터까지 기차를 타고 갔다. 야우흐는 아주아주 유명한 사람이고 돈도 무지 많지만 그 흔한 매니저도 데리고 오지 않았다. 자신을 촌놈에 보통 사람이라고 생각하기에 그에겐 연예인 병도, 디자이너 패션도 거리가 먼 남의 일이기 때문이다. 따라서 특별할 것이 전혀 없는 평범한 사람인 양 행동할 때 그의 머릿속 양팔 저울은 균형을 이룬다.

하지만 균형 상태의 저울은 매력이 없다. 균형이 기울기 시작해야 흥미로워진다. 입장과 행동이 갑자기 어긋나면 어떻게 될까? 젊은 네오나치 닐스가 히피 야콥과 하루 동안 바뀌었다고 상상해보자. 야콥은 사냥개를 데리고 공원에 가서 외국인들을 괴롭혀야 한다. 닐스는 공정무역 티셔츠를 입고 자전거를 타고 친구들을 지나쳐 생활협동조합에 가야 한다. 둘 다 정말로 마음이 편치 않을 것이다.

우리 뇌에는 수많은 인지 요인들이 있다. 모든 의견, 모든 지식, 자신과 주변과 자기 행동에 대한 판단 등이 그것이다. 이 요인들 중 두 개가 서로 맞지 않을 때 부조화가 발생한다. 예를 들어 당신이 냉장고를 바꾸려고 전자제품 대리점에 간다고 하자. 당신이 정한 상한선은 1000유로이다. 대리점에 들어가니 판매원이 무척 친절하다. 그는 당신에게 850유로짜리 냉장고를 보여준다. 가격은 싼데 필요한 기능은 다 있다. 그것으로 결정하려는 찰나, 판매원이 이번 주 세일 상품을 가리킨다. 특수강 냉장고이다. 방금 본 것과 비교할 수 없이 멋지다. 에너지 효율 등급도 높고 보증 기간도 길며 냉장고 문 앞쪽에 얼음 정수기도 붙어 있다. 원래 가격은 2900유로이지만 할인 행사 주간이라 1600유로밖에 안 한단다. 당연히 당신은 이 멋진 냉장고가 더 마음에 든다. 하지만 가격이 당신이 정한 상한선을 넘는다. 이것을 사려면 여름휴가 비용으로 저축해두었던 돈을 헐어야 한다. 판매원이 미소 지으며 말한다. "여름에는 집에서 쉬는 게 최고죠. 얼음도 나오니까 아이스 음료도 만들어 드실 수 있고요." 당신은 그 말에 그만 넘어가서 신용카드를 빼 그에게 건넨다. 그러나 대리점을 나와 차로 걸어가는 동안 슬며시 의심이 치민다. 여름휴가를 안 간다고? 남편이(혹은 아내가) 뭐라고 할까? 얼음 기능이 꼭 필요할까? 어차피 찬 음료를 좋아하지도 않는데. 뇌 속 저울이 기울면서 인지 부조화가 발생한다. 근검절약하는 당신의 태도가 비싼 냉장고를 산 결정과 충돌을 일으킨다.

다들 한 번쯤은 이와 비슷한 상황을 경험해봤을 것이다. 따라서 인지 부조화의 기분도 잘 알 것이다. 머릿속 저울이 균형을 잃으면 우리 뇌는 허겁지겁 작업에 돌입한다. 뇌가 균형을 회복하기 위해 바쁘게 움직인다.

이에 관한 유명한 실험은 레온 페스팅거가 직접 실시했다. 불쌍한 실험 참가자들은 심리학과 학생들이었다. 그는 그들을 한 사람씩 방에 집어넣고 정말로 무의미한 짓을 시켰다. 열두 개의 작은 실패를 상자에 집어넣었다가 다시 꺼내고, 다 꺼내면 다시 집어넣는 일이었다. 그들은 무려 30분 동안이나 넣었다 뺐다 넣었다 뺐다만 했다. 이 일이 끝나면 곧바로 비슷한 일을 또 시켰다. 30분 동안 빨래집게를 돌리는 일이었다. 집게 마흔여덟 개를 하나씩 차례차례 90도 회전시켰다. 한 손만 사용해서.

실험의 진짜 중요한 부분은 이제부터이다. 참가자들은 이런 설명을 들었다. 평소에는 실험을 도와주는 대학생이 있어서 다음 참가자를 데려오고 또 그 참가자에게 실험이 정말 재미있다고 설명도 해준다. 그런데 오늘은 사정이 생겨 그 대학생이 오지 못했으니 참가자가 그 일을 대신 맡아주어야 한다. 그 대가로 참가자에게 돈을 주겠다. 그러고는 참가자 절반에게는 1달러를, 나머지 절반에게는 20달러를 지급했다.

실험 참가자들이 1달러나 20달러를 받고 시킨 일을 마치고 나면 다시 그들에게 오늘 실험이 얼마나 재미있었는지 질문을 던졌다. '매우 재미가 없다'는 1점, '매우 재미가 있다'는 11점이었다. 결과는 황당했다. 1달러를 받고 서비스를 제공한 참가자들이 20달러를 받은 친구들보다 훨씬 더 실험과 자신이 맡은 임무를 긍정적으로 평가했다. 페스팅거가 기대한 효과도 바로 이것이었다. 저울을 떠올린다면 이유는 분명하다. 돈은 보상을 의미한다. 친구를 속인 대가가 20달러라면 꽤 쏠쏠한 장사다. 우리 뇌가 금방 파악한다. 나는 돈을 받고 거짓말을 했다! 착한 짓은 아니지만 솔직히 말해 크게 나쁠 것도 없다. 대학생 처지에 20달러가 어디냐. 심각하지도 않은 거짓말 한마디 안 하자고 그 돈을 거절한다면 그건 낭비나 다름없다. 저울은 균형 상태를 유지한다.

하지만 달랑 1달러를 받고 거짓말을 한 경우엔 사정이 다르다. 저울이 휘청한다. 머릿속에 부조화가 생긴다. 한 시간 동안 하품이나 해댈 따분한 짓을 재미있다고 거짓말해서 친구를 속이다니 너무 재수 없다. 그것도 아무 이유도 없이 말이다. 당신이 믿건 안 믿건 우리 뇌는 재수 없는 인간이 되고 싶지 않다. 따라서 인지 부조화를 줄이고 저울의 균형을 회복하기 위해서 남은 방법은 한 가지밖에 없다. 실패를 넣고 빼는 일이나 집게를 돌리는 일이 지나고 보니 아주 나쁘지는 않았다고 스스로를 설득하는 길이다. 그래야만 인지 부조화 없이도 상대에게 실험이 재미있었다고 말할 수 있다. 우리 뇌는 그런 방법으로 저울의 불균형을 제거한다.

우리에겐 머릿속 균형이 정말로 중요하다. 부조화가 클수록 그것을 제거해야 한다는 압박도 커진다. 방법은 세 가지이다. 첫째, 자신의 행동을 바꾼다. 담배가 건강에 나쁘다는 사실을 알면 금연을 결심할 것이다. 물론 그 결심을 실천에 옮기기는 생각처럼 쉽지 않을 테지만 말이다. 둘째는 주변 환경의 변화이다. 흡연자 주변에는 흡연이 얼마나 해로운지 쉬지 않고 지적질을 해대는 사람들이 있을 것이다. 그런 경고의 음성이 많을수록 담배를 피우기가 불편해진다. 반대로 주변에 줄담배를 피우는 사람들이 넘쳐난다면, 담배를 피우면서도 자신은 상대적으로 건강하게 살고 있다는 생각이 들 것이다. 마지막 셋째가 제일 흥미롭다. 굳이 행동이나 주변을 바꾸지 않아도 뇌를 살짝 개조하고 혁신하면 된다. 인지 자체를 바꾸어 인지 부조화를 해소하는 것이다. 흡연이 몸에 해롭다는 생각 때문에 불쾌하다면 그 생각을 집어치우면 된다. 헬무트 슈미트 전 총리는 하루 몇 갑씩 피우고도 오래만 살았다. 사실 담배는 마음을 안정시키기 때문에 정신 건강에 좋다. 즐기는 것도 건강의 지름길이다. 많은 흡연자들이 이런 생각으로 흡연을 정당화한다.

인지 부조화를 막는 항생제는 자신의 입장을 자신의 행동이나 상황에 끼워 맞추는 것이다. 1950년대에 페스팅거 교수는 동료 두 명과 함께 미국의 한 사이비 교단에 들어갔다. 그 교단은 '1954년 12월 21일 해가 질 무렵에 지구가 멸망할 것'이라는 소식을 클라리온 행성의 외계인들에게 전해 들었다고 주장했다. 물론 교단의 신자들은 비행접시가 날아와서 구해줄 것이라고 했다. 당연히 그들이 예정한 날 지구는 멸망하지 않았다. 홍수가 밀어닥치지도, 외계인이 비행접시를 타고 날아오지도 않았다. 교단 사람들이 창피해서 쥐구멍이라도 찾았을까? 그런 일은 없었다. 오히려 자신들의 거짓 예언을 역이용했다. 자신들의 확고한 믿음과 기도가 세상을 구원했다고 우겼던 것이다. 인지 부조화를 효과적으로 제거한 대표적인 사례이다.

내가 보기에 인지 부조화는 중요한 심리 현상 중 하나이다. 언제나 통하며, 우리 뇌를 꼼짝 못 하게 만든다. 그런 이유에서라도 이 현상은 적극 이용할 필요가 있다. 자신은 물론이고 타인과의 관계에서도 적극 활용해야 할 것이다. 잘만 이용하면 누구라도 저울의 달인이 될 수 있다.

우리 자신에게 활용하자면 먼저 우리의 두뇌가 부조화를 피하기 위해, 혹시 부조화가 일어났더라도 서둘러 제거하기 위해 어떤 재주를 부릴 수 있는지 정확히 알아야 한다. 따라서 자신의 태도와 의견을 정기적으로 점검할 필요가 있겠고, 무엇보다 자신의 행동과 분리해 관찰해야 한다. 현명한 소크라테스는 이미 그 당시에도 알았다. 비판적으로 점검하지 않는 삶은 살 가치가 없다는 사실을 말이다.

냉장고 구매에서부터 자신도 모르게 마음에 깃든 외국인 혐오에 이르기까지, 우리는 우리의 자아상을 굳건히 지키기 위해서라면 이상한 생각의 길도 마다하지 않는다. 하지만 때로는 나를 버리고 순응할 필요도 있다. 내 것을 다 내던지고 동화되라는 말이 아니다. 그저 내 태도와 의견과 관점이 영원불변한 것은 아니라는 사실을 명심하라는 말이다. 연구 결과를 보면 거식증 환자를 치료할 때도 먼저 저울을 기울여 균형을 깨뜨릴 필요가 있다. 거식증 환자는 극도로 마른 몸만이 아름답다고 생각한다. 그 생각에 자기 몸을 맞추기 위해 거의 먹지 않고 뼈와 가죽만 남아도 자기가 뚱뚱하다고 고민한다. 따라서 치료는 그 사람이 생각하는 미의 이상이 적절한지 캐묻는 것으로 시작한다. 환자에게 역할극을 시켜서 그의 생각과 반대되는 행동을 하게 만드는 것이다. 그러면 서서히 해로운 식습관을 비판적으로 보게 될 것이고, 잘되면 바람직한 변화가 일어날 수 있다.

타인과의 관계에서는 특히 다툼이 벌어질 때 자신의 태도와 관점을 바꾸기가 얼마나 힘든지 되새겨볼 필요가 있겠다. 상대를 설득하고 싶다면 레드 카펫을 깔아주어야 한다. 다시 말해 상대가 저울의 균형을 완전히 깨뜨리지 않고도 자신의 의견을 우리에게 맞출 수 있도록 살펴주어야 한다. 내 논리로 상대를 짓밟기보다는 저울의 접시를 조금씩 조절하는 편이 훨씬 효율적이다.

실패와 빨래집게와 거짓말 실험은 행동 변화의 압력이 너무 세면 안 된다는 사실도 입증했다. 상대를 내가 원하는 방향으로 바꾸기 위해 압력을 행사할수록 상대가 생각을 바꿀 확률은 떨어진다. 앞서 살펴본 네오나치 닐스는 재수 없는 인간이다. 하지만 그 대가로 그는 자기 집단에서 인정을 받는다. 따라서 만일 닐스를 그 어두운 소굴에서 빼내고 싶다면 나는 그를 초대할 것 같다. 하루 동안 난민 캠프로 초대하는 것이다. 당연히 아무도 모르도록 비밀에 부칠 것이며, 그가 가고 싶을 땐 언제라도 갈 수 있다는 약속을 할 것이다. 그에게 하루만 같이하자고 부탁할 것이다. 배식을 하고 아이들을 돌보고 난민들과 어울려 축구를 할 것이다. 그동안 닐스의 머릿속 저울이 기울기 시작할 것이고, 그럼 그는 그런 삶도 제법 괜찮다는 기분을 느끼게 되지 않을까.

43

끝이 좋으면 다 좋다?

올바른 결정을 내리고 싶다면

우리는 경험을 근거 삼아 자신의 결정이 옳은지 그른지 판단하는 경우가 많다. 그러나 그건 치명적인 실수이다.

상상을 해보자. 톰은 55세이다. 스타 셰프여서 전 세계 곳곳을 다니며 요리를 한다. 그런데 어느 날 톰이 주방에서 쓰러진다. 뇌종양이다. 그는 혼수상태에 빠진다. 그를 다시 예전처럼 주방으로 돌려보낼 수 있는 길은 복잡한 수술밖에 없다. 하지만 수술은 위험하다. 환자의 8%가 깨어나지 못한다. 톰에겐 가족이 없어서 수술의 시행 여부를 의사 혼자 결정해야 한다. 의사는 수술을 하기로 결정하고 톰은 무사히 깨어난다. 얼마 후 톰은 완전히 회복되어 퇴원한다. 자, 이제 질문이다. 당신은 의사의 결정을 어떻게 평가하겠는가? '정말 잘못했다'는 1점, '정말 잘했다'는 7점이다.

조너선 배론Jonathan Baron과 존 허시John Hersey가 실험 참가자들에게 던진 질문이 바로 이것이었다. 그들은 참가자들을 무작위로 두 집단으로 나누었다. 그리고 두 집단에게 톰의 이야기를 읽어주었다. 다만 이야기의 결말이 같지 않았다. 첫 번째 집단이 들은 이야기는 해피엔딩이었지만 두 번째 집단이 들은 이야기에선 톰이 깨어나지 못했다. 의사의 판단 근거가 된 출발 상황은 동일했지만 두 집단은 의사의 결정을 전혀 다르게 평가했다. 좀 과장한다면 환자가 살았을 땐 탁월하던 결정이 환자가 죽으면 순식간에 형편없는 것으로 돌변했다. 두 학자는 이런 효과를 '결과편향outcome bias'이라고 불렀다. 끝이 좋으면 다 좋다. 어떤 결정이 어떤 결과를 낳았는지를 알면 그 결과로 가는 과정은 의미를 잃는다.

결과편향의 효과는 전 세계, 전혀 다른 분야에서도 거듭 입증되었다. 예를 들어 결과가 죄책감에 미치는 영향도 연구 결과로 입증되었다. 집에 침입한 사람을 무작정 총으로 쏘아 죽인 집주인은 죄가 있을까? 판단은 그 침입자가 무고한 시민이냐 위험한 범죄자이냐에 따라 갈렸다. 범죄자를 쏘았다? 잘했다! 무고한 시민을 쏘았다? 어떻게 그런 짓을! 하지만 총을 쏘자는 결정은 동일한 배경에서 내린 것이다.

실생활에서도 결과에 따라 보상받는 일이 적지 않다. 기업도 업무의 결과를 보고 보너스를 주지, 결정이 얼마나 훌륭했는지는 따지지 않는다. 이런 현실은 위험과 기회를 얼마나 잘 예측했느냐에 따라서

가 아닌 오직 결과에 따라 결정의 등급을 평가하는 환경을 만든다. 비합리적인 만큼 행운과 불운이 큰 역할을 한다. 후쿠시마에서 원자력발전소가 고장이 났다. 그럴 줄 알았다. 대체 누가 그런 위험한 시설을 그렇게 바다에 딱 붙여서 지었단 말인가? 그것도 지진이 잦은 지역에. 쿠바 위기가 평화롭게 해결되었다. 고마워요, 존 F. 케네디. 정말 훌륭한 정책이었어. 레만을 골대로, 칸을 벤치로 보냈다? 감독의 완벽한 결정이었다. 정말? 그냥 다 운은 아니었을까?

결과편향을 절대 조심해야 하는 두 가지 상황이 있다. 첫째, 올바른 결정을 내리는 능력을 키우고 싶다면 결과가 아니라 과정을 분석해야 한다. 어떤 과정이 어떤 결과를 낳았는지를 모르면 절대 능력을 개선할 수 없다. 두 번째는 타인을 평가할 때이다. 동료, 상사, 부하 직원, 자녀, 모두는 자기 할 일을 하고 나름의 결과물을 낸다. 결과 못지않게 그 결과를 이룬 방법도 고려해야만, 그 누구도 손쓸 수 없는 운에 판단을 맡기는 사태가 일어나지 않을 것이다.

44

나는 너무 멋져!

건강한 자신감이 가져다주는 것들

심리학과 학생들의 문제는 모두가 고등학생 때 우수한 학생이었다는 것이다. 좋은 성적은 달콤한 마약과 같은 법, 당연히 모두가 대학에 와서도 그 성적을 유지하고 싶다. 그건 짜증 나는 일이다. 교수님이 모두에게 A를 줄 수는 없을 테니까 말이다. 심리학과 학생들만 그런 것이 아니다. 법학과나 의학과에 다니는 내 친구들도 상위 10%에 들고야 말겠다는 야망에 이글이글 불탄다. 하지만 뒤집어 생각해보면 그 말은 곧 나머지 90%는 기대보다 나쁜 성적을 받아야 한다는 뜻이다. 그렇지 않은가? 모든 대학생의 절반은 평균보다 성적이 나빠야 한다. 안 그러면 평균이란 것이 있을 수 없다.

대학에 입학하고 얼마 안 있어 한 교수님이 던진 질문도 바로 이 문제를 겨냥한 것이었다. 첫 시험을 앞두고 교수님은 우리에게 각자 어느 정도의 성적을 받을 것으로 기대하느냐고 물었다. 익명으로 처리하겠으니 작은 쪽지에 평균 이하, 평균, 평균 이상, 이 세 가지 중 한 가지를 골라 적으라고 했다. 그리고 그 쪽지를 시험 때 같이 제출하라고 했다. 몇 주 후 결과가 나왔다. 강의를 시작하기 전 교수님은 칠판에 막대그래프 네 개로 성적 분포도를 그렸다. 나란히 늘어선 막대그래프는 빌딩 세 개와 그 옆에 서 있는 정자 한 개를 연상시켰다. 빌딩 1번은 A를 받은 학생들이었다. 그 빌딩을 50층이라고 가정해보자. 2번 빌딩은 B를 받은 학생들로 층이 두 개 더 높았다. 빌딩 3번은 C를 받은 아이들로, 그것도 50층이었다. 그 옆에 D를 받은 몇 명을 기리는 정자가 서 있었다.

그러나 예상 성적을 적은 쪽지 그래프는 전혀 다른 모습이었다. 빌딩 두 채만 달랑 서 있었고, 두 층 높이가 앞서보다 거의 두 배 더 높았다. 절반은 평균의 성적을 기대했고 나머지 절반은 평균 이상의 성적을 기대했다. 평균 이하를 기대한 학생은 한 명도 없었다. "심리학의 멋진 신세계에 오신 것을 환영합니다." 교수님은 결과를 비웃듯 이렇게 말하고는 '과신 효과overconfidence effect'에 관한 강의를 시작했다. 과신 효과란 아무 근거도 없이 자신의 능력을 무한정 믿는 현상을 말한다.

학자들의 의견은 같다. 우리 인간은 온갖 분야에서 자신의 능력을 과대평가한다. 압도적 다수가 자신을 평균 이상으로 우수한 운전자라고 대답한 설문 조사 결과가 대표적인 증거이다. 대학생들을 대상으로 실시한 설문 조사 결과를 보면 남녀를 불문하고 자신의 지능을 과대평가했고 남성의 경우엔 자신의 매력 역시 과대평가했다. 대학 강사들은 90% 이상이 자신의 강의 실력을 평균 이상으로 평가했고, 3분의 2 이상은 심지어 상위 25% 안에 든다고 대답했다.

자, 우리도 직접 한번 테스트해보자. 국제우주정거장 ISS는 시속 몇 킬로미터의 속도로 우주를 날까? 타이타닉호의 무게는 몇 톤일까? 지금까지 알려진 제일 큰 소수는 몇 자리 수일까? 정확한 숫자를 말하지 않아도 된다. 범위만 대면 된다. 제일 낮은 숫자 하나와 제일 높은 숫자 하나만 골라라. 정답이 그 범위에 포함될 확률을 높이기 위해 범위를 넓게 잡아라.

정답을 알아보자. ISS의 우주비행사들은 시속 약 27만 743킬로미터의 속도로 우주를 비행한다. 타이타닉호의 무게는 5만 2310톤이었다. 김프스•는 최근 2234만 9425 자리의 소수를 발견했다고 발표했다. 어떤가? 당신이 정한 범위에 이 세 가지 숫자가 들어 있는가? 대부분의 사람은 그렇지 않다고 대답할 것이다. 왜 그럴까? 제한이 없었기 때문이다. 예를 들어 타이타닉호의 경우 범위를 1킬로그램에서 2230만 톤까지로 넓게 잡았다면 맞힐 확률이 훨씬 높았을 것이다. 하지만 우리 인간은 그렇게 작동하지 않는다. 얄팍한 자신의 지식을 너무나 믿기 때문에 그 얄팍한 범위 안에서 대충 판단해버린다. 자신의 능력과 지식을 턱없이 과대평가하는 것이다.

• GIMPS, 메르센 소수를 찾는 공동 프로젝트

과신 효과는 왜 일어날까? 최근에 「네이처」에 발표한 도미닉 존슨Dominic Johnson과 제임스 파울러James Fowler의 연구 결과를 보면 짐작이 간다. 과대평가는 수많은 분야에서 성공의 본질적 요인이다. 직장의 업무 성과, 정신 건강, 운동, 기업 운영 실적을 가리지 않고 우리를 강하게 만드는 것은 그냥 자신감이 아니라 과도한 자신감이다. 실제보다 훨씬 더 뛰어나다는 확고한 믿음은 야망과 투지, 직업 윤리를 깨우는 각성제이다. 그것이 결국 성공의 가능성을 높인다. 그러나 위험도 있다. 과도한 자신감은 완벽한 자만, 지나치게 높은 기대, 해가 될 정도로 오만한 결정으로 빠질 위험을 안고 있다.

존슨과 파울러는 이런 문제를 해결할 수 있었다. 과신 효과는 완벽한 전략이 될 수 있다. 중요한 것은 상황이다. 과도한 자신감이 건강할 때는 정확히 다음 세 가지 상황이다. 첫 번째는 경쟁이다. 믿음이 산을 옮긴다. 이길 수 있다고 믿지 않는 자는 이미 패한 것이다. 두 번째는 불확실할 때이다. 사자 1번이 죽은 영양을 발견하고 달려들 확률은 이미 영양의 뒷다리 절반을 먹어치운 사자 2번과 싸워 이길 확률에 달렸다. 사자 2번이 새끼라면 고민하고 말 것도 없다. 어린 사자가 알아서 도망칠 테니까 말이다. 하지만 현실에서는 상황이 명확하지 않을 때가 많다. 적의 능력이 불확실할수록 자기 능력을 확고하게 믿는 과신 효과의 유용성도 커진다.

가장 중요한 세 번째 상황은 실패의 부정적 결과와 성공의 긍정적 결과가 같은 무게가 아닐 때이다. 당신은 몇 달 전에 애인과 헤어져서 싱글 상태이다. 친구들과 클럽에 갔는데 발을 들여놓는 순간 매력적인 사람을 발견했다. 가서 먼저 말을 붙여야 할까? 바로 이런 순간에 건강한 과신이 필요하다. 당신은 잃을 것이 없으니까. 퇴짜를 맞아서 친구들의 비웃음을 살 수는 있겠지만 그게 무슨 대수인가. 넘치는 자신감으로 고개를 들고 다른 사람에게 말을 붙이면 그뿐이다. 또 첫 번째 사람이 당신에게 호감을 표할지도 모를 일이 아닌가. 이 경우 성공의 긍정적 효과는 실패의 부정적 효과보다 훨씬 크다. 자신감이 절대로 손해될 일이 없는 것이다.

45

쓸데없는 걱정계의 세계챔피언

걱정에서 빠져나오는 탈출구

나는 잘 지낸다. 정말 잘 지낸다. 건강하다. 연애도 잘되고 있다. 내가 사는 독일은 비교적 안전한 나라다. 대부분의 시간을 뮌스터에서 지내니까 남들보다 조금 더 안전하다. 비가 연일 내리는 것만 빼면 이곳도 상당히 아름답다. 또 의료보험도 되고, 의견 표현의 자유도 있고, 총격은 드라마에서만 일어나며 월드컵에서 독일이 우승도 했다. 그러니까 아무리 둘러봐도 걱정할 이유가 없다.

그런데 왜인지 몰라도 나의 두뇌는 이런 명백한 사실을 놀라울 정도로 자주 까먹는다. 내 모든 길에 축복이 가득하다 못해 주머니에 돈까지 두둑한 지금도 나는 걱정을 한다. 때로는 중요한 문제로, 때로는 아무것도 아닌 일로 말이다. 화장실 문손잡이에 균이 많다고?

감염이 걱정된다. 파티 손님들의 표정에 실망이 어린다? 사업이 실패할까 봐 걱정된다. 깜빡 잊고 엄마한테 전화를 안 했다? 잔소리를 들을까 봐 걱정이다. 걱정하고 걱정하고 또 걱정한다.

끊이지 않는 걱정은 피곤을 부른다. 때로 나는 우리 독일인들이 축구뿐 아니라 쓸데없는 걱정 분야에서도 세계 챔피언이 아닐까 생각한다.

하지만 걱정 그 자체는 문제 될 것이 없다. 걱정은 능력이다. 예상한 문제를 처리하는 능력이다. 예상한 문제가 존재하느냐 아니냐는 상관이 없다. 그것이 실제로 문제인지도 중요치 않다. 우리 뇌는 원할 때는 언제든 걱정을 한다. 미래를 고민하고, 자기 행동의 가능한 결과나 거의 불가능한 결과를 성찰하는 능력에서 인간은 다른 동물들과 구분된다. 이 능력이 없었다면 우리는 지금 이 자리에 있지 못했을 것이다. 인간은 걱정 때문에 발명을 했고 지금도 발명하고 있기 때문이다. 얼어 죽을까 걱정이 되어서 누군가 불 피우는 법을 발명했다. 굶어 죽을까 걱정이 되어서 누군가 활과 화살을 발명했다. 더러워서 균이 들끓을까 걱정이 되어서 누군가 비누를 발명했다. 따분할까 걱정이 되어 누군가 다마고치를 발명했다.

요컨대 인간은 정말로 많은 것을 이 걱정하는 능력에 빚졌다. 걱정은 우리를 각성시키고 자극한다. 다만 우리는 그 사실을 너무 자주 까먹는다. 이유는 모르겠지만 언젠가 나는 심리학적 관점에서 볼 때 걱정이 방귀와 정말 닮았다는 생각을 하게 되었다.

방귀 그 자체는 그리 대단할 것이 없지만 그렇다고 크게 나쁠 것도 없다. 방귀는 우리 위장 대장님의 작전 수행에 없어서는 안 될 중요한 군사이다. 출렁이는 위액의 물결에서 작은 기포가 얌전하게 솟아오른다. 그것이 갑자기 방귀가 된다. 냄새를 풍기는 작은 구름. 고약한 것도, 야비한 것도 아니다. 그러나 대부분의 사람들은 방귀를 매우 건강하지 못한 방법으로 처리한다. 건강하려면 방귀를 편히 내보내면 된다. 하지만 허물없는 사춘기 친구들끼리가 아니라면 함부로 내보낼 수 없다. 세상의 빛을 보고 싶어 안달복달인 녀석을 괄약근에 힘을 잔뜩 주고서 배가 아플 때까지 가두어둔다. 불편할뿐더러 건강에도 좋지 않다.

방귀처럼 걱정을 대하는 우리의 자세도 잘못되었다. 우리 뇌에선 수시로 걱정이 샘솟는다. 방귀가 그러하듯 우리는 그 걱정이 어디서 오는지, 왜 지금 떠오르는지 알지 못한다. 어쨌거나 갑작스럽게 나타난다. 그 걱정이 어떻게 될지는 그것을 대하는 우리의 자세에 달렸다. 전형적인 그릇된 대응을 심리학에선 '곱씹기rumination'라고 부른다.

곱씹기란 특정한 걱정에 대한 고민과 반복적인 생각을 말한다. 걱정이 부정적인 생각, 통제할 수 없는 생각의 사슬을 만들고 그 사슬은 원을 이룬다. 걱정이 점점 커져간다.

걱정에서 빠져나올 탈출구를 찾기 위해 학자들은 우리가 대체 무엇을 걱정하는지, 왜 그러는지를 조사했다. 두 명의 학자 마리아나 서보Marianna Szabó와 피터 로비본드Peter Lovibond는 실험 참가자들에게 일기를 적으라고 시켰다. 작은 노트를 마련하여 7일 동안 걱정의 에피소드를 적게 했다. 그리고 그 내용을 분석한 결과, 다음과 같은 사실을 밝혀냈다. 우리는 잘못될 수도 있다고 예상하는 일을 걱정하고, 안전을 위해 그 이론적 실패에 대한 이론적 해결 방안을 고민하기 시작한다. 그런 행동이 이론적으로 건강에 해로울 수 있다는 것은 굳이 심리학자가 아니어도 알 수 있는 일이다.

하지만 앞서도 말했듯 걱정은 (정도가 지나치지만 않으면) 매우 유익하다. 미국 대학 법학과 학생들을 대상으로 실시한 대형 연구 프로젝트에서 학자들은 대부분의 학생들이 당연히 걱정을 하는 시점을 선택했다. 즉 중요한 시험을 몇 주 앞둔 시점과 시험을 마친 후 몇 주였다. 이 실험에선 법학과 졸업 시험이었는데, 학생들은 시험을 치기 전에는 공부할 시간이 너무 빠듯해서 걱정하고 시험을 치른 뒤에는 떨어질지도 모른다며 걱정했다.

이 학자들의 연구 결과, 걱정이 흥미로운 효력을 발휘할 수 있다는 사실이 입증되었다. 우선 조사 대상 대학생의 대부분이 불안을 잠재우기 위해 바람직하지 않은 전략을 선택했다. 예를 들어 억지로 걱정을 억눌렀다. 그 결과 파란 코끼리와 같은 현상이 나타났다. 생각하지 않으려 하면 할수록 걱정은 더욱 커졌다. 다른 학생들은 혹시 나쁜 결과가 나올 것 같아도 그것을 미화하려고 애를 썼다. "나를 죽이지 않는 모든 것은 나를 더욱 강하게 만들 뿐이다"라는 니체의 말대로 나쁜 결과도 결국 도움이 될 것이라고 말이다.

여기까지는 평범했고 진짜 흥미로운 점은 이제부터이다. 매우 특정한 종류의 걱정만이 마지막에 보상을 받았다. 학자들은 이런 종류의 걱정을 '건설적 걱정'이라고 부른다. 성적이 나오기를 기다리는 동안 방어적 비관주의의 태도를 보인("확실히 합격했다고는 절대 장담 못 해") 학생들이 그런 식의 걱정을 하지 않은 친구들에 비해 시험 결과에 훨씬 잘 대처했다. 이유는 누가 봐도 당연하다. 성적이 좋으면 만사형통이다. 걱정이 사라졌으니 두 배로 좋다. 성적이 나빠도 문제없다. 이미 예상했으니까. 그러므로 걱정의 싹을 자르거나 걱정을 비난할 이유가 없다. 걱정을 대하는 올바른 자세가 그보다 훨씬 더 중요하다. 조금 더 보충하자면, 근심이 있을 때 요가와 명상을 하면 도움이 된다는 것은 과학적으로도 입증된 사실이다. 물론 그것도 좋겠지만 나는 심리학의 관점에서 곱씹기의 악순환을 끊을 수 있는 세 가지 사실을 소개하도록 하겠다.

첫째, 우리가 어떤 것을 걱정한다고 해서 실제로 그것이 문제라는 뜻은 절대 아니다. 머릿속을 점령한 생각의 늪에서 걱정이 떠오르는 이유는 셀 수 없이 많다. 지금 스트레스를 받고 있거나 부담이 과도하기 때문일 수도 있고, 그저 기분이 좀 나빠서 그럴 수도 있다. 따라서 걱정을 문제와 동일시하지 말아야 한다.

둘째, 걱정한다고 해서 사건이 일어날 확률이 높아지지는 않는다. 주관적으로는 걱정을 많이 할수록 사건이 일어날 것 같은 생각도 더 커진다. 그러나, 이를테면 승객이 비행기 연료 장치에 화재가 날까 봐 걱정되어 이륙 도중 바지에 오줌을 쌌다고 해서 비행기가 추락하는 것은 아니다.

셋째, 확실한 걱정 킬러는 관심이다. 걱정으로 머리를 싸매지 말고 자신의 생각과 감정, 그러니까 걱정을 그대로 대면하는 게 좋다. 그 말은 평가 없이, 즉 중립적이고 합리적으로 바라보라는 뜻이다. 실제로 병적으로 걱정하는 사람들을 치료한 연구 결과를 보면 걱정을 바라보는 개인의 자세를 바꾸는 것이 가장 중요하다고 한다. 걱정이 찾아오면 짜증 내지 말고 가만히 걸음을 멈추고 고민해보자. 배 속 가스처럼 머릿속 걱정도 좋은 것은 아니지만 의미가 없지 않다. 억지로 참거나 고개를 저어 털어버리려 노력하기보다는 긍정적이고 개방적인 자세로 다가가자.

46

'우리'와 '그들'로 나누어진 세상

편견과 배척, 왕따와 갈등을 뿌리 뽑기 위해

심리학을 공부하는 입장에서 축구를 보면 매우 흥미로운 현상을 관찰할 수 있다. 그 현상은 잔디밭이 아니라 관중석에서 일어난다. 축구의 매력은 유니폼을 입었다는 이유만으로 생전 처음 보는 사람들이 서로를 미워하거나 좋아하게 된다는 사실이다. 사실 축구든 뭐든 그건 전혀 중요하지 않다. 우리 내면에는 비슷한 사람들과 하나가 되고 싶고 비슷하지 않은 사람들을 멍청이 취급하려는 욕망이 숨어 있다.

심리학은 이런 현상을 '사회적 정체성 이론'이라는 이름으로 오래전부터 연구해왔다. 사회적 정체성 이론은 간단히 이렇게 요약할 수 있다. 우리 자아상의 일부, 그러니까 우리 정체성의 일부는 특정 사회 집단의 일원이라는 소속감과 그 소속감에 우리가 정서적으로 선사하는 가치를 통해 만들어진다.

이 이론의 '창시자'는 헨리 타이펠Henri Tajfel과 존 터너John Turner이다. 그러나 정작 사회적 정체성과 관련한 가장 중요한 실험은 유명 학자가 아니라 초등학교 교사이자 반反인종주의 전사인 제인 엘리엇Jane Elliott의 작품이었다. 마틴 루서 킹이 총격에 희생되고 난 이튿날, 그러니까 1968년 4월 5일 제인 엘리엇은 매우 특별한 실험을 실시했다. 이는 마틴 루서 킹 사건과 무관하지 않은 실험으로, 우리 안의 편견과 증오에 관한 것이었다. 그러나 정작 그녀는 자신의 실험이 얼마나 획기적이었는지 전혀 알지 못했다.

그녀는 1교시 수업을 시작하기 전에 아이들을 눈동자 색깔에 따라 두 집단으로 나누었다. 파란색 대 갈색. 첫날은 파란 눈이 지배자라고 가르치면서 파란 눈의 아이들에게 갈색 옷깃을 주고 갈색 눈 아이들의 목에 둘러주라고 시켰다. 그리고 지배 집단의 우월성을 입증하기 위해 쉬는 시간을 더 주거나 새로 생긴 체조장에서 놀 수 있게 하는 등의 특혜를 주었다. 또 '파란 눈'을 교실 앞쪽에 앉히고 '갈색 눈'은 뒤에 앉혔다. 아이들이 처음에 보이던 소극적 태도는 놀랍도록 순식간에 자취를 감추었다. '우월한 집단'의 아이들은 태도를 바꾸어 거만하고 고압적으로 변했고 '열등한 집단'의 아이들에게 점점 더 함부로 굴었다. 이튿날 엘리엇은 두 집단의 지위를 바꾸었다. 이제는 파란 눈의 아이들이 파란 옷깃을 달고 불이익을 당하는 열등한 집단이 되었다. 그러자 갈색 눈의 아이들이 악마로 변했다. 이 실험을 통해 제인 엘리엇은 훗날 타이펠과 터너가 최소 그룹 실험 minimal group experiment을 통해 학문의 형태를 부여한 사회적 정체성 이론을 그들보다 훨씬 먼저 입증할 수 있었다.

최소 그룹 실험은 제인 엘리엇의 실험과 비슷한 구조이다. 실험 참가자를 두 집단으로 나눈다. 이때 나누는 기준은 아무래도 좋다. 예를 들어 바실리 칸딘스키와 파울 클레 중 어느 화가를 더 좋아하는지를 기준으로 삼는다고 해보자. 참가자가 어느 화가를 더 좋아하는지 밝히고 나면, 학자는 그에게 두 명의 다른 참가자에게 돈을 나누어 주라고 시킨다. 이때 그에게 두 사람에 관해 딱 한 가지 정보만 알려준다. 한쪽은 클레를 좋아하고, 다른 쪽은 칸딘스키를 좋아한다. 그러자 돈을 나누어 주는 사람은 자신이 고른 화가와 같은 화가를 좋아하는 사람에게 더 많은 돈을 주었다. 이렇게 하여 돈을 주는 사람과 돈을 받는 두 사람 중 한 사람으로 이루어진 최소 그룹이 만들어진다. 이런 종류의 실험들을 통해 선호는 최소 그룹만으로도 충분하다는 사실이 입증되었다. 상대가 클레(혹은 칸딘스키)를 더 좋아한다는 전혀 중요하지 않은 판단 기준 하나만으로 집단이 만들어지고 그에 따른 선호가 생기는 것이다.

제비뽑기로 A 집단과 B 집단을 나누었을 때도 결과는 같았다. 충격적인 사실은, 자기 집단의 구성원들이 얼마나 많은 돈을 땄는지에 대해선 아무도 아랑곳하지 않았다. 상대 그룹이 딴 돈과의 차이가 최대치가 되는 것, 그것을 훨씬 중요하게 생각했다. 파란 눈동자이건, 클레 애호가이건, A 집단이건, 자기 집단 성원에 대한 이런 명백한 선호를 '내집단편향ingroup bias'이라고 부른다.

사회적 정체성 이론은 우리 인간이 지속적으로 자신과 타인을 내집단과 외집단으로 나눈다는 생각에 뿌리를 둔다. 내집단이란 동일하기 때문에 한편이라는 뜻이다. 무엇이 같아서 한편인지는 중요하지 않다. 외집단이란 다르기 때문에 한편이 아니라는 뜻이다. 이때에도 무엇이 달라서 한편이 아닌지는 중요하지 않다. 이런 생각을 계속 좇아가다 보면 우리 모두는 정말로 많은 집단의 일원이며 따라서 전혀 다른 사람들도 전혀 다른 맥락에서 내집단을 형성할 수 있다는 사실을 깨닫게 된다.

사회적 정체성을 획득하고 특정 집단에 소속되기를 바라는 우리의 욕망은 강하다. 대부분의 강렬한 심리 현상이 그러하듯 책임은 석기시대의 우리 조상들에게 있다. 우리 선조들은 생활과 사랑을 집단에 의존했다. 매머드를 돌로 잡거나 불이 꺼지지 않게 단속하려면 단합하는 편이 훨씬 유리했다. 예를 들어, 사샤는 남자이고 현재 독일 국적이며 '독일을 위한 대안'* 당원으로, 반反이슬람 단체 페기다의 행진에 참여한다. 이것들을 통해 그는 자신이 누구인지를 안다. 동일시할 수 있는 집단에 소속감을 느끼기 때문이다. 그리고 바로 이 감정은 '타인들'이 있을 때 놀랄 정도로 커진다. 여기서 타인들이란 자신이 속한 집단 밖의 사람들이다. 사샤는 그들에게 적대감을 느낀다. 왜? 아마 자신도 이유는 정확히 모를 것이다. A 집단과 B

* 2013년 2월 창당된 독일의 극우 정당

집단으로 나누는 실험을 떠올려보라. 자신이 B 집단 사람들을 왜 싫어하는지는 아무도 명확히 설명할 수 없을 것이다.

사회적 정체성 이론은 우리를 눈뜨게 할 수 있다. 적어도 나는 그랬다. 학자들이 대학생들을 대상으로 실험을 두 차례 실시했다. 참가자 모두는 맨체스터 유나이티드의 팬이었다. 캠퍼스를 걷는 그들 곁으로 조깅하는 사람이 지나가다가 참가자 바로 옆에서 풀썩 쓰러지면서 통증을 호소했다. 도움이 절실한 상황이었다. 그 사람이 한 번은 맨체스터 유나이티드 유니폼을 입었고, 다른 한 번은 FC 리버풀 유니폼을, 또 한 번은 무늬 없는 티셔츠를 입었다. 첫 번째 실험에서는 사전에 참가자들에게 맨체스터 유나이티드를 향한 사랑을 키우도록 교육했다. 그러자 FC 리버풀 유니폼이나 무늬 없는 티셔츠를 입은 사람에게 도움의 손길을 내민 숫자가 매우 적었다. 두 번째 실험에서는 사전에 축구 일반에 대한 사랑을 일깨우는 교육을 했다. 그랬더니 남자가 맨체스터 유니폼을 입었건 리버풀 유니폼을 입었건 유니폼을 입은 사람은 똑같이 도와주었다. 그러나 무늬 없는 티셔츠를 입어 축구 팬인지 알 수 없는 세 번째 사람은 그냥 내버려두었다.

사회적 정체성 이론은 왜 인간이 세상을 '우리'와 '그들'로 나누기 좋아하는지 그 이유를 설명한다. 그래야만 우리는 자신을 이해할 수 있다. 우리가 누구인지, 우리의 본질이 무엇인지를 이해할 수 있다. 이것은 타고나는 본성이며 방귀와 걱정처럼 자연스러운 것이다. 하지만 자신과 다른 집단을 분류하려는 노력은 편견과 배척, 왕따와 갈등을 조장하는 길이 되기도 한다.

오늘날의 우리는 방향을 잃은 것 같은 느낌에 자주 빠진다. 세상이 혼란스럽다는 이야기는 앞에서도 이미 했다. 어디로 갈지 알 수 없는 사샤에게 집단은 방향등이 되어준다. 페기다의 집회에 참가하면 어찌 되었건 쉽게 정체성을 느낄 수 있다. 반면, 내가 보기에 맨체스터 팬 실험은 '우리'와 '그들'의 구분을 멈출 수 있는 방법도 함께 보여준다. 우리 모두는 견고한 내집단을 부수고 나올 수 있다. 집단의 크기를 키워 타인들을 안으로 들여보내면 된다.

47

내 생각을 의심하라

현상의 이면을 꿰뚫어보는 법

심리학 박사 논문을 쓰려면 정말로 품이 많이 든다. 하지만 심리학 연구나 공부 자체는 매력적이다. 특히 자신이 세운 가설을 검증하기 위해 심리 실험을 만들다 보면 정말로 재미있다. 과학 실험의 이유이자 매력은 자신의 가설을 테스트로 검증하는 것이니까.

이때 제일 중요한 것은 뭐니 뭐니 해도 객관성이다. 테스트가 객관적이어야 한다. 가설이 틀렸을 경우 테스트를 해보면 금방 탄로가 난다. 그럼 연구를 더 한다. 그래야만(혹은 우연의 선물로) 새로운 지식이 탄생한다. 심리학만 그런 것이 아니다. 의학, 생물학, 물리학, 수학, 화학도 마찬가지이다. 신학자와 삐삐 롱스타킹만 예외다. 신학자들은 가설을 세우고 그냥 철석 믿어버리면 그뿐이다. 그리고 삐삐는 그냥 제 마음대로 한다. 빨간 머리를 양 갈래로 땋아 찰랑거리며 뛰어다니는 이 활달한 소녀는 '착한 아저씨'라는 이름의 말을 어깨에 걸치고 뒤죽박죽 별장을 누비며 확신에 차서 노래 부른다. "2 곱하기 3은 4."

어린 시절엔 편협한 수학 규칙에 반항하는 삐삐의 용기에 열광했다. 하지만 학자에겐 모골이 송연해지는 순간이다. 자고로 연구를 하는 자는 평생 이 말을 명심해야 한다. "의심스러운 것은 모조리 의심해야 한다!" 오직 사실, 사실, 사실만 통한다. 나는 늘 그렇게 생각했다. 그러나 그것이 아님을, 박사 논문을 쓰려고 우연히 읽은 작은 실험 결과 하나가 깨우쳐주었다.

그 작은 실험은 내가 가장 좋아하는 실험이 되었다. 거의 언제나 먹히고, 만나는 사람마다 실험해볼 수 있기 때문이다. 실험 방법은 이렇다. 내가 당신에게 숫자 세 개로 이루어진 수열을 불러준다. 2, 4, 8. 이 수열엔 규칙이 있다. 당신의 할 일은 그 규칙을 찾아내는 것이다. 당신이 머릿속에 떠오른 수열을 내게 말하면 나는 그 수열이 규칙에 맞는지 안 맞는지 대답해준다. 시간은 얼마나 걸리든 상관없다. 당신이 원하는 만큼 말할 수 있다. 다만 규칙을 찾았다는 확신이 들 때 정답을 말해야 한다. 규칙은 정말 간단하다. 초등학생도 알 수 있다. 그럼 출발! 당신은 어떤 수열을 선택했는가?

'12, 24, 48'? 아니면 '6, 12, 24'? '8, 16, 32'? 이 모든 경우에 나는 대답한다. "맞아요." 그 수열은 규칙에 맞다. 그럼 여지없이 이런 말이 뒤따른다. "정말로 어렵지 않네. 정답 맞힐게."

내가 이 실험을 좋아하는 이유는 우리가 가장 많이 저지르는 생각의 오류를 너무나도 간단한 방법으로 보여주기 때문이다. 이 작은 실험에선 무슨 일이 일어날까? 먼저 숫자 세 개를 만나게 된다. 누가 봐도 두 번째 숫자는 첫 번째 숫자의 배수이고, 세 번째는 두 번째의 배수이다. 그래서 대다수 사람들의 뇌에선 곧바로 다음의 가설이 떠오른다. "이 수열의 규칙은 이것이다. 'x 곱하기 2는 y이고 y 곱하기 2는 z이다.'" 그러니까 계속 2를 곱하면 된다. 우리 뇌는 당장 비판적 시선을 거두고, 찾는 규칙이 그럴 것이라는 처음의 추측을 확신으로 굳힌다. 가설이 서면 곧바로 찾아 나선다. 확증을! 세운 가설에 맞는 세상을 조립하기 시작하고 당연히 그 가설에 맞는 세 개의 숫자를 선택한다. 거기다 이런 말까지 듣는다. "맞아요." 자신감이 상승한다. 실험은 계속된다. 또 한 번 세 개의 숫자. 다시 같은 규칙. 이번에도 규칙에 맞아떨어진다. 그래서 자신 있게 정답을 말한다. 일러도 너무 일찍. 그러나 출제자인 내가 설정한 원래 규칙은 이것이었다. 첫 번째 숫자가 두 번째 숫자보다 작아야 하고, 두 번째는 세 번째보다 작아야 한다. 따라서 '1, 2, 3'도, '15, 39, 118'도 맞았을 것이다.

우리 인간에게는 너무 서둘러 가정을 확신으로 굳히려는 경향이 있다. 심리학에서는 이를 두고 '확증편향confirmation bias'이라고 부른다. 연구자가 마땅히 그래야 하듯 비판적으로 배후를 캐묻지 않고 곧바로 삐삐 롱스타킹의 모드로 전환해 세상을 자기 마음대로 만들어버린다.

이유는 우리가 확증을 찾기 때문이다. 대부분의 사람들은 앞에서 설명한 문제를 내면 "틀렸다"는 말을 한 번도 안 들은 상태에서 그냥 정답을 맞히려고 한다. 우리는 "Yes"에 파묻히기를 원한다. "No"는 듣고 싶지 않다. Yes는 옳다는 뜻이기 때문이다. 옳지 않기를 바라는 사람이 있을까? 과학과는 배치되는 태도이다. 우리 뇌는 자기만의 안경을 쓰고 세상 모든 것을 그 안경을 통해서만 바라본다. 새로운 정보와 인식을 만나도 그것을 열린 마음이나 중립적인 자세로 대하지 않는다. 오히려 맞지 않는 것도 맞게 만들려고 한다.

스탠퍼드대학교 연구팀이 미국 대학생들을 대상으로 실험을 실시했다. 참가자의 절반은 사형 제도에 찬성하고 절반은 사형 제도에 반대한다. 모든 참가자들에게 두 가지 연구 논문을 주었다. 한 논문은 사형 제도에 찬성하고(범죄율이 줄어들며, 겁을 주는 효과가 있다는 등을 근거로), 나머지 하나는 반대한다. 물론 그 논문은 연구팀이 지어낸 가짜이다. 이제 참가자들에게 논문의 질을 평가해보라고 시켰다. 결과는 우리 예상대로였다. 양측 모두 자신의 주장이 완벽하게 확증되었다고 느꼈다. 사형 제도에 찬성하는 쪽에선 반대 논지의 논문에 여러 문제점이 있다고 비판했다. 논지가 과학적이지 않고 설명도 성의가 없다고 트집을 잡았다. 반대하는 쪽에서는 정반대로 찬성 논지의 논문에서 이것저것 트집을 잡았다. 이 결과는 삐삐 롱스타킹의 안경이 존재한다는 증거이다. 어떤 정보가 도착하건 관계없이 우리 뇌는 당파적이다. 그리고 항상 자신의 가정과 입장에 유리한 쪽의 편을 든다.

대부분의 사람들은 가설의 확증을 찾느라 동전의 다른 면을 보지 못한다. 묻지도 따지지도 않고 저울의 찬성 쪽에다 자꾸만 논리를 쏟아붓는다. 그 논리가 반박할 수 없는 논리인지 아닌지는 전혀 신경 쓰지 않는다.

의심하지 않거나 충분히 의심하지 않고 확증을 찾으면 오류가 발생한다. 삐삐 롱스타킹은 힘이 장사이고 머리도 비상하다. 하지만 우리는 삐삐가 아니다. 그러니 논쟁이 뜨거워졌을 때, 곤란한 결정을 앞두었을 때, 무엇보다 다툼이 벌어졌을 때는 항상 확증편향을 명심, 또 명심해야 한다.

48

난 그리 호락호락하지 않아

생각의 오류에 속아 넘어가지 않는 법

이번 장은 초등학교 수준의 쉬운 셈 문제로 시작하겠다. 초코시럽을 뿌린 아이스크림 한 개의 가격이 1.10유로이다. 아이스크림 가격은 초코시럽보다 1유로 더 비싸다. 초코시럽의 가격은 얼마일까? 정말 쉽지 않은가? 당연히 10센트지! 뇌에서 바로 정답이 튀어나온다.

하지만 틀렸다. 아이스크림은 초코시럽보다 1유로 더 비싸다. 초코시럽이 10센트면 아이스크림 가격은 1.10유로가 되어야 한다. 둘을 합하면 1.20유로가 된다. 그러니까 10센트는 틀렸다. 정답은 5센트이다. 그럼 아이스크림 가격은 1.05유로이고, 그래야 둘의 차이가 1유로가 되고 둘을 합치면 1.10유로가 된다. 10센트라고 대답했더라도 너무 걱정하지 마라. 곧바로 10센트를 생각하는 당신의 뇌는 지극히 정상이니까 말이다.

이 문제는 유명한 미국 경제학자 셰인 프레더릭Shane Frederick 교수가 원조이다. 프레더릭은 인지 성찰 검사를 개발했는데, 방금 낸 아이스크림 문제는 그것을 살짝 변형한 것이다. 프레더릭이 개발한 검사는 어떤 문제를 성찰하는 우리의 능력을 측정한다. 우리의 생각은 비논리적이고 우리의 뇌는 망상과 비합리성에 너무나 취약하다. 모든 것을 유의미하게 고민하지 않고 온갖 종류의 사고 오류에 빠진다.

심리학과 수업에서는 우리의 뇌에 깔려 있어 눈을 흐리는 온갖 덫을 알려준다. 인간이 쉬지 않고 만들어내는 갖가지 생각의 오류를 알고 나니 나는 인류가 이룩한 발전과 번영이 더욱 놀라웠다. 지금까지 이 책을 열심히 읽었다면 당신도 그런 생각의 오류를 몇 가지 알고 있을 것이다. 그런데 우리의 문제는 쉬지 않고 생각의 오류를 만들어내는 것에서 그치지 않는다. 우리가 이 오류와 맺는 관계도 문제가 많다.

당신이 피부과 의사라고 가정해보자. 시내에 개업한 당신의 병원은 환자를 잘 보기로 이름이 났고, 당신은 가려운 마른버짐에서 다들 싫어하는 무좀에 이르기까지 척척 치료를 해준다. 그러다 보니 제약 회사 영업사원이 당신의 병원을 부지런히 드나든다. 올 때마다 영업사원의 가방엔 자사 신제품 파우더와 연고가 그득하다. 그는 그 제품들의 탁월한 효과에 대해 침을 튀기며 설명한 후 작별 선물로 상당량의 샘플과 고광택 브로슈어를 두고 간다.

그의 목적은 누가 봐도 뻔하다. 제약 회사가 당신에게 양복을 차려입은 친절한 영업사원을 보내 공짜로 샘플을 제공하는 이유는, 당신이 환자에게 자사 제품을 처방해주기를 바라기 때문이다. 이제 당신은 어떻게 생각하는가? 당신은 의사로서 그런 홍보에 얼마나 넘어갈까? 다른 의사들보다 더 금방 넘어갈까? 아니면 뚝심이 있어서 쉽게 안 넘어갈까?

미국에서 발표된 대규모 연구의 결과를 보면 대부분의 사람들은 이렇게 대답했다. "많은 의사들이 그런 홍보에 넘어갈 것 같다. 하지만 나는 절대 안 넘어간다." 설문에 응답한 551명의 미국인 중에서, (이 책에서 이미 살펴본 여러 전형적인) 생각의 오류와 심리 효과에 자신이 평균 이상 취약하다고 대답한 사람은 단 한 사람뿐이었다.

이런 어리석은 가정을 심리학에선 '편향맹점bias blind spot'이라고 부른다. 우리 인지의 맹점을 말한다. 우리는 다른 사람들에게선 생각의 오류를 거듭 확인하지만 자신은 절대 그렇지 않다고 확신한다. 한마디로 자기 뇌의 작은 실수에는 눈이 머는 것이다.

이런 왜곡된 인식의 원인은 두 가지이다. '자성적 망상'과 '순진한 현실주의'이다. 무슨 미학 개념처럼 들리지만 이 둘 역시 생각의 오류이다. 자성적 망상이 생기는 이유는 우리가 자기 행동에서 드러나는 오류의 정도를 자기 성찰을 통해 분석하기 때문이다. 그러니까 우리의 시선은 안을 향한다. 예를 들면, 당신의 연인은 이렇게 생각할 것이다. '난 조지 클루니가 매력적이라고 느껴. 하지만 단 한 번도 그에게 영향을 받았던 적은 없어.' 하지만 그것은 착각이었다. 그 잘생긴 할리우드 스타가 선전하는 커피 머신을 기억하는가? 당신의 연인이 그 캡슐 커피 기계를 집에 들여놓는다면 당신은 입으로는 아무 말도 하지 않겠지만 속으로는 이럴 것이다. '저 봐. 걸려들었네.'

편향맹점이 순진한 현실주의로 인해 생긴다는 가정도 비슷한 방향이다. 순진한 현실주의의 핵심 사상은 자신만은 주변 사물이나 사건을 있는 그대로 인식한다는 확신이다. 달리 표현하면 우리는 자신에게 객관적 인식의 자격증을 수여한다. 물론 당신도 알겠지만 그건 말도 안 되는 짓이다. 그럼에도 이런 가정은 자신만은 절대 사고의 오류에 빠지지 않는다는 망상으로 이어진다.

편향맹점의 흥미로운 점은, 인지 능력으로는 결코 이 맹점을 막을 수 없다는 사실이다. 인지 능력과 편향맹점, 이 둘은 아무런 관계가 없다. 굳이 관계를 찾는다면 지식인들이 더 편향맹점에 잘 갇힌다는 연구 결과가 나와 있다는 정도이다. 학자들은 그 이유를 이렇게 설명한다. 똑똑한 사람일수록 자신의 지적 우월성을 인식하기 때문에 뇌를 쓰는 일이라면 무엇이든 남들보다 잘할 것이라고 생각한다. 생각의 오류를 피하는 것도 뇌를 많이 쓰는 일이므로 그것 역시 남들보다 뛰어날 것이라고 착각한다.

이쯤 되면 당신도 이제 온 사방에 생각의 오류가 깔려 있다는 사실을 깨달았을 것이다. 그런데 편향맹점은 천성이 워낙 수줍음을 많이 타는 탓에 여러 오류 중에서도 발견하기가 특히 힘들다. 따라서 아이스크림과 초코시럽 수학 문제를 처음 읽었을 때 나는 열광했다. 자신은 생각의 오류와 무관하다고 주장하는 사람을 만나거든 그에게 그 문제를 내보라. 상대가 혹시 이상한 문제가 아닌가 하고 의심을 품으면 안 되니 "애들도 푸는 문제야"라는 말로 운을 떼어 안심시켜야 한다. 그럼 그 문제를 통해 다음과 같은 진리를 멋지게 알려줄 수 있을 것이다. 우리 모두는 생각의 오류의 제물이므로 항상 자아비판의 자세를 잃지 말아야 한다.

49

시선을 피하는 걸 보니 수상하다고?

거짓말의 기술, 탐정의 기술

비만 여부를 묻는 질문에는 솔직한 대답이 따르지 않는 것이 보통이다. 최근 부쩍 살이 오른 동료가 묻는다. "나 살쪘지?" 그럼 상대는 예의상 거짓말을 한다. "아냐, 그대로야."

우리는 쉬지 않고 거짓말을 한다. 매일 수천 번씩 거짓말을 한다는 통계 결과도 나와 있다. 하지만 그 거짓말 대부분이 들통 나지 않는다.

세계적으로 유명한 거짓말 전문가인 사회심리학자 벨라 드파울로Bella DePaulo는 우리 인간은 실력이 형편없는 거짓말 탐정이라고 주장했다. 드파울로는 진실과 거짓을 구분하는 실험을 통해 이런 결론에 도달했다. 실험 참가자들이 내린 수천 번의 거짓 혹은 진실 판단을 분석한 결과, 54%의 적중률을 보였다. 두 개의 가능한 정답(거짓 혹은 진실) 중 하나를 무작위로 택한다고 해도 확률은 50%라는 사실을 생각한다면 놀랍도록 낮은 적중률이 아닐 수 없다. 판사, 정신과 의사, 인사과장 등 소위 거짓말 전문가를 자처하는 사람들도 크게 나은 성적을 올리지 못했다.

우리는 끊임없이 속고 속인다. 그런데 왜 아무리 훈련을 해도 거짓말을 쉽게 알아차리지 못할까? 당신이 셜록 홈스라고 상상해보자. 당신은 비 내리는 런던의 사무실 책상에 앉아 있다. 몇 주 전에 완전범죄에 가까운 미술품 도난 사건이 발생해서 범인을 추적 중이다. 마침내 어제 용의자를 특정했고, 왓슨이 조금 전에 그를 당신의 사무실로 데려왔다. 유명 탐정답게 당신은 건방진 범인에게 두 시간 동안 질문 세례를 퍼부었다. 압박의 수위를 살짝 올리기 위해 책상 전등을 그의 얼굴로 향했다. 그 불빛에는 미세한 표정 변화까지도 훤히 드러난다. 당신의 눈은 그의 속눈썹 떨림 하나까지 놓치지 않는다. 굳이 더 추궁할 필요도 없을 것 같다. 거의 모든 질문에 상대는 말을 더듬는다. 또 자꾸만 눈을 피하고 의자에서 몸을 뒤채며 팔을 긁어댄다. 확실하다. 그는 거짓말을 하고 있다. 당신은 그를 런던 경찰국으로 보낸다.

흔히 거짓말과 허위의 증거라고 여기는 여러 가지 행동 방식이 있다. 전 세계 60여 개국에서 설문 조사를 실시해 전형적인 거짓말 행각을 발각하고자 했다. "무엇을 보면 거짓말한다는 사실을 알 수 있습니까?" 당신이라면 이 질문에 무슨 답을 하겠는가? 아마 다음 열거한 것 중에 당신의 대답도 들어 있을 것이다. 세계 어디서나 천하 무적 1등을 차지한 대답은 시선 회피이다. 그렇다. 눈은 마음의 창이라고 하지 않던가. 또 거짓말하는 사람은 신경을 곤두세우고 말을 더듬고 횡설수설하며 자꾸 자세를 바꾸고 몸을 긁는다. 적어도 그 설문 조사에 참가한 사람들은 그렇다고 대답했다. 우리가 늘 속고 산다는 사실을 떠올린다면, 특정 행동을 통해 거짓말을 확인하려는 노력은 사실 너무나 당연한 것이다.

그러나 안타깝게도 이런 노력은 무용지물이다. 예를 들어 시선은 실제로 거짓말을 하는지 하지 않는지를 판단하는 데 아무 도움이 안 된다. 또 거짓말을 하면 특정 행동 방식과 변화가 자주 나타나기는 하지만 그 정도가 정밀한 계측기 없이는 인식할 수 없을 만큼 미미하다. 거짓말을 하면 음역이 약간 높아지는 것도 사실이다. 하지만 그 몇 헤르츠를 그냥 듣고 알아내기란 불가능에 가깝다. 더구나 진실을 말하려고 애쓸 때도 똑같이 거짓말의 증거로 취급되는 행동들이 나타난다. 현명한 셰익스피어는 이미 그 사실을 알았다. 오셀로는 부정을 저질렀다는 비난을 받고 자신의 무죄를 입증하지 못해 울음을 터트린 데스데모나를 죽이고 만다.

그래서 이런 현상을 두고 '오셀로 효과'라고 부른다. 진실을 말해야 한다는 압박감을 느낄 때 우리는 거짓말쟁이가 보이는 전형적인 행동 방식을 취한다. 그 사실을 알면 매우 유익할 때가 많다. 예를 들어 정말로 거짓말을 잘하려면 거꾸로 하면 된다. 상대의 눈을 똑바로 쳐다보고 일부러 내 쪽에서 먼저 시선을 맞춘다. 또 스토리가 논리 정연해야 하므로 거짓말을 미리 준비한다. 셜록 홈스가 책상 전등으로 당신의 얼굴을 비추는 순간에 이야기를 짜내려면 당신 자신도 모르게 말을 더듬게 될 것이다. 중요해 보이지 않는 세세한 부분까지 준비를 하고 미리 연습해서 스토리의 신빙성을 높여라. 준비할 시간적 여유가 없을 때는 세부를 생략하라. 그리고 열린 태도를 보여라. 상대가 캐묻거든 피하지 마라. 자발적으로 토론에 임하라. 친절한 태도와 협력의 자세가 도움이 된다. 자주, 진심으로 웃음을 보여라.

마지막으로 또 하나 핵폭탄급 비법! 거짓말을 하지 마라! 생짜배기 허풍보다는 적당히 짜 맞춘 진실이 만들기도 쉽고 더 그럴듯해 보인다. 정치가들이야말로 이런 기술의 달인들이다. 무식하게 처음부터 끝까지 다 짜내려 하지 말고 사실을 살짝 비틀기만 하자. 그럼 거짓말이 아니라 '약간 다른' 현실 묘사가 탄생할 것이고 들통이 나서 사과를 하더라도 진땀을 뺄 이유가 없다. 사실상 당신은 거짓말을 한 적이 없으니까.

솔직히 거짓말은 나쁠 것이 없다. 누구도 해를 입지 않는 경우가 더 많지 않은가. 오히려 악의 없는 거짓말이 분위기를 더 화기애애하게 만들어줄 수 있다. "자기, 우리 고모 생신 때 같이 갈 거지?" 이 질문에 당신이 당연한 듯 "그럼. 가야지"라고 대답한다면 두 사람 모두의 인생이 얼마나 편해지겠는가? 반대로 당신이 진실을 말했을 경우 과연 무슨 일이 벌어질까. "뭐? 내가 거기를 왜 가? 당신 고모 별로야."

이번에는 당신이 기가 막힌 거짓말쟁이를 만난다면 어떻게 해야 할까? 거짓말을 척척 잡아내는 멋진 탐정이 되려면 먼저 네덜란드 사회심리학 교수 알데르트 프레이Aldert Vrij가 제시한 정보에 귀를 기울여야 할 것 같다. 거짓말쟁이를 찾아내려면 정보를 건질 수 있는 질문을 던져야 한다. 다짜고짜 "이거 거짓말이지?"라고 추궁해서는 안 된다. 앞서 배웠던 오셀로 효과가 일어나서 아무 죄도 없는 사람이 깜짝 놀라 횡설수설하다가 거짓말쟁이로 몰릴 수 있다. 프레이는 같은 질문을 약간씩 변형해 계속 반복하라는 충고도 빼놓지 않는다. 사실 거짓말을 논리 정연하게 하기란 말처럼 쉬운 일이 아니다. 그러니까 상대를 최대한 헷갈리게 만들면 된다. 사건의 시간과 순서를 마구 섞어라. 그런 질문에는 있었던 사건을 그대로 옮기는 사람보다는 이야기를 지어내는 사람이 훨씬 대답하기가 힘든 법이다. 그리고 당신이 아는 사실을 먼저 말하지 말고 일단 상대의 말을 경청해라. 당신이 이미 알고 있지만 상대는 당신이 아는 줄 모르는 모든 정보가 조커가 되어줄 것이다. 당신이 이미 아는 사실과 다른 진술보다 더 완벽한 거짓말의 증거가 어디 있겠는가?

50

돈이 없어도 행복할 수 있다는 거짓말

물건 vs. 경험, 무얼 사야 더 행복할까?

어느 날 갑자기 백만장자가 되자 나도 모르게 이런 의문이 들었다. 돈이 많으면 더 행복할까? 어쩌면 당신도 품어본 적 있는 의문일 것이다. 워낙 오랜 역사를 자랑하는 질문이니까. 예전 사람들은 이 질문에도 철학적으로만 접근했다. 하지만 최근 들어 학자들이 돈과 행복의 관계를 심리학적으로 해부하기 시작했다. 그 첫 결과물이 매우 흥미진진하다.

돈이 많으면 더 행복할까? 일단은 "그렇다." 동전까지 세며 살아야 하는 사람보다는 수입이 많은 사람이 보통은 더 행복하다. 토마스는 월말이면 생활비가 빠듯해서 국수에 케첩을 뿌려 먹으며 연명해야 하지만 카를은 아빠가 사주신 BMW를 타고 이탈리아 식당에서

점심을 먹는다면 누가 봐도 토마스가 카를보다 더 걱정이 많을 것이다. 물론 토마스와 카를이 누리는 행복의 차이는 크지 않을지도 모른다. 하지만 몇 푼 안 되는 시급을 받으며 계단을 청소해야 하는 싱글 맘보다는 치과 의사의 아들이 평균적으로 걱정과 노고가 덜할 것이다.

이런 깨달음은 빙산의 일각에 불과하다. 언제나 그렇듯 얼음을 깨고 안으로 들어가면 더 흥미로운 결과가 펼쳐진다. 계좌에 100만 유로가 있다는 말은 이자가 없어도 15년 동안 해마다 6만 7000유로를 쓸 수 있다는 뜻이다. 내내 풍족하게, 걱정 없이 누리며 살 수 있는 돈이다. 솔직히 나도 100만 유로가 입금되던 날 그냥 다 집어치우고 돈이나 펑펑 쓰며 살면 어떨까 잠시 고민했다. 대문짝만 한 평면 TV를 달고 큰 집을 사고 비싼 옷을 입고 편안하게 살면 어떨까? 다행히 나는 선도적인 행복 연구 학자 토머스 길로비치의 연구 결과를 이미 알고 있었다. 그의 신조는 간단명료하다. 비싼 물건을 사지 마라. 경험을 사라.

길로비치 교수와 동료들은 돈이 있으면 얼마나 행복하거나 불행해지는지를 연구했다. 그들은 수많은 실험을 통해 우리가 돈으로 하는 일이 우리를 어떻게 만드는지를 추적했다. 일단 길로비치는 돈을 쓰는 방법을 둘로 구분한다. 우선 물질 구매는 돈을 주고 산 것의 물질적 가치를 앞세우는 소비이다. 그러니까 비싼 양탄자처럼 만질 수 있는 물건을 돈을 주고 사는 행위를 말한다. 이와 달리 경험 구매란 인생의 경험을 최우선 목표로 삼는 활동을 말한다. 캄보디아 배낭여행이나 테마 파크처럼 한 가지 사건일 수도 있고 여러 가지 사건일 수도 있다.

물론 이 두 소비의 경계는 명확하지 않다. 알라딘이 비싼 양탄자를 타야만 멋진 경험을 할 수 있듯, 비싼 BMW 카브리오는 분명 물질적 소비이겠지만 그 비싼 차를 타고 떠났던 첫 투어가 누구한테는 진정한 경험일 수 있다. 이처럼 두 소비 방식의 정의에는 얼마간 논의의 여지가 남지만 설문 조사에 답한 소비자들은 자신의 소비를 정확하게 둘 중 하나로 분류할 수 있었다.

어쨌든 길로비치와 동료들은 실험을 통해 이 두 가지 소비 방식이 우리의 기분에 어떤 영향을 미치는지를 조사했다. 그중 한 가지 실험은 이러했다. 종이 한 장을 골라 한가운데에 큰 원을 그린다. 그 안에 '나'라고 적어 넣는다. 그리고 지난 5년을 떠올리며 가장 인상에 남는 여덟 가지 소비를 종이에 적는다. 그것들 중 네 가지는 물질 소비(소유물)이며 나머지 네 가지는 경험 소비(추억)이다. 나도 책상에 앉아 직접 실험해보았다. 소유물로는 야노쉬*의 사인이 들어간 작은 수채화 한 점(150유로), 덜컹대는 BMW(900유로를 주고 샀지만 그동안 수리비가 3000유로는 들어갔다), 이베이에서 산 중고 명품 의자(430유로), 주변 소음을 차단해 기차 탈 때 아주 유용한 헤드폰(180유로)을 적었다. 경험 소비는 밴을 타고 캘리포니아를 돌아다녔던 서핑 여행(1800유로), 프랑스에서 한 패러글라이딩(80유로), 작은 숲 페스티벌(65유로), 베를

* Janosch, 독일 일러스트레이터이자 동화 작가

린 근교에서 한 스카이다이빙(150유로)을 적었다.

그런데 물건보다 경험이 훨씬 빨리 떠올랐다. 뿐만 아니라 훨씬 더 생생했다. 이제 종이 한가운데의 원을 중심으로 여덟 개의 원을 그리고 거기에 여덟 가지 소비를 적어 넣는다. '나'의 원과 가까울수록 그 소비가 자아상에 미친 영향이 크다. 내가 그린 원들의 모습은 상당히 비대칭이었다. 경험 소비가 전부 물질 구매보다 '나'에게 훨씬 더 가까웠다. BMW보다도 더. 사실 요즘 들어서는 그 녀석도 세워두고 다닐 때가 많다.

길로비치의 결론도 다르지 않았다. 실제로 돈을 주고 산 경험이 돈을 주고 산 물건보다 훨씬 자아상의 많은 부분을 형성한다. 우리의 삶은 경험의 합계이다. 경험이 많으면 삶이 더 행복해진다. 반면에 물질이 많다고 해서 반드시 더 행복해지지는 않는다. 물질 소비가 중요해 보이지만 물건은 자아의 형성에 아무런 영향을 미치지 못한다.

길로비치는 또 다른 실험에서 대학생들에게 물건과 경험 둘 중 하나를 네 번에 걸쳐 선택하게 했다. 그들은 무엇을 골랐을까? 비싼 가죽 신발 한 켤레인가 아니면 레스토랑 식사와 공연인가? CD 한 장을 갖겠는가 아니면 친구들과 당구를 한 판 치겠는가? 그런데 결정을 지금 당장 내리는 것이 아니었다. 첫 번째 집단에게는 1년 전이었다면 어떤 쪽을 선택했을지 물었고, 두 번째 집단에게는 1년 후라면 어떤 결정을 내릴 것인지 물었다. 세 번째 집단에게만 내일 결정을 내려야 한다면 어떻게 하겠느냐고 물었다. 길로비치의 예상대로 1년

전이나 1년 후처럼 일정한 시차를 두고 결정을 내려야 하는 사람들이 경험을 더 많이 택했고, 다음 날 결정을 내려야 하는 사람보다 더 그 경험으로 인한 행복이 클 것이라고 대답했다.

경험은 오래간다. 또 경험을 기다릴 때는 물건을 기다릴 때보다 기대가 더 크다. 과거를 되돌아볼 때도 마찬가지이다. 물건은 순식간에 익숙해진다. 그래서 금방 매력을 잃는다. 항상 곁에 있기 때문이다. 우리 뇌는 물건에 금방 질린다. 반대로 경험은 빛을 내뿜는다. 그 순간에는 (비 내리는 날의 캠핑처럼) 별로 아름답지 않았던 경험도 나중에 되돌아보면 긍정적으로 기억될 때가 많다. 토마스가 대학을 졸업하고 20년 후에, 월말마다 생활비가 간당간당해서 국수에 케첩을 뿌려 먹고 살았던 그 시절을 떠올리면 어떤 기분이 들까? 아마 절로 웃음을 날 것이고 심지어 돌아가고 싶다는 마음이 들지도 모른다.

물질과 경험의 또 한 가지 결정적인 차이점은 비교 가능성이다. 고대하던 3D 평면 TV를 벽에 달았다. 당신은 자랑도 하고 영화도 같이 볼 겸 해서 친구를 집으로 부른다. 당신의 행복 지수가 치솟는다. "멋진데." 친구가 말한다. "그런데 요즘엔 화면이 휘어지는 곡면 TV가 대세라더라. 영화를 보려면 화면도 이것보다 조금 더 크면 좋겠어." 끝! 당신의 행복은 추락하기 시작한다.

이렇듯 물건은 비교를 할 수 있다. 그리고 비교는 실망을 남긴다. 항상 누군가는 나보다 더 높이, 더 빨리, 더 멀리 뛸 테니까. 하지만 경험은 나만의 것이다. 누구도 따라 할 수 없고 앞지를 수 없다. 설사 그렇다고 해도 우리 뇌는 기억을 통해 그 경험을 살짝 더 아름답게 만든다. 그러니 행복의 관점에서 볼 때 돈으로 무엇을 하면 좋을지는 이미 답이 나와 있다. 이제 남은 질문은 이것이다. 얼마나 많은 행복에 얼마나 많은 돈이 필요할까?

노벨상을 수상한 두 명의 학자 대니얼 카너먼과 앵거스 디턴Angus Deaton은 대규모 설문 조사를 통해 미국인의 가계 수입과 행복의 상관관계를 연구했다. 이때 행복은 세 가지 범주로 나누어 조사했다. 첫째, 만족, 기쁨, 웃음을 주는 긍정적 기분이 어느 정도인가? 둘째, 근심과 슬픔이 얼마나 적은가? 셋째, 스트레스가 얼마나 없는가? 수입이 높은 사람일수록 이 세 범주 모두의 수치가 높았다. 그러니까 돈을 많이 벌면 더 행복하다는 말이다. 하지만 수입으로 인한 행복은 순식간에 끝났다. 가계 연간 수입이 약 7만 5000달러*가 되는 지점에서 행복의 커브가 꺾였다. 이 금액보다 수입이 많은 사람들은 행복에 필요한 것은 이미 다 갖고 있다. 그래서 이제부터 돈으로 살 수 있는 것들은 불필요한 쓰레기들이다. 그리고 그런 쓰레기는 행복을 선사하지 못한다. 불쌍한 백만장자들 같으니라고!

백만장자들이 뭐라고 할까? 돈은 넘쳐나지만 행복을 주는 돈은 최대 7만 5000달러밖에 안 된다니. 물론 좀 극단적인 주장이다. 행복을 주는 수입의 상한선을 그렇게 정확히 정할 수는 없다고 생각하는 학자들도 있으니까 말이다.

* 한화로 약 8900만 원

어쨌든 나는 카너먼과 디턴의 연구 결과를 알고 나서 마음이 푹 놓였다. 행복해지기 위해 100만 유로를 한 번 더 벌어야 할 필요가 없다는 사실을 그들이 입증해주었으니 말이다. 행복의 깃대 끝에 도달했다고 생각하니, 100만 유로를 투자해서 그만큼을 더 벌어야 한다는 스트레스가 날아갔다. 솔직히 「누가 백만장자가 될 것인가?」에서 우승한 후 나는 우승 상금보다는 그 사건으로 인해 겪었던 온갖 경험이 훨씬 더 소중했다. 그것은 돈으로 살 수 없는 것들이니까.

에필로그

심리학이 가져올 엄청난 변화들

심리학은 오랜 시간 나의 동반자였다. 나는 많은 것을 심리학에 빚졌다. 심리학 덕분에 100만 유로도 땄다. 이 책에서 소개한 내용들을 읽으며 여러분은 새삼 알게 되었을 것이다. 우리 인간이 정말 많은 부분에서 매우 유사하며 모든 사람에게 통하는 패턴과 규칙이 있다는 사실을 말이다. 내가 선택한 심리 도구들을 독자 여러분이 어떻게 평가할지는 모르겠지만 이 책에 소개한 여러 방법들은 여러분한테도 잘 통할 것이다. 때로 운이 나빠서 통하지 않을 수도 있겠지만 그래도 흥분할 이유는 없다. 심리 공구함을 뒤져 다른 도구를 찾아내면 그뿐이다.

우리에겐 머리가 하나뿐이고 그 머릿속에선 정말로 다양한 현상과 과정이 나란히 일어나기에 때로 겹치는 부분도 있다. 예를 들어 협상을 할 때는 대안을 마련해놓는 것이 좋다. 스트레스에 대처하는 문제 지향적 코핑도 이와 다르지 않아서, 스트레스 요인을 제거할 수 있는 방법으로 어떤 것들이 있는지 먼저 정확히 확정해야 한다. 과학 지식을 이용하여 진짜 거짓말쟁이가 되었을 때도 호혜의 원칙을 잊지 말아야 한다. 거짓말은 들통 나지 않는다고 해도 인간관계가 나빠질 수 있다는 점을 명심해야 할 것이다.

지피지기면 백전백승이다. 자신의 심리를 알고 남의 심리를 알면 권력을 갖는다. 처음에는 그 권력을 내게 유리한 방향으로 이용하고 싶은 마음이 솟구칠지도 모르겠다. 나도 심리학을 처음 접했을 때 그런 유혹을 느꼈고 그 유혹에 넘어가기도 했다. 뭐, 지나치지만 않다면 그것도 나쁘지는 않다. 잔꾀로 모든 것을 손아귀에 넣겠다는 생각은 금방 한계에 부딪히고 말 테니까. 심리학의 지식은 양심적이다. 제다이 기사단의 말대로 심리학자들은 권력의 어두운 편이 아니라 선한 편에서 싸운다. 적어도 내가 아는 심리학자들은 그렇다.

우리의 심리는 신비로운 장소이다. 내가 느끼는 심리학의 매력은 바로 이런 비밀을 추격하는 데 있다. 새로운 연구 결과와 실험 결과 하나하나가 우리가 누구이며 왜 이러한지를 이해하려는 걸음을 돕는다. 그럼에도 나는 심리학이 우리 심리의 모든 비밀을 해독할 수는 없을 것이라고 확신한다. 모든 것은 변한다. 쉬지 않고, 계속해서. 그래도 좋다. 심리학이 인간을 완전히 해독하지는 못하겠지만 우리 심리의 비밀을 최대한 이해하는 것만으로도 득이 된다. 그리고 이런 이해를 행동으로 옮긴다면 머리 하나로 태산을 옮길 수도 있을 것이다.

옮긴이 • 장혜경

연세대학교 독어독문학과를 졸업하고 같은 대학 대학원에서 박사 과정을 수료했다. 독일 학술교류처 장학생으로 하노버에서 공부했다. 현재 전문 번역가로 활동 중이다. 옮긴 책으로는 『처음 읽는 여성 세계사』, 『숲에서 1년』, 『나무 수업』, 『자전거, 인간의 삶을 바꾸다』, 『우리의 노동은 왜 우울한가』, 『나는 왜 무기력을 되풀이하는가』 등이 있다.

삶의 무기가 되는 심리학

1판 1쇄 펴낸 날 2019년 7월 25일
1판 5쇄 펴낸 날 2024년 2월 15일

지은이 | 레온 빈트샤이트
옮긴이 | 장혜경

교 정 | 심재경

펴낸이 | 박경란
펴낸곳 | 심플라이프
등록 | 제2011-000219호(2011년 8월 8일)
주소 | 경기도 파주시 광인사길 88 3층 302호 (문발동)
전화 | 031-941-3887
팩스 | 02-6442-3380
이메일 | simplebooks@naver.com
블로그 | http://simplebooks.blog.me

ISBN 979-11-86757-46-8 13180

• 이 도서의 국립중앙도서관 출판시도서목록(CIP)은 서지정보유통지원시스템 홈페이지(http://seoji.nl.go.kr)와 국가자료공동목록시스템(http://www.nl.go.kr/kolisnet)에서 이용하실 수 있습니다.(CIP제어번호:2019026290)